선출되지 않은 권력은
국민적 통제를 받아 바다에 다다르는
... 리 함께
로 ... 이 억주

검사, 정의롭되 '공무원'이어야 합니다.
— 이광철

民水檢舟
국민이 주인입니다.
이 성윤

검찰개혁은 상식입니다
— 조대서

수사 / 기소 분리가
검찰개혁의 본질입니다
황 은하

함께 여는 길
— 최 강욱

당신 한 사람이 희망 입니다.
— 이탄희

도취된 권력, 타락한 정의

도취된 권력, 타락한 정의

최강욱
엮음

대한민국 검찰을 고발하다

조국

이연주

조성식

이광철

이탄희

황운하

이성윤

창비

다시 바람까마귀의 울음에 주파수를 맞추며

정치검사들의 검찰왕국이 수립된 시대라고들 한다. 지난날 정치군인들의 군부독재는 '검부독재'의 '대한검국'으로 대체되었다. 독재정권에 부역하던 권력의 사냥개가 민주정부에서는 무소불위의 권력기관으로 군림하다 마침내 연성 쿠데타에 성공하며 국가권력의 정점에 선 채 모든 것을 거머쥔 것이다. 권력과의 거래와 굴종으로 탄생하고 진화한 괴물, 정치검찰의 가면과 민낯을 적나라하게 드러내는 것은 한편으로는 매우 고통스러운 일이었다. 그럼에도 결코 멈출 수 없는 작업이기도 했다.

권력에 아부하며 자리를 얻고, 힘 빠진 권력과의 거래를 통해 조직을 보위해온 정치검찰의 역사는 어느덧 대한민국 수구 기득권 카르텔의 핵심에 자리했다. 그러니 세칭 '50억 클럽'을 통해 커다란 빙산의 일각을 보였는데도 진상을 밝히는 노력에는 아직 별다른 진전이 없다.

세계은행(World Bank)이 정의하는 '부패'는 '사적 이득을 위한 공직의 남용'을 의미한다. 1988년 미국 경제학자 로버트 클리트가드(Robert Klitgaard)는 이를 산출하는 부패 공식을 발표했다. C＝M＋D－A(부패corruption＝독점monopoly＋재량discretion－책임 accountability)가 그것이다. 부패는 경쟁이 없을수록, 권력을 쥔 자가 가진 재량의 폭이 넓을수록, 책임을 회피할 가능성이 높을수록 번식한다는 것이다.

대한민국 검찰은 위 부패 공식에 그대로 해당하는 법적·사실적 지위를 갖고 있다. 기소를 독점하여 명예를 얻고, 기소편의주의에 따른 '봐주기'로 부를 얻으며, 자정기능을 상실한 채 법원과 언론의 감시에서도 벗어나 책임을 회피하는 모습이 조직의 일상이 되었다. 공소권 남용이 확정 판결로 인정되어도 책임을 지는 자는 아무도 없다.

전작 『권력과 검찰』(창비 2017)은 이러한 검찰의 전횡과 독주를 막기 위해 '이번이 아니면 다음은 없다'는 절박한 심정을 담아 내지른 외침이었다. 이후 문재인정부가 개혁을 향해 용기있는 진전을 이루려 했으나, 그만큼의 아쉬움과 함께 검찰개혁은 여전한 시대적 과제로 남고 말았다.

하지만 앞으로의 진정한 개혁을 위해서라도 지난 시간 청와대에서, 검찰에서, 경찰에서, 법원에서, 국회에서, 각자의 자리에서 개혁을 추진했거나 그 과정을 자세히 살펴본 주역들과 함께 검찰개혁의 추진과정을 상세히 밝히며 평가하고 싶었다. 당시 집요하게 개혁을 가로막은 암초들을 기억하는 것이 더이상 실패할 수 없는 역사적 소명으로서의 검찰개혁을 완수하는 일에 필수적이라고 생각했다.

칼라하리사막에 사는 바람까마귀는 주로 곤충이나 날벌레를 먹고 살지만, 영하의 온도가 이어지는 겨울이 오면 먹이 사냥에 큰 어려움을 겪는다. 반대로 이곳의 미어캣은 겨울이 와도 굴을 파고 땅을 뒤집어 동면에 들어간 곤충을 잡아내는 일에 익숙하기에 별문제 없이 살아갈 수 있다. 다만 사막의 최상급 포식자인 독수리를 두려워해 항상 두발로 서서 경계하는 것이다.

바람까마귀는 넓은 시야와 좋은 시력을 바탕으로 미어캣을 사냥하러 날아오는 독수리를 미리 발견하고 큰 울음소리로 경고를 해 미어캣을 돕는다. 이러한 일이 반복되어 '신뢰'가 쌓인 뒤 겨울이 오면, 바람까마귀는 사냥에 성공한 미어캣이 먹이를 삼키기 직전 커다란 울음소리로 독수리가 올 것처럼 겁을 준 뒤 먹이를 가로채는 것이다.

놀랍게도, 이 이야기는 진의를 감춘 채 부정한 권력과 탐욕스러운 재벌에 맞서는 정의롭고 개혁적인 검사를 가장하여 검찰총장의 자리를 쟁취한 어떤 정치검사의 사술과 암약을 떠올리게 한다. 그가 변장으로 얻어낸 자리를 활용해, 공정과 중립을 생명으로 하는 검찰 조직을 정치집단과 진배없는 사설 법무법인으로 전락시키며 기어이 국가권력까지 탈취했다는 비판은 과연 지나친 것일까?

특검팀에 참여해서는 다스가 이명박의 것이 아니라는 결론을 내는 데 일조하고, 서울중앙지검장이 되어서는 다시 다스가 이명박의 것이라며 그를 구속·기소했다가, 대통령이 되어서는 이명박을 수사한 수하 검사를 법무부장관에 앉힌 뒤 다시금 그를 사면한 그의 행보는 대한민국의 정치검사들이 형사사법 정의의 실체를 어떻게 생각하고 있는지를 그대로 보여준다. 그리고 그들의 이러한 권한 남용은 재벌과 검사를 위해 지금도 반복되고 있다.

털어서 명예를 얻고 덮어서 부를 얻는 '수사산업'의 실제와 수사에 개입하고 수사를 방해하는 정치검찰의 실체는, 그 부끄러운 과거사를 감추려는 몸부림과 적반하장식 덮어씌우기에서 정점에 달한다. 그 과정에서 법원을 속이기 위해 각종 수법을 도모하고 언론과의 거래를 통해 여론을 가장하는 모습은 그들이 그저 '법비'에 불과하다는 탄식을 토해내지 않을 수 없게 한다. 이를 애써 외면하는 비겁한 판사들과, 오히려 부풀리고 찬양하며 거래하는 언론은 어떠한가.

권력에 굴종하기에 권력을 지향하며 무한한 기득권을 선망하는 검사 집단의 실체를 폭로하고, 수사를 방해하며 사건을 '창조'하는 데까지 전락한 정치검사의 민낯을 규탄하는 일은 도저히 방치할 수 없는 시대적 과제에 이른 것이다. 그리하여 이 책은 '도취된 권력'과 '타락한 정의'의 실체를 밝혀, 개혁의 과정에서 또다시 시행착오를 겪지 않도록, 모두가 두려워하고 외면하는 '침묵의 카르텔'을 해체하고자 한다.

다시는 이러한 주제가 담긴 책을 쓰거나 대담에 참여하는 일이 없기를 바라는 것은 책으로 뜻을 나눈 모든 이들의 소망일 것이

다. 그리고 그 소망이 눈 밝은 시민의 힘으로 반드시 이루어질 것을 우리는 믿는다.

의문의 여지 없이, 대한민국의 모든 권력은 '국민으로부터 나오는 것'이므로.

2024년 4월
엮은이 최강욱

차례

책을 펴내며

문재인정부 검찰개혁과 '조국사태'

최강욱 × 조국

조국 曹國

한국, 미국, 영국에서 법학을 공부했고, 형법을 전공하며 울산대, 동국대, 서울대 교수를 역임했다. 참여연대 사법감시센터 소장, 수사권조정자문위원회 위원, 대법원 양형위원회 위원, 국가인권위원회 인권위원 등으로 활동한 뒤 문재인정부 청와대 민정수석비서관을 거쳐 법무부장관으로 일했다. 법무부장관 취임 전후로 검찰의 전방위적인 수사 대상이 되었고, 장관 퇴임 후 기소되어 재판을 받았다. 현재 조국혁신당 대표로 활동하고 있다. 저서로 『양심과 사상의 자유를 위하여』, 『형사법의 성편향』, 『위법수집증거 배제법칙』, 『진보집권플랜』(공저), 『조국의 만남』, 『조국의 시간』, 『가불 선진국』, 『조국의 법고전 산책』, 『디케의 눈물』 등이 있다.

* 이 대담은 2023년 10월 19일
창비서교빌딩 촬영장에서 이뤄졌습니다.

최강욱 안녕하세요? 제가 『권력과 검찰』(창비 2017)이라는 책을 내고 검찰개혁의 필요성에 대해 말씀드린 지 상당한 시간이 지났습니다. 그런데 지금 현실을 볼 때 검찰이 개혁되기는커녕 더 나빠진 것 같다, 그리고 검찰독재가 나라를 망치고 있다는 탄식이 커지고 있습니다. 그 개혁 작업에 참여했던 사람으로서 이 시점에서 그간의 일들을 돌아보고 성찰해 다시 실수를 반복하지 않기 위해 바로잡아야 할 게 뭔지 말씀드리고자 이런 시간을 만들었습니다. 오늘 첫번째로 누가 뭐라고 해도 검찰개혁의 주역으로 개혁에 앞장서셨다가 지금 여러 상황을 겪고 계시는 조국 전 장관님을 모시고 지난 시간의 경험과 사건을 적나라하고 깊이있게 말씀드리는 시간을 갖도록 하겠습니다. 장관님, 나와주셔서 감사합니다. 그간 어떻게 지내셨어요? 신간을 출간하시고 강연도 많이 하고 계시는데요.

조국 2019년 법무부장관 후보로 지명된 후 격동의 시간을 보내고 있습니다. 그렇지만 그 기간 동안 여러 책을 냈고, 후속 작업으로 북콘서트를 하면서 시민들과 만나고 있어요. 기소되었기에 재판에 출석해야 함은 물론이고요.

최강욱 결국은 지금도 검찰하고 관련이 있을 수밖에 없는 현장에 계십니다. 얼마 전 신간『디케의 눈물』(다산북스 2023) 출간 기념 강연하실 때 형사법 교수 출신으로서 법치주의의 '룰 오브 로우'(rule of law)을 '룰 바이 로우'(rule by law)로 왜곡하고 있는 현 정부의 잘못된 점에 대해 설명해주셨고, 또 지금 현실에서 벌어지고 있는 형사 절차상 여러 문제를 직접 겪고 계시고요.

검찰개혁과 관련해서 장관님이 등장하신 장면 중에 사람들이 기억하는 것 중 하나가 2011년 문재인 대통령께서 야인 시절에 김인회 변호사와 함께 내신『문재인, 김인회의 검찰을 생각한다』(오월의봄 2011)라는 책의 북콘서트 때예요. 그때 문대통령과 함께 대담하신 장면을 많이들 떠올리시더라고요.

조국 문대통령께서 노무현재단 이사장으로 일하실 때 쓴 책으로 2011년 12월 9일 서울에서 열린 북콘서트였지요. 행사 제목이 '더(The) 위대한 검찰'이었어요. 당시 문재인 변호사께서 저를 법무부장관 후보로 지목해서 당황한 기억이 있습니다. 그런데 세월이 지나 현실이 되었네요.

최강욱 검찰의 오만과 지극히 정치적인 태도가 낳은 비극 중 하나가 노무현 대통령의 서거였고, 그걸 계기로 그 책이 만들어지고 두분의 대담도 이어지고 했는데요. 검찰개혁 얘기가 참여정부 시기에 많이 나왔지 않습니까? 당시 강금실 법무부장관 임명이나 검사와의 대화 등 검찰을 둘러싼 여러 일들이 있었는데, 그때는 학자로서 지켜보신 입장이셨잖아요?

문재인정부 이전 검찰개혁 참여 경험

조국 우리 국민이 검찰의 모습을 확연하게 느낀 계기가 2003년 노무현 대통령과 검사와의 대화에서 검사들의 눈꼴사나운 언동 아니었습니까? 검사들이 노대통령을 대하는 태도가 당시 생생하게 드러났는데, 그때부터 대중적으로는 검찰개혁이 필요한 것 같다는 생각이 생기게 됐죠.

최강욱 그때 '검새'라는 단어가 처음 나왔어요.

조국 당시 저는 교수로 있으면서 동시에 참여연대 안에서 검찰개혁을 다루는 사법감시센터에 참여해서, 국내외 각종 자료를 수집·분석하며 검찰개혁 방안을 마련하는 작업을 하고 있었습니다. 역대 정부 중 검찰개혁을 최초로 제기했던 게 참여정부였어요.

그렇지만 당시 제도적 개혁은 이루어지지 못했습니다.

최강욱 그렇죠. 참여정부에 사법개혁 관련 기구들이 토의는 많이 했지만 결과물은 정작 미미했습니다.

조국 '사개추위'라고 불렸던 사법개혁추진위원회가 만들어졌는데, 공판중심주의를 자리 잡게 하는 등 성과는 있었어요. 이와 별도로 참여정부는 검경 수사권 조정을 추진했습니다. 2004년 12월 검경수사권조정자문위원회(이하 수사권조정위)가 발족했는데, 저도 위원으로 참여했어요. 조정안을 마련하고자 약 1년간 치열하게 논의했는데, 최종적으로는 무산되었지요.

최강욱 수사권 조정에 관한 정부 위원회가 있었군요.

조국 사법개혁은 대법원이 주도하는 사개추위 중심으로 진행되었지만, 검경 수사권 조정은 검찰과 경찰 두 기관 간의 대화와 협상에 맡겨두었어요. 수사권조정위에는 검경 양측 대표자가 나오고, 학계와 시민단체 사람들도 참여했는데, 약 1년 이상 격론을 벌였어요.

최강욱 주로 학자들 간의 토론이었나요?

조국 학자 위원들 간의 토론도 있었음은 물론, 검찰과 경찰이 치열

하게 싸웠어요. 거의 매번 회의 때마다 언쟁이 격해졌지요. 도저
히 타협이 안 되어 제가 원래의 소신을 죽이면서까지 '조국 안'이
라는 걸 만들었어요.

최강욱 그 핵심은 뭐였나요?

조국 당시 경찰은 수사와 기소의 분리를 요구했는데, 분리는 그 당
시에는 합의될 수 없었어요. '조정' 정도로만 합의가 가능했는데,
당시 안은 문재인정부 시절 제가 민정수석으로 합의를 이끌었던
조정보다는 못한 수준이었죠. 문재인정부 조정안에서는 1차적 수
사 종결권을 경찰에게 주지 않았습니까? 그러나 참여정부 당시

에는 검찰 측 위원은 물론 민간위원들도 거기까지는 못 받는다는 입장이었어요. 그래서 경찰에게 1차적 종결권을 주지 않고 검찰의 개입을 보장하되 제한을 두는 방식으로 제 개인 조정안을 만들었어요.

최강욱 경찰의 수사권을 인정해주되 검찰의 수사지휘도 상당 부분 보장하는 방안이군요.

조국 맞아요. 문재인정부의 수사권 조정안은 검찰의 수사지휘를 잘라냈잖아요? 반면 참여정부 당시 수사권조정위에서는 검찰의 수사지휘 자체는 인정하면서 검경 양쪽이 동의하는 사항을 반영하여 안을 만들었어요. 경찰 측을 향해서는 이번에 이 정도 하고, 다음 정부 때 한번 더 조정하자고 설득을 했지요. 그러나 결국 마지막 회의 때 검찰 측이 뒤집었어요. 이후 위원회는 결론을 짓지 못하고 해산되어버렸습니다. 저로서는 시간과 정력을 쓰면서 1년 이상 애를 썼는데, 허망하더군요. 법원이 주도한 사개추위는 여러 가지 성과를 냈는데 말입니다.

최강욱 문재인 대통령은 당시 청와대에 근무하고 있었기에 이러한 상황을 잘 알고 있었겠네요.

조국 당시 저는 청와대 법무비서관이었던 김진국 변호사와 소통을 한 것으로 기억해요. 문대통령은 저와는 직접 소통하지 않았지만, 논의 내용과 과정을 잘 알고 있었으리라 생각합니다. 앞에서 언급하신 2011년 북콘서트에 제가 초대받은 이유, 그리고 이후 문대통령께서 당선 후 저를 민정수석비서관으로 부르신 이유 중의 하나가 여기에 있다고도 생각하고요.

최강욱 문재인 대통령 후보 시절에는 사전 논의나 교감은 없었던 간가요? 공약 만들고 할 때요.

조국 공약 만들 때 직접 참여하진 않았어요. 다만 2012년, 2017년 두번의 대선 과정에서, 공식 캠프에 들어가진 않았으나 TV와 광장에서 문재인 후보 지지 연설을 했습니다. 그리고 여러번 사적 만남을 하면서 많은 대화를 나눴습니다. 박근혜 대통령이 탄핵되고 대선에 돌입할 때쯤 문대통령께서는 민정수석 후보로 저를 생각했던 것 같습니다.

최강욱 테이프를 다시 한번 과거로 돌려보면, 아까 참여정부에서 검경 수사권 조정 논의를 해오고 거의 결정된 시점까지 왔는데 검찰에서 판을 엎고 나갔다고 하셨잖아요. 그때 검찰의 태도는 어땠습니까? 정중하게 저희는 더이상 논의에 참여하지 않겠습니다 하는 태도였나요, 아니면 이런 식이면 우리는 못합니다 하던가요?

조국 검찰 측 위원 중 민간위원들은 저와 사적으로 대화할 때는

'그 정도로 합시다' 했는데, 결정하는 자리가 되자 입장을 바꿨어요. 회의 전 검찰과 사전 미팅을 했던 것 같아요.

최강욱 검사들이 나서서 엎은 게 아니라 검찰 측 위원들이 그런 건가요?

조국 검사위원 및 검찰 측 민간위원 모두가 그랬고, 위원장인 김일수 교수도 마찬가지였어요.

최강욱 제가 이 말씀을 다시 여쭤본 이유는, 뭐든 서로 얼굴을 마주하고 마음을 터놓고 얘기하는 과정에서 합의점이 만들어지는 거 아닙니까. 다 얘기해놓고 정작 결정하는 과정에서 뒤집기가 쉽지 않단 말이에요. 근데 검찰은 그런 일을 그때만이 아니라 그 뒤로도 계속 반복하잖아요. 가깝게는 지난 2022년 대선 이후에 민주당이 검찰개혁 법안을 만들어서 추진할 당시에도 사실상 합의하고 대통령직 인수위에서 환영 성명까지 나온 상황에서 느닷없이 엎어버리고 나중에 가서는 우리가 언제 그랬냐는 식으로 나왔단 말이죠. 그 전에 심지어 이명박정부조차도 공약에 검찰개혁을 포함시켰습니다. 박근혜정부도 마찬가지였고, 2017년 대선 당시 홍준표 후보도 고위공직자범죄수사처(이하 공수처) 설치와 검찰개혁을 공약했고 유승민 후보도 검찰개혁을 말할 만큼 공감대가 넓은 사안이었는데도 그랬어요.

조국 수사와 기소 분리 주장은 보수정당 후보도 많이 했지요.

최강욱 지금 언제 그랬냐는 식으로 나오고 있기는 합니다만. 이명박정부 때를 더 생각해보면, 당시 수사권 조정이 어느정도 논의가 되다가 수사준칙을 대통령령으로 할 것이냐 법무부령으로 할 것이냐는 쟁점이 남았어요. 사실 검찰이 다른 모든 걸 얻고 그거 하나 남았었는데, 이명박 자신이 검찰에 빚을 지고 대통령이 된 사람이기 때문에 검찰 쪽으로 경도된 합의가 이루어졌던 거죠. 그래도 이 쟁점과 관련해선 대통령령으로 해야지 양 기관의 입장이 반영될 거 아니냐는 얘기가 있어서 그렇게 정하니까 거기에 반발해서 검찰총장이 사표를 내고 나가지 않습니까. 그런 식으로 자신들의 기득권 침해에는 절대 합의할 수 없다는 태도를 보이는 것이 검찰입니다. 아무튼 이제 문재인정부 대통령 민정수석비서관 되었을 때 이야기로 넘어갈까요.

문재인정부 전반기 검찰개혁의 방향

조국 문대통령께서 제게 민정수석을 맡기신 이유는 국정원·검찰·경찰·기무사 등 권력기관을 책임지고 개혁하라는 것이었어요. 이는 촛불혁명의 요구였고요. 저도 이건 해보고 싶다는 의지가 있었습니다.

최강욱 민정수석으로 지명된 후에 기자들 앞에서 하신 말씀이 지금도 회자돼요. "민정수석이 되시면 수사지휘 어떻게 하시겠습니까?"라는 질문에 "민정수석은 수사지휘 하는 자리가 아닙니다" 이렇게 단호하게 말씀하셨죠.

조국 맞습니다. 과거 민정수석은 청와대에 앉아 수사지휘를 했죠. 과거 정부는 검찰 고위간부 출신을 민정수석으로 앉혔고, 이 사람을 통해 검찰총장 또는 수사 담당 책임 검사 등과 연락을 해서 수사의 대상, 방향, 범위, 강도 등을 조율했던 것으로 압니다. 한동훈 법무부장관의 경우 검사 시절인 2009~10년 이명박정부 대통령실 민정수석실 선임행정관으로 일했는데, 이런 역할을 담당했을 것으로 추측합니다. 그러나 문재인 대통령과 저는 검찰에 '빚'을 지면 안 된다는 생각이 분명했습니다. 빚을 지면 검찰개혁을 추진할 수가 없어요. 수사를 이렇게 해달라 저렇게 해달라 부탁하지 않을 테니, 검경 수사권 조정을 포함한 검찰개혁에 개입하지 말라는 거였어요. 수사는 너희가 알아서 해라, 그러나 법과 제도를 바꾸어 검찰개혁을 하는 것은 너희 일이 아니니 방해하지 말라는 거였지요.

문재인정부 초기 검찰이 전병헌 당시 청와대 정무수석에 대해 전격적인 수사에 들어갑니다. 당시 청와대 안에서 저를 원망하는 사람이 많았어요. 민정수석이 검찰에 연락해서 막아야 하는데 뭐하냐고요. 전수석님도 저한테 섭섭했을 것이고요. 그러나 저희는 검찰이 문재인정부를 테스트한다고 봤어요. 정무수석 수사를 하는데 민정수석이 검찰에 연락하면 바로 빚을 지게 되는 거잖아요. 그래서 일체 검찰에 연락하지 않았어요. 그런 후에 수사권 조정, 공수처 신설 등을 밀고 나갔지요.

최강욱 그 전까지 검찰이 보여왔던 모습이, 자신들 캐비닛에 어떤 사건을 넣어두었다가 새로운 정부가 출범하면 그걸 쫙 꺼내놓으면서 '미운 사람이 누굽니까? 누구부터 처리해드릴까요?' 하는 식으로 거래하는 거였잖아요. 이런 식으로 정부가 새로 출범하면 어떤 카드를 쥐고 어떻게 대응해야 할지를 검찰은 상당히 학습하고 있는 것 같아요. 당시 조국 수석님에 대해서는 한편으론 불안하지만 한편으론 신사적인 분이기 때문에 '피바람 나게' 하진 않을 거라는 믿음도 있었던 것 같은데요.

조국 청와대 들어간 후 검찰에서 저에 대한 여러 평가와 우려를 하고 있다고 들었어요. 그러나 저는 참여정부 때 이루지 못한 검찰개혁을 해보자는 각오로 일했어요. 문재인정부는 국민의 지지도가 매우 높았기 때문에 충분히 할 수 있다고 판단했고요. 동시에 당시에는 여당인 민주당이 과반 이상의 다수당이 아니었기에 수사·기소 분리를 제도화하는 것은 어렵다고 판단했습니다. 그래서 일단 국회의 법률 개정 없이도 가능한 변화를 만들어야겠다고 생각했어요. 제가 총지휘하고 민정수석실이 달려들어 검경 수사권 조정 합의를 추진했고, 종국에는 법무부장관과 행정안전부장관이 합의문에 서명하는 성과를 이뤄냈습니다. 참여정부 때 검찰과 경찰 두 기관이 합의하라고 하니 성사되지 못했던 경험이 있었기에 검경의 상위 부서인 법무부와 행안부의 장관들이 합의를 이루는 방향으로 일을 했던 것입니다.

최강욱 문재인 대통령 공약에 수사권 문제는 "수사와 기소는 분리한다" "검사는 2차적, 보완적 수사권을 가진다" 이렇게 압축적으로 들어 있었어요. 민정수석으로 근무하실 당시 장관님께 제가 수사권 '조정'으로는 불충분하다는 항의성 문자를 드린 적도 있는데요. 국정농단 사건 초반에 검찰이 수사를 왜곡하려고 한 것이 드러나면서 많은 국민들이 검찰의 문제점을 크게 느끼셨단 말이죠. 그런 열망 때문에 문재인정부가 수행해야 할 적폐청산에 검찰개혁이 필수적이라고 생각하게 되었고요. 검찰도 많이 저항할 수 없는 상황이었습니다. 게다가 누구보다도 검찰개혁에 확고한 소신을 가진 분이 대통령이 되셨고 민정수석으로도 조국 교수가 들어가셨기 때문에 기대가 컸습니다. 그때 제가 '검찰, 알아야 바꾼다'라는 이름으로 손혜원 의원님과 대담하면서 이런 말을 했어요. "두고 보십시오. 검찰이 절대 가만있지 않습니다. 자기들끼리 앉아서 지금도 조금만 지나고 나서 보자, 우리가 흔들어대면 얼마나 견디나 보자, 지지율 떨어지면 망가뜨릴 수 있다는 얘길 하는 걸 들었다, 이 사람들 믿지 마세요." 그러자 그다음 날 밤부터 많은 검사들로부터 연락과 문자가 쇄도했어요. 저랑 알았던 검사들은 물론이고 잘 몰랐던 젊은 검사들까지 제게 보낸 메시지의 요지는 이런 거였어요. '당신이 뭘 안다고 그런 말을 하느냐,

최강욱 X 조국

> 검찰 권력은 공포와 특혜를 이용해
> 시민들을 지배하고 있습니다.
> 우리는 그 본질을 알아야 합니다.

우리는 열심히 일하고 있고 검찰이 제대로 바뀌어야 된다고도 생각하는데, 왜 우리의 의지를 폄훼하느냐.' 지금 돌아보면 그때 항의성 문자를 보내고 의견을 제시했던 검사들이 하나같이 이른바 '윤석열 사단' 소속이었고, 지금 잘나가는 사람들이에요. 국민의 열망이 어디에 있는지 알고 새로 출범하는 정부가 어떤 생각을 하는지 알고 있으니까 차마 거기에 대놓고 저항은 못하고 겉으로는 응하는 척하면서 뒤에서는 얼마든지 흔들 수 있다는 생각을 하고 있었던 같아요. 어찌 보면 문재인정부를 흔들기 위한 단계를 밟기 시작했을 것 같고요.

조국 대선 공약에 수사와 기소 분리가 명시돼 있었지만, 시기에 대한 언급은 없었어요. 동시에 "직접수사를 축소한다"라는 공약도 있었는데, '축소'는 '폐지'가 아니지 않습니까. 그래서 일정한 긴장이 발생했어요. 이걸 어떻게 할 건가에 대해서 민정수석실에서 의논을 했고, 제가 대통령께도 보고하고 의견을 들었습니다. 그리고 결론을 내렸는데, 첫째, 검경에 맡겨놓으면 절대 안 된다, 그 상급 기관인 두 장관 사이의 합의를 빨리 이끌어내서 공표해야 한다, 둘째, 형사소송법과 검찰청법 개정은 총선으로 민주당이 다수파가 될 때까지 기다려야 하니, 그 전에 할 수 있는 일을 신속히 한다, 즉, 한 단계 낮은 수준으로 일단 행정부 차원에서 합의안을 발표하고 그다음에 국회에서의 법 개정을 추구한다는 것입니다. 청와대 바깥에서는 수사와 기소 분리로 바로 가야 하지 않느냐는 비판이 있었지만, 당시 시점에서 분리 법안은 국회를 통과하지 못한다고 판단했고요. 이와 별도로 공수처 설치가 촛불혁명의 중요 요구였기에 이를 성사시키는 것이 주요 과제였습니다. 이상이 제가 민정수석으로 있었던 문재인정부 전반기의 기본 방침이었어요.

이러한 방침에 따라 저와 박상기 법무부장관, 김부겸 행정안전부장관 세 사람이 오랜 논의 끝에 합의에 이르렀어요. 1차 수사종결권을 경찰에 주되, 일정한 조건에서 검찰이 보충수사를 요구할 수 있는 구조를 만든 겁니다. 검찰의 반발이 격렬했어요. 윤대진 검찰국장 등 법무부 소속 검사들은 따라주는 편이었는데, 검찰청 소속 검사들은 직접 또는 간접적으로 반대하고 합의안을 공격했죠. 국회의원들에게 반대 의견을 제출하며 설득하고, 우호적 언론에 합의안 반대 자료를 제공하는 식으로요. 심지어 '중국식 공안 경찰을 만든다' '경찰이 지배하는 경찰국가를 만든다' 등 황당한 주장을 펼쳤어요. 다른 한편 여당 민주당의 법사위 간사였던 금태섭 의원은 전혀 다른 방향에서 반대를 했어요. 수사권 조정안에 동의할 수 없고, 오히려 수사와 기소를 당장 분리해야 한다는 주장을 했어요. 제가 반문했습니다. '나도 수사와 기소의 분리를 하고 싶은데, 그 법안을 국회에 올리면 통과가 됩니까?' 하고요.

최강욱 검찰은 내부 의견도 일치가 안 됐었잖아요. 형사부 출신들은 수사지휘권을 강화하는 쪽으로 의견이 모여 있었고, 특수부를 중심을 한 인지부서 쪽은 수사지휘권보다 검찰의 직접수사권을 지켜야 된다는 쪽으로 의견이 모여 있었던 것으로 압니다. 그래서 당신들끼리라도 먼저 합의해야 할 거 아니냐는 질책도 하신 것으로 압니다. 금태섭 의원은 당시 수사와 기소의 분리가 검경 사이에 합의가 될 수 있다고 한 건가요, 아니면 합의가 안 될망정 밀어붙여야 한다는 거였나요?

조국 검찰 내부에서도 의견이 정리되지 않아 제가 정리해서 오라고 말했죠. 금의원의 속내는 제가 알 수가 없지요. 겨우겨우 두 장관이 합의에 이르렀는데, 이 합의가 모자란다고 반대하는 것인지, 당시 조건에서 실현 불가능한 대안을 고수하며 합의안을 무산시키려고 반대한 것인지요.

한편으로 검찰은 문재인정부의 대선 공약 중 자치경찰제를 들고 나와서 검찰개혁을 반대했어요. 문재인 대통령이 자치경찰제를 전국적으로 실시한 후 검찰개혁을 할 것이라고 말한 적은 없어요. 그런데 검찰은 경찰을 연방제 수준으로 광역 단위로 쪼개는 자치경찰제를 실시해야만 경찰에 수사권을 줄 수 있다고 주장하고 선전했어요. 문재인정부는 자치경찰제를 단계적으로 확대하는 방안을 추진하고 있었습니다. 검찰의 이 주장은 문재인정부 끝날 때까지 수사권 조정을 하지 않겠다는 것이었지요.

다른 한편 공수처 신설이 중요한 과제였어요. 검찰 입장에선 새로운 검찰 기관이 만들어지는 것이고, 공수처가 자기를 수사하게 되고, 기소독점주의가 깨지는 것이니 극렬하게 반대했어요. 이 과제를 어디서 맡을 것인지 고민이 있었는데, 박상기 장관님이 법무부에서 맡겠다고 하셔서 동의했습니다. 검찰이 공수처 설립을 반대했기에 오히려 검찰의 상급기관인 법무부가 추진하는 것이 낫겠다는 판단이었어요. 그러나 이번에도 여당 간사인 금태섭 의원이 결사적으로 공수처를 반대했습니다. 공수처 설치는 촛불혁명의 요구고, 참여정부 이후 민주당이 추진해온 것이었는데 여당 법사위 간사가 그 공약이 틀렸다고 고집하는 것입니다. 그래서 제가 농반진반으로 금의원에게 말했어요. 대통령 되시면 그런 주장하시라고요. 하여튼 금의원 때문에 박상기 장관님도 저도 난감했습니다.

이후 수사권 조정과 공수처 설립을 위한 법안이 만들어졌는데, 국회 통과를 위해서는 바른미래당의 동의가 필요했기 때문에 내용이 변경, 축소되었습니다. 권은희 의원 주장을 반영할 수밖에 없었기에 공수처의 규모가 대폭 줄어들었고, 검찰 조서의 증거능력은 없애게 되었지요. 전자는 아쉽지만, 후자는 다행이라고 생각합니다. 제가 민정수석을 할 때 짜놓은 것에 비하면 약화된 부분이 있지만, 크게 보면 1단계 개혁이 이루어졌다고 보아 개인적으로는 뿌듯했습니다. 2019년 하반기 검찰 수사를 받는 시련 속에서도 이 법안들이 통과되어 기뻤답니다. 공수처가 근래 들어 여러 비판을 받고 있지만, 애정을 가진 비판이 필요하고 추후 규모를 키우는 법 개정이 필요하다고 봅니다.

최강욱 당시 법사위 간사로서 금태섭 의원이 보인 태도가 본인의 성격이나 소신에서만 나오는 현상은 아니었다는 생각이 들어요. 참여정부 때 제가 법무관 생활을 하면서 군사법원의 문제점을 제기하고 이걸 없애야 한다, 대한민국에 이런 사법제도가 있다는 게 말이 안 된다는 얘길 최초로 하지 않았습니까. 참여정부 사개추위에서 최초로 의결된 사항이 군사법원을 획기적으로 바꾸자는 거였어요. 하지만 가장 처음 의결됐음에도 결국 마지막까지 법률 한 글자도 못 고쳤거든요. 그때 사개추위에서 낸 안은 당장 없애는 것이 아니라, 단계적으로 하자는 것이었습니다. 그런데 당시 야당인 한나라당 법사위 간사가 주성영 의원이었어요. 검사 출신 초선 의원이죠. 그가 법사위 간사로 있으면서 무슨 주장을 했냐면, 군사법원을 바로 없애자는 거였어요. 그 전까지는 군사법원이 반드시 필요하고 필수적이라고 주장하던 사람들이 법안이 올라가니까 그럼 문제가 많으니까 바로 없애자고 하는 거죠.

조국 검찰개혁을 반대하는 사람들이 상황에 따라 두 가지 논리를 꺼내 반대하는데, 하나는 개혁안의 세밀한 얘길 하나하나 끄집어서 확대, 과장하는 거예요. 이런 일이 발생할 거라든가 어떻게 된다는 식으로 공포를 조장하거든요. 다른 한가지가 검찰개혁 최소주의자들이 갑자기 최대주의자가 되어 근본적 주장을 하는 거예요. 갑자기 어마어마하게 거대한 개혁을 주장하는 겁니다. 원래는 최소주의자들인데 자신의 주장이 안 받아들여지면 최대주의자의 주장을 해서 명분을 얻고 합의된 개혁안을 엎어버리는 거죠. '검찰지능'이라고 해야 할 것 같습니다.

최강욱 재래의 수법이자 내부에 축적된 일종의 집단지성이겠지요.

최강욱 X 조국

그런데 당시에 대한 아쉬움을 토로하시는 분들 중에는 국민적 지지가 높고 열기가 높을 때 더 많이 나아갔어야 하는 거 아니냐는 분들이 있는 것이 사실입니다. 그러나 지금 되짚어보면서 설명해주셨지만, 입헌민주주의 국가에서 국회를 통과하는 문제를 간과하면 안 되지요. 그리고 당시 문대통령이 늘 강조하신 게 기관 구성원들이 스스로 합의하는 지점까지 나아가야 하는 것이고 그건 되돌리지 못할 것이라는 점이었지요.

조국 맞아요. 문대통령은 그 점을 아주 강조했어요. 신속하게 하되 '관련 기관이 합의해서 되돌릴 수 없도록'이라는 표현을 많이 쓰셨지요. 제가 2019년 5월에 민정수석 자리에서 물러나기 전까지는 그 흐름을 벗어나지 않았어요. 한 매듭을 짓고 총선에서 이기면 다음 단계로 간다는 구상을 갖고 있었죠. 군사 개념으로 보면 전략을 정밀하게 짜고 진지를 구축해서 한단계 한단계 고지를 뺏어나가는 식으로 갔습니다. 그러나 2019년 제가 법무부장관에 임명되고 이른바 '조국사태'가 터지면서 완전히 혼전, 난타전 상태로 들어갔고요.

최강욱 땅굴을 파고 들어왔던 거죠. 저격수 배치하고요.

조국 문재인정부 초반기에는 검찰개혁 세력이 주도권을 잡았잖아요. 그러나 조국사태를 계기로 전쟁이 완전 다른 양상으로 벌어지고 있음을 실감했어요. 온갖 암수, 살수, 꼼수가 다 사용되어 전면적 반격이 전개되었습니다. 그러다보니 전쟁에서 밀리는 형국이 되고 문재인정부의 지지율은 떨어지고……

최강욱 그 상황이 벌어질 때 제가 앞에서 말씀드린 '저거 두고 봐라' 했던 게 네티즌들 사이에서 소위 '성지순례지'가 됐습니다. 당시 민정수석 입장에서는 정부의 의사결정 구조와 논의 구조를 통해서, 검찰의 이야기를 최대한 경청하고 일정하게 입장을 반영해주려고 노력하신 것으로 압니다. 그런 절차를 거치고 합의에 도달하면 번복하는 일은 없을 것이라는 기대와 신뢰가 있었던 거 잖아요. 그런데 지금 결과적으로 보면 그 기대에 부응하는 상황은 아니게 되었습니다.

조국 그게 문재인정부의 문제해결 방식이었지요. 반대자와 계속 만나 소통하고 끊임없이 설득하려고 했어요. 예컨대 검경 수사권 조정안이 합의되자 문무일 검찰총장이 강하게 항의하면서 대통령께 직접 의사를 표명할 기회를 달라고 했어요. 저는 안 된다고 했다가, 보고는 해야 되기 때문에 대통령께 보고를 했어요. 그랬더니 대통령이 다 듣고 잠시 고민하시더니 총장을 만나겠다고 하시더군요. 문총장이 문대통령 앞에서 검찰 논리를 마음껏 주장했어요. 합의안이 틀렸다고 하면서.

최강욱 그때도 요지는 이대로 놔두면 경찰국가가 됩니다, 이런 건가요?

조국 그랬지요. 문대통령은 그냥 다 들으시더라고요. 그러고는 문 총장을 보내드렸고요. 이렇게 문대통령은 모든 예우를 갖춰주었 습니다. 물론 합의된 안을 그대로 진행하라고 지시하셨지요.

최강욱 그만큼 문대통령은 진심이셨던 거죠.

조국 상대에게 최선을 다하면 그들도 어느정도까지 맞춰주리라 생각하신 것입니다. 그런데 윤석열 검찰총장 임명 이후부터 틀어 졌습니다. 이후 문대통령께서 기자회견 등에서 조국과 윤석열의 "환상적 조합"을 기대했다는 쓰라린 소회를 표명하시지 않았습 니까.

최강욱 그때부터 검찰은 재래의 수법을 발동하기 시작한 거죠. 수 사를 통해 시끄럽게 하기 시작하고. 메시지에 자신이 없을 때 메 신저를 공격하라는 식의 방식으로 상대방 주역들에게 오물을 뒤 집어씌우고요.

조국 참여정부 당시에는 검찰이 노무현 대통령의 형과 영부인 등 을 치고 들어오면서 전체 판을 흔들었잖아요. 문재인 대통령이나 김정숙 여사는 털어도 털 게 없었지만요.

기득권 수호를 위해 정당화(政黨化)한 검찰

최강욱 검찰이 참 용의주도해요. 정치적으로 움직이는 게 습득이 되어 있어요. 지금 떠오르는 장면이 두개 있는데, 저와 친분이 있던 고위 검사들 중에 제가 청와대 들어가기 전에 식사나 한번 합시다 하고 만난 사람들이 있습니다. 그때 참 한편으로 놀랍고 한편으로 허탈했던 일이 뭐냐면, 그런 자리는 학교 다닐 때 선후배 관계나 일하면서 동료로 알던 옛 친구 만나듯 만나는 거잖아요. 그런데 이 사람들에게는 의도가 있다보니 하나같이 제 책을 들고 나옵니다. 『권력과 검찰』을 들고 나와서 딱 기다리면서 책상 위에 올려놓고 있어요. '내가 이 책을 읽고 있다. 내가 애독자다.' 이거죠. 그걸 한 사람만 했으면 그냥 이 사람 쇼하네, 이러고 말겠는데 여러명이 그렇게 하는 거예요.

조국 환심을 사려고 하는 거죠.

최강욱 다 예전부터 해왔던 수법이잖아요.

조국 보고 배운 게 그런 것들이겠죠.

최강욱 또 검사들의 기득권에 대한 집착이 정말 심하다고 느낀 사례가 수사권 조정 과정에서 검찰의 직접수사 범위로 부패, 경제,

공직자, 선거, 방위사업, 대형참사 범죄 여섯가지를 정할 때, 막판에 검찰이 '선거범죄 꼭 남겨달라'고 했던 거 기억나세요? 검찰 내부에서 공안부가 특수부에 밀려 불만이 있는데, 챙겨줘야지 반발이 줄어든다는 얘기였잖아요. 국가적인 과제나 개혁의 문제를 자기들 먹거리 관점에서 접근하는 거죠.

그런데 금태섭 의원이 한 말 중 수긍이 되는 점이 있었어요. 검찰개혁 하겠다고 하면서 서울중앙지검을 세계 최대의 수사기관으로 키워놓으면 어떡하느냐는 거였죠. 이 말은 틀리지 않다고 할 수 있지만, 당시 국정농단 수사와 사법농단 수사가 진행되는 상황을 생각하면 불가피했을 것 같기도 하고요.

조국 금의원의 그 지적 자체는 맞는 말이었어요. 서울중앙지검에 4차장까지 신설했으니까요. 당시 국정농단 수사와 사법농단 수사를 모두 서울중앙지검이 맡고 있었기에 이를 다른 데 보낼 수도 없고, 수사권 조정이 안 된 상태에서 경찰에 맡길 수도 없었어요. 당시 윤석열 서울중앙지검장이 자기가 특검 소속으로 수사했으므로 내용을 제일 잘 안다, 공소유지까지 하게 해달라고 청와대, 법무부 등에 요청해왔고요. 서울중앙지검 조직이 커지고, 윤석열 개인의 힘도 강해지는 문제가 우려되었지만, 불가피하다는 판단을 했습니다.

최강욱 현재 이원석 검찰총장이 전혀 보이지 않고 한동훈 법무부 장관만 보이는 것처럼, 당시에는 문무일 검찰총장은 보이지 않고 윤석열 서울중앙지검장 중심으로 뉴스가 돌아갔지요.

조국 실제로 검사들도 문무일 총장보다 윤석열 검사장에 줄 서려고 한다는 말을 들었어요. 사실 문재인 대통령이 저를 법무부장관으로 지명한 여러 이유 중 하나가 검찰 조직개편이었습니다. 국정농단 수사와 사법농단 수사가 마무리되고 있었기에 제가 장관이 되어 서울중앙지검을 바꾸려고 했어요. 문대통령은 윤석열 검찰총장도 동의할 것이라고 생각했고요. 물론 장관인 저에 대한 수사로 모든 것이 무산되었고, 사후적으로 보면 제가 장관이 되기 전 박상기 장관 말기, 윤석열 검사장이 검찰총장으로 취임하기 직전에 그걸 했으면 좋았겠다는 생각을 합니다. 이제 무의미한 말이지만, 당시 윤석열 개인에 대한 여권의 신뢰가 과잉된 상태였고, 그걸 믿었던 저도 순진했다고 자성하고 있습니다.

최강욱 이제 다른 측면을 짚고 가면 좋겠습니다. 우리나라에서 제일가는 권력기관이 계속 바뀌어왔는데, 이승만정부 아래에서 경찰이 최고였다가, 박정희정부 넘어오면서 중앙정보부가 됐다가, 전두환정부 때는 보안사령부가 됐다가, 노태우정부 시절에는 박철언 등의 영향으로 검찰이 두각을 나타냈고, 지난 국정농단 사건을 거치면서 명실상부한 넘버원이 되지 않았습니까? 2013년 윤석열 검사가 좌천됐을 때만 해도 그 이유가 국정원 여론조작 사건을 수사했다는 것이어서, 그때만 해도 검찰이 확고부동한 최고는 아니었던 말이죠. 아무튼 계속해서 검찰의 활동 범위가 넓어지고, 또 스스로 아주 조직적으로 자신들의 기득권을 수호해오면서 지금 대한민국을 지배하고 있다고 평가할 수 있겠는데요. 문재인정부 권력기관 개혁 과정에서도 보면 가령 경찰이나 국가정보원은 자신들의 임무나 권한이 조정되고 축소되는 과정에서 충분히 반발할 수 있었는데 검찰같이 하진 않았단 말이죠. 특히 대조적으로 국정원은 대공수사권 이관, 국내 정보 수집권 폐지 등 본인들 입장에서 중요한 타격을 입었는데도 검찰처럼 조직적이고 주도면밀하고 아주 지저분한 저항은 안 했습니다.

조국 분명한 차이가 있죠. 물론 국정원도 대공수사권을 폐지하고 경찰로 이관하는 데 저항이 있었어요. 국정원 기획조정실장 등을 통해 항의하기도 했고요. 그러나 최종적으로 합의가 되고 경과규정을 넣으면서 받아들이는 것으로 종료됐잖아요. 그런데 그럼 검찰은 왜 그럴까 하면, 제가 참여연대 활동할 때부터 해온 주장인데, 저는 검찰을 단순히 검찰청 조직으로 보면 안 되고, 검찰 내 검찰주의자 집단은 '준(準)정당'으로 봐야 한다는 얘길 계속해왔어요. 개발도상국이 선진국이 되어가는 과정에서 두가지 현상이 나타나요. 개발도상국 상태에서 대부분 군부가 쿠데타로 집권을 합니다. 그 시점에서 훈련받은 조직된 엘리트 집단이 군부니까요. 개발도상국에서 벗어나고 시민들의 의식이 높아지면 이제 군부 독재는 안 됩니다. 지금 우리나라에서 군부가 정당처럼 움직이지 않잖아요. 그런데 군부독재가 부활할 수 없는 단계에 이르면 검찰이 정당처럼 움직인다는 거죠.

최강욱 지금은 '정치군인'이란 말 자체가 사라졌죠.

조국 정치군인은 사라졌는데, '정치검사'가 득세하는 형국이지요. 그렇게 검찰이 정당화(政黨化)되었고, 이러한 검찰을 정치검사가 지배하고 있는 것입니다. '하나회'가 군부를 지배한 것을 생각하면 됩니다. 단순히 현역 검사들만 말하는 게 아니라, 전현직 검사를 모두 포함합니다. 전현직 검사로 구성되는 카르텔이 조직의 이해관계가 위기에 있을 때 총단결해서 정계·관계·언론을 움직이는 것이 거의 정당 수준이라는 거죠. 개발도상국을 거치고 선진국으로 변화하면서 검사들은 자신들이야말로 진짜 엘리트라는 선민의식을 갖게 되고, 여기에 한편으로 그간 군인처럼 상명하복의 규율을 몸에 익혀 집단행동을 하게 되는 겁니다. 지금은 법 개정으로 '검사동일체원칙'이 법조문에서 빠졌지만, 상명하복의 문화는 여전히 유지되고 있습니다. 과거 권위주의 정권 시절에는 '육법당(陸法黨)'이라고 해서 육사 출신과 검사들이 술 먹고 어울리면서 끈끈한 유대감을 형성했지요. 폭탄주 문화도 여기서 나온 것으로 압니다. 이렇게 정치검사는 정치군인이 권력을 유지, 행사하는 데 일조하는 하위 파트너였어요. 그러다가 군사독재가 끝나자 정치검사가 정치군인의 역할을 대신하려 한 것입니다. 그리고 정치검사로 구성된 카르텔은 검찰의 조직적 이해가 위험해지면 즉각 반격에 나섭니다.

최강욱 맞아요. 자기들 이해관계에 반하면 검찰총장까지 잡아먹는 조직이죠.

조국 이명박정부 때 최재경, 윤석열 등이 한상대 검찰총장이 조직의 이익을 훼손한다는 이유로 정면으로 항명하면서 총장에서 물러가게 한 일도 있었죠.

　문재인정부의 검찰개혁 성과에 불만인 사람들이 제법 있는데, 이런 관점에서 길게, 그리고 크게 봐야 합니다. 대한민국 역사에서 공수처 설치와 검경수사권 조정 실현을 등을 이룬 건 문재인정부가 처음이에요. 유일한 정부죠.

최강욱 검사를 수사할 수 있는 기관을 만든 것 자체가 처음이죠.

권력기관 개혁 추진 과정과 난관

조국 물론 윤석열정부가 위헌적 시행령 통치를 시행하면서 문재인정부 시절 만들어진 법률을 무력화시키고 있습니다. 그렇지만 이 법률 자체는 합헌으로 확정이 됐습니다. 나중에 정부가 바뀌면 시행령을 없애면 됩니다. 이제 검찰의 직접수사 범위가 6대 범죄에서 2대 범죄로 확 줄어들었잖아요. 최의원님이 직접 경험하셨겠지만, 검찰의 직접수사권을 대폭 축소하는 법률 통과 당시 검찰 또는 보수정당만이 아니라 민주당 내에서도 많이 부담스러위했습니다. 민주당의 '처럼회' 소속 의원들만 열성이었던 것으로 기억합니다. '조국사태' 이후 일어난 서초동 촛불집회의 힘이 뒷받침해주지 못했다면 검찰의 직접수사권 대폭 축소가 가능했을까 생각해요.

다른 한편으로 말씀드리고 싶은 게, 문재인정부 국정과제인 권력기관 개혁은 검찰뿐 아니라 국정원·경찰·검찰·기무사 등 권력기관 전체를 개혁하는 것이었지 않습니까? 그 기관들이 다 박근혜정부 시절 부당하게 정치에 개입했던 기관이었기 때문에 모두 개혁을 해야 했어요. 윤석열정부 이후 원위치로 되돌아가고 있어 분노가 치밀지만……

기무사 같은 경우는 법률 개정이 필요 없어 대통령령을 바꾸어 이름을 '안보지원사령부'로 바꾸고 정치 개입을 못하게 했지요. 국정원 개혁도 빨리 이루어졌어요. 문대통령이 국정원장을 불러서 국내 정치 관련 보고 안 받겠다, 정치 사찰 하지 마라, 각 국가기관 출입하는 IO(Intelligence Officer, 국내정보담당관) 다 빼라고 지시하셨어요. 사실 국정원 IO를 빼는 문제를 놓고 민정수석실에서는 약간의 우려가 있었는데요, 국정원 IO를 빼면 검찰 통제를 못할 수 있다는 거였죠. 검사들이 유일하게 겁내는 게 검찰 출입하는 국정원 IO라는 말이 있었거든요. 역대 정부에서 국정원 IO가 검찰에 출입하면서 검사의 비위를 수집하여 이를 검찰 인사에서 활용해왔는데, IO를 다 빼면 남는 건 경찰 정보밖에 없다는 거죠. 검찰은 경찰을 우습게 보고요. 그래서 검찰개혁을 끝낸 후 국정원 IO를 빼자는 의견이 있었어요. 하지만 국정농단 사태에서

최강욱 X 조국

국정원의 정치 개입이 워낙 문제였기 때문에 문대통령은 그런 고려 없이 단박에 끊자 하신 거죠.

최강욱 말씀대로 윤석열정부가 들어선 후 문재인정부의 권력기관 개혁 성과는 원점으로 돌려지고 있습니다. 그러나 오히려 그렇다 보니 문재인정부가 보여준 진심 어린 개혁의 성과를 다시 보게 되는 면도 있는데요. 예를 들면 경찰국 신설 문제가 나왔을 때, 경찰에서 상대적으로 직급이 높은 총경들이 이견을 제시하면서 반발했고, 실무 경찰들도 굉장히 목소리를 높였어요. 이 일로 실제로 윤석열정부가 상당히 긴장하는 모습을 보이지 않았습니까. 경찰 내부에서는 이런 동력이 사그라들지 않았고, 문재인정부의 개혁 방향에 공감하는 분위기도 있습니다. 또 하나는 문재인정부가 기무사를 개편해 안보지원사령부로 바꾼 것을 윤석열정부는 다시 '방첩사령부'로 바꾸지 않았습니까? 그와 관련한 사령부 내부 논의를 전해 들을 기회가 있었는데, 기무사가 안보지원사로 바뀌었을 때는 구성원들이 수긍할 수밖에 없었다고 해요. 자신들의 잘못이 있었고 그래서 동의할 수 있었다, 우리가 과거의 틀에서 완전히 벗어나려면 그 간판을 유지해서는 안 된다는 동의가 있어서 따라갔다는 거죠. 그런데 지금은 도대체 자기들이 뭘 잘못했다고 이름을 또 바꾼다는 거냐는 얘기가 나왔다 합니다. 옛날 하던 일로 다시 돌아가서 나중에 또 국민들로부터 불신을 얻자는 거냐는 얘기가 높은 간부들의 공식 회의석상에서 나왔다는 거예요. 너무나 놀라운 일이었고, 그 조직의 속성에 비춰볼 때 과거로서는 상상도 할 수 없는 일이 벌어졌다는 생각인데요. 이렇게 권력기관 본인들이 자각할 만큼 나아간 면이 있다는 걸 꼭 말씀드리고 싶습니다.

조국 그런 의식이 권력기관 안에 남아 있다는 것은 아직 희망이 있다는 얘기겠지요.

최강욱 보수정당이야 검찰과 단단히 엮였다고 할 수 있겠지만, 민주당도 문제란 말이죠. 장관님께서 법안을 추진하실 당시에 민주당 내부에서 부담스러워하면서 내세웠던 논리의 핵심은 뭐였나요? 경찰을 어떻게 믿느냐는 건가요? 아니면 검사들이 너무 반발하니까 선거에 부담된다는 것이 컸나요?

조국 경찰의 비대화에 대한 우려를 다들 얘기했어요. 그에 대해서는 경찰개혁은 대선 공약이므로 반드시 실현할 것이라고 강조했죠. 민주당 행안위 측 의원들에게 자치경찰제 실시 등 경찰개혁도 할 것이라고 말했고요. 당시 민주당 의원들 상당수가 수사와 기소를 분리하면, 또는 검찰 직접수사를 줄이거나 없애면 뭔가 큰일이 난다고 생각하고 있는 거 같았어요. 경찰에 문제가 많아서 다 맡길 수 없다는 인식도 상당했고요. 요약하면 검찰에 대한 과잉신뢰, 경찰에 대한 과소신뢰를 민주당 의원들의 상당수가 공유하고 있었어요. 그리고 검사는 자신들과 같은 급이라고 생각하고 경찰은 자기 밑으로 생각하는 잘못된 관념도 사라지지 않고 있는 것 같았습니다. 또 검사와 좋은 관계를 유지해야 만약의 경우 도움을 받을 수 있다는 생각도 있는 것 같았고요. 물론 공개적으로 이렇게 말하진 않지요. 그런데 이제는 경찰도 수준이 매우 높아졌어요. 경찰대 출신 말고도 압도적 다수가 대졸자이고 내부 훈련과 교육 등이 이전과 비교할 수 없을 만큼 좋아졌는데, 상당수 국회의원들이 과거 자기 경험이나 인식을 기초로 보기 때문에 설득이 잘 안 되더라고요.

최강욱 검찰이 유능하다는 이상한 착시나 믿음이 있어요. 사실은 그만큼의 권한을 주면 할 수 있는 일도 늘어나는 건데 말입니다. 여러 연장을 주고 무얼 만들라고 하는 것과 한두가지만 주고 만들라고 하는 것에는 성과에 차이가 있을 수밖에 없잖아요. 일종의 학벌주의가 작동하고 있다고 봐요. 좋은 대학 나오고 고시 합격한 사람에게 권력을 주는 게 낫지 않냐는 편견 말입니다. 제가 현장에서 느낀 것 중에 이런 면도 있어요. 세상에서 힘깨나 쓴다는 사람들, 재벌부터 지역의 토호까지 자기의 기득권 유지를 위해 검사 사위를 두는 경우가 꽤 많잖아요.

조국 국회의원들은 자신과 대화하는 검찰 사람은 검사장 정도라고 생각할 거예요. 사실 검사장이 차관은 아닌데, '차관급'이라고 주장을 하죠. 그렇게 검사장을 차관급이라고 보는 관점에서 보면, 경찰에서는 차관급이 경찰청장 한명이에요. 차이가 큰 거죠. 근래 어떤 국회의원이 평검사 직급을 국가공무원법과 일치시켜서 5급으로 내리는 법안을 냈더군요. 실제 우리 사회에서 오랫동안 평검사도 '영감님'으로 불리며 대우받아온 문화가 있습니다. 요즘엔 그런 일이 없는 걸로 알지만, 평검사가 자기보다 경력이 10년, 20년 위인 경찰서장을 때렸다는 전설적인 얘기들이 있잖아요. 검사 지망하는 사법연수원생이 경찰에게 행패 부리는 일도 있었지요. 이상도 검찰개혁의 주요 과제 중의 하나인 것 같습니다.

최강욱 검사를 왜 '영감'이라고 불렀는지에 대해 한마디 하고 싶습니다. 검사 자기들끼리는 스스로를 '당상관'이라고 생각한다는 거잖아요. 조선시대 당상관을 호칭하는 게 '영감'이고, 그 위가 '대감'이고, 그 위로 '상감'으로 가는 건데, 지금 영감은 노숙한 사람을 칭하는 의미로만 남아 있죠. 아무튼 검사들이 스스로를 당상관으로 생각한다는 건데, 이런 호칭이 국민들로 하여금 검사가 옛날로 치면 '과거급제한 사람'이라는 착시를 불러일으키고 있습니다. 그리고 아까 말씀하신 법안은 제가 낸 법안입니다.

조국 아, 그걸 몰랐네요.(웃음)

최강욱 '검사는 3급'이라는 식의 규정이 어디에도 없어요. 검찰총장이 장관급이라는 것도 어디에 규정된 게 없고요. 단지 수당, 직급보조비 등을 기준으로 그런 주장을 하는 거지요. 그래서 저는 검사의 수상과 직급보조비 등을 일반직 공무원의 수준에 맞게 정비하고자 했어요. 공무원법의 공무원 수당 규정에 검사도 포함을 시키고, 검사보수법같이 별도로 규정하는 법규를 없애야 한다고요.

조국 말 나온 김에 얘기하면 조선시대에 장원급제를 해도 당상관이 아니었어요. 지금 식으로 하면 보직에 따라서 높아야 5급입니다. 예컨대 아홉번 장원했다는 율곡 선생 같은 경우도 당상관으로 시작하질 않았어요. 그런데 무슨 검사 합격 했다고 스스로를 영감 호칭하는 건지 모르겠습니다. 아무튼 조선시대 기준으로도 안 맞습니다.

최강욱 민주당 의원 말고 정의당 의원들이 검찰개혁에 소극적 태도를 보인 점을 의아하게 생각하시는 분들도 많아요. 노회찬 의원이 당한 '엑스파일 사건' 등 억울한 사건도 있었고 한데 말입니다.

조국 정의당 의원들과 긴밀하게 소통해본 건 아니지만, 1980년대 일부 운동권의 논리 또는 근래 한국에서 등장한 '급진적 페미니즘'의 교리에 따라 움직이는 것 아닌가 싶어요. 검찰개혁은 더 근본적 개혁보다 하위에 있으니 여기에 집중해서는 안 된다, 검찰개혁보다 먹고사는 문제가 더 중요하다 등의 논리 말입니다. 그래서 보통의 시민들이 검찰개혁을 외쳐도 그건 '부르주아적인 한계'가 있다고 폄훼하거나, 지배집단 엘리트끼리 싸우는 문제이니 '진보' 세력이 강하게 개입할 필요가 없다고 생각하는 경향이 감지되었어요.

최강욱 노동자들이 저렇게 힘들고 심지어 죽어가는데 '강남좌파' 조국을 걱정하는 거야? 그런 거잖아요.

조국 조국보다 노동자의 고통이 심대한 것은 맞습니다. 그러나 검찰개혁을 둘러싸고 전면적 정치투쟁이 벌어지고 있고, 국민 대중 다수가 검찰개혁에 관심을 두고 싸움에 나서고 있는데 여기에 발을 빼거나 반 발만 걸치는 것은 곤란하지 않나 싶었어요. 그리고 정의당에 일종의 정치적 강박이 있는 것 같아요. '민주당 2중대론' 말입니다. 진보정당이 '민주당 2중대'가 되면 안 되겠죠. 그런데 민주당과 선을 긋고 차별화를 강조하다가 '국민의힘 2중대' 역할을 하면 역시 안 되는 것 아닙니까? 언론 보도를 보면, 정의당 일부 의원들은 민주당 의원들보다 국민의힘 의원 또는 윤석열 정부 인사와 좋은 '케미컬'을 보이더라고요. 기묘한 느낌이 들었습니다.

최강욱 제가 국회에 있으면서 정의당 의원들이 옆자리에 앉게 되기에 그런 점에 대해 물어봤어요. 제가 기대했던 답은 정의당만의 담론적인 지적 같은 거였는데, 대부분의 의원은 잘 몰라서 그런다는 거예요. 제가 그럼 물어보기라도 하라고 했는데, 물어보지 않더라고요.

조국 저는 진보정당이 잘되길 바라는 사람입니다. 한국사회에 다른 OECD 국가와 같은 사회민주주의 정당이 필요하다고 생각합니다. 중도보수와 중도진보의 연합정당이 민주당의 왼쪽에 서서 진보의 비전과 가치를 강조할 필요가 분명 있습니다. 개인적으로 진보정당 운동한 분들과 여러 사적 인연도 있고요. 그런데 현재 정의당은 대중과의 관계에서 뭔가 길을 잃었다는 느낌이 있어요. 현재 다수 국민이 정의당에 마음을 주지 않고 있는데, 이것이 국민 탓일까요, 정의당 탓일까요.

법무부장관 지명과 '조국사태' 당시의 상황

최강욱 이제 장관 되셨을 때 상황으로 가보죠. 장관으로 지명되신 직후가 기억이 납니다. 얼마나 많은 민정수석실 직원들이 안타까워하며 수석님을 보내드렸는지요. 장관 후보로 지명된 후 험난한 길과 우여곡절이 있었지만, 장관에 취임하신 이후에도 그러셨던 것 같아요. 그때 제가 전화드렸을 때가 기억이 나요. '고립된 섬에 혼자 와 있는 것 같다'고 하셨죠. 청와대에 있을 때하고 뭔가 다른 기분을 느낀다고요. 장관 퇴임하실 때까지 그게 계속 이어진 건가요?

조국 청와대하고 다르단 걸 확 느꼈어요, 청와대에 있을 때는 모든 사람이 동료고, 동지고, 협업해나가는 관계라면, 장관으로 딱 갔을 때, 물론 저를 보좌한 사람들이 있긴 있었지만, 조직 전체가

'저 사람이 뭐하나 보자' 한다는 느낌이 왔어요. 이후 검찰발이 분명한 이상한 보도가 나오기 시작하니, '이건 뭐지? 출처가 어디지? 공격이 시작되는구나.' 하는 생각을 했고요.

최강욱 법무부 안에 인사청문 준비단이 꾸려지고, 거기서 청문회를 준비하고 보좌하는 것 같지만 진심으로 하는 게 아니었을 것 같아요.

조국 인사청문 준비단원 대부분이 검사들이잖아요. 제가 보좌관으로 데려간 한 사람 빼고 모두 검사들에게 둘러싸여 있었지요. 이들과 대화를 해보면 제 생각에 동의하는지 아닌지 알 수가 없어요. 예컨대 장관 후보자로서 임기 초기 어떤 것을 하겠다는 입장문 발표를 지시하잖아요? 거기에 어떤 검사는 제가 생각하는 과제를 강력히 반대하더라고요. 법무부의 입장이 아니라 검찰의 입장을 더 중요하게 여기면서요.

당시 인사청문 준비단장이 김후곤 검사장이었고, 이후 그분이 법무부 기획조정실장이 됩니다. 검찰 내에서 비주류인 동국대 출신이었는데, 일을 잘하셨어요. 검찰국장은 이성윤 검사장에게 맡겼는데, 경희대 출신이었습니다. 법무부의 핵심보직인 기조실장과 검찰국장을 일부러 비서울대 출신으로 뽑았어요. 김후곤 검사장은 무난하게 검사직을 마무리하고 퇴임을 한 거 같아요. 이성윤 검사장은 윤석열 사단에 의해 수사받고 기소되어 지금까지 고통받고 있지요. 아무튼 두 사람에 대한 고마움이 있습니다.

최강욱 당시 국회 법사위에 있으면서 법무부장관 후보자 인사청문회를 준비했던 국회의원 보좌진들이 지금도 국회에 있잖아요. 나중에 그분들이 저를 찾아와서 이런 얘길 했어요. 자기들은 솔직히 처음에 조국 장관이 어떤 생각을 가지고 어떤 일 하시려는 분인지도 잘 몰랐고, 뭔가 문제가 있으니까 언론이 저렇게 시끄럽게 하겠지 하는 인식을 갖고 있던 사람들이 꽤 있었다는 거예요. 정치적으로 부담이 되니까 인사청문회는 대충 하고 결국 정무적으로 결정해야 할 사안 아닌가 하는 생각을 했었다는 거예요. 그런데 청문회가 준비되는 과정에서 청문준비단 검사들이 움직이는 모습을 보면서, 이건 단순히 조국 장관 개인의 문제가 아니고 검찰의 이익이 결집돼 있는 문제라는 걸 너무나 느꼈다는 거죠. 그 불과 몇달 전에 윤석열 검찰총장 청문준비단이 있었잖아요. 그때 그 청문준비단에 속해 있던 검사들이 보인 모습이 있었을 거 아니에요. 청문위원 보좌진들이 준비단에 뭐 하나만 확인해달라고 하면 그게 미심쩍은 일이든 아니든 간에 그 얘길 꺼내자마자 득달같이 최소한 5장 이상의 자료를 들고 뛰어온답니다. 그리고 계속 달라붙어 얘기한대요. 태도도 그렇게 공손하고 겸손할 수가 없고요. '비서관님, 비서관님' 하면서 '사실은 이런 거고, 혹시 생각하셨으면 오해시고 총장님은 이런 분이고' 등등 얘길 한다는 거죠. 그런데 그것보다 더 중요하고 총장의 상급자인 장관 인사청문회를 준비하는 사람들은 자료를 요구해도 들은 척만 척 하고, 문제에 대한 설명을 요구해도 알아서 생각하라는 식이고 해서, 정말 깜짝 놀랐다는 겁니다. 그게 답답하니까 김후곤 단장한테 항의도 하고 했다 합니다. 그때도 '예, 제가 챙기겠습니다'라는 답은 들었지만 결국 결과물은 없었고요. 그런 모습을 보면서 검사들이 정부 조직의 구성원으로서 이 정부가 지향하고 국민들이 원하는 것을 수행하는 조직인가, 아니면 검찰의 이익을 위해 움직이는 집단인가가 너무 명확하게 드러난다고 느꼈다는 겁니다. 그리고 그 후에 벌어진 일련의 과정과 당시 야당이 보이는 모습을 보면서 자기들이 긴가민가했던 검찰개혁 과제의 중요성에 대해 확신이 들었다는 거죠. 이 사람들이 국회에서 짧게는 5년, 길게는 20년 생활하면서도 처음 보는 현상을 보다보니까 그런 의구심이 생겼다고 하더라고요. 또 당시에 장관님의 정책보좌관으로 왔던 변호사와도 얘기해보았는데, 현장에서 느꼈던 고립감이나 소외감, 분노가 컸더라고요. 하지 말라고 하면 꼭 가서 해버리고, 나중에 누가 이렇게 했냐고 하면 다들 모른 척하고, 그런 모습들에 한마디로 속이 뒤집어졌던 거죠. 그런데 그걸 어쨌거나 실제 오감으로 느끼셨던 장관 후보자 입장에서는 마음이 어떠셨을까 두고두고 굉장히 씁쓸하게 생각나는 거예요. 고립돼 있는 것 같다고 하셨던 말이 계속 제 머리를 맴돌고요.

조국 말씀하신 국회 상황은 알지 못했어요. 이런 일은 있었어요. 인사청문회가 열리니 마니 하는 상황에서 고립감을 넘는 이상한 느낌이 오기 시작했어요. 인사청문회 마지막 날에 여상규 청문위원장이 저한테 '부인이 기소되면 어떻게 할 거냐'라고 질문했을 때 제일 황당했어요. '그걸 저 사람이 어떻게 알지?' 생각했습니다. 실제 그날 밤 자정에 딱 맞춰서 기소했잖아요. 검찰이 야당에 미리 알려줬구나 직감했지요.

최강욱 짜고 하지 않으면 할 수 없는 얘기죠.

조국 당시 자유한국당과 검찰이 한편이 되어 소통하고 합을 맞췄구나 하는 생각을 계속할 수밖에 없었어요. 인사청문회 전후 언론에서 수많은 단독보도가 쏟아졌는데, '이런 단독 정보를 알 수 있는 사람이 누구지? 자기들이 취재했다고 하지만 도저히 언론에서 알 수 없는 이 수많은 단독이 어디서 왔지?' 등등의 의문이 생기지 않을 수 없었어요. 무엇인가 큰 싸움이 벌어질 것 같다는 느낌이 왔어요. 제 임명을 둘러싸고 당시 당·정·청 내에서도 의견이 갈렸지요. 문대통령도 마지막 순간까지 고심한 것으로 압니다. 또 윤석열 총장이 조국을 장관으로 임명하면 사표 낸다고 청와대에 알리고, 이를 보고받은 문대통령이 사표 받으라고 지시한 일도 있었던 것으로 압니다. 이런 상황에서 자진사퇴를 해야 하느냐 심각하게 고민했어요. 제 주변 의견은 갈렸고요. 가까운 사람들이 말하길, '지금 당신이 자진사퇴하면 바로 문재인정부의 레임덕이 올 거다. 이건 당신 개인 문제가 아니고, 물러서면 대통령에 대해서 바로 공격이 들어갈 거다. 검찰의 공격에 꺾이는 모습을 보이면 안된다.'라고 조언했어요. 그러면서 '일단 장관으로 들어가 할 수 있는 만큼 해야 한다'라고도 말했어요. 문대통령도 이런 판단을 하시고, 장관 후보 지명을 했다고 추측합니다.

최강욱 저는 개인적으로 검찰 쿠데타가 시작되는 과정이라고 봤어요. 당시 많은 분들이 동의해주셨는데, 결과적으로 그렇게 됐어요. 그런데 장관으로 계시면서 짧은 기간이지만 여러 활동을 하셨죠. 고 김홍영 검사 유족을 위로하시거나, 현장에 있는 직원들을 방문해서 대화도 하셨고, 지방에 가서 검사들과 얘기 나누신 적도 있었고요. 그 과정에서 그래도 검찰 조직에 희망이 있구나, 다음 장관에게 이런 점은 좀 잘 지켜보라고 짚어줄 만한 지점이 있구나 하는 건 안 보이셨어요?

법무부장관 재직 시절과 '법무검찰개혁'의 과제

조국 재직 35일 동안 짧은 기간에 여러 지역의 형사부 평검사들과 대화했죠. 그들의 애환을 많이 들었어요. 자기들은 특수부 검사도 아닌데 툭하면 인력을 빼간다, 계속 파견하라고 하고 여기 파견, 저기 파견 보내면 자기들은 죽을 지경이다, 지금 사건 건수가 몇개인데, 수사권 조정 후 1차적 수사권을 가진 경찰의 수사에 대해서도 검토할 일이 많은데 이렇게 사람을 뽑아가면 어떻게 하느냐, 그런 불만을 많이 제기했어요.

최강욱 지금은 훨씬 심각해졌거든요.

조국 검찰에는 형사부 검사가 대부분이고 형사부 검사가 하는 일이야말로 민생과 가장 가까운 일인데 인사 혜택은 없다, 특수부에서 사회적으로 주목받는 사건을 처리하면 큰 인사 혜택이 주어진다, 승진도 그쪽 라인만 한다는 등을 말했는데, 이런 얘길 들은 게 도움이 됐습니다. 그래서 저는 형사부 검사를 우대하겠다는 원칙을 세웠어요. 그 정신이 후임 장관들에게도 이어졌고요.

그리고 제가 많이 신경 썼던 곳이 교정본부입니다. 시설이 낙후된 의정부교도소에 가서 교정직 공무원들과 면담을 했어요. 밖에선 법무부가 검찰 조직으로 여겨지잖아요. 하지만 법무부 직원 중에 교정직의 비중이 매우 크고, 그럼에도 업무환경이 매우 열악해요. 승진은 다른 공무원에 비해 매우 어렵고요. '압정형'의 조직이라서요. 교정직원들은 자신들이 사실상 죄수라고 토로해요. 교도소 담장 안에서 수인들하고 같이 생활해야 하니까요. 그때는 휴대전화도 못 써요. 저는 학자로서 교정본부를 교정청으로 독립시켜야 한다는 소신을 갖고 있었어요. 그렇게 되면 법무부 산하에 기소청(수사 기능을 뗀 검찰청), 중대범죄수사청, 교정청 등이 나누어 자리 잡을 수 있지요. 교정직원들이 토로한 다른 고충은 검찰이 자신을 부하 직원 취급한다는 거였어요. 구속되어 있는 사람을 조사할 필요가 있을 때 검사가 구치소로 와서 조사하면 되는데, 교정직원들이 피의자를 검찰청에 데려다주고 데리고 와야 한다는 거지요. 외국에서는 다 수사기관에서 구치소로 가서 조사해요. 우리나라 구치소에도 조사시설이 있고요. 가뜩이나 교정업무도 많은데 검찰 조사 끝날 때까지 몇시간 동안을 대기해야 하고, 야간 조사가 있으면 끝날 때까지 기다렸다가 복귀해야 하는 등의 얘기가 생생하게 나왔어요. 알고 있는 얘기긴 했지만 육성으로 들으니 도움이 많이 됐죠. 요컨대 교도행정이 검찰의 지배 아래 있어서는 안 된다는 평소 소신이 옳았음을 재확인했습니다.

문재인정부의 방침은 법무부의 탈검찰화였잖아요. '법무검찰 개혁'이란 말을 썼는데, 검찰개혁만이 아니라 법무부까지 개혁해야 한다는 의미였지요. 그래서 법무부 법무실장을 판사 출신으로 뽑았고, 출입국관리본부장은 비검찰 출신 변호사를 영입했지요. 검찰국장과 기조실장은 검찰 출신으로 선택했지만, 추후에는 기조실장에도 비검사 인사를 앉히려고 했어요. 나중에는 차관 자리를 하나 늘려 그중 하나는 검찰 출신이 하되 다른 하나는 비검사 출신을 뽑고 법무부 영역 중 검찰 아닌 영역을 총괄하게 만들고자 했어요. 이걸 꼭 하고 싶었는데 아쉬워요. 윤석열정부 들어서 모두 거꾸로 돌아가고 있잖아요. 탈검찰화 정책이 전부 무시됐어요.

최강욱 제가 국회 법사위원을 2~3년 해본 경험으로 아쉬운 게 그런 지점이었어요. 법무부가 하는 업무 범위가 굉장히 넓고 다 중요한 일을 합니다. 교정본부, 출입국관리본부, 범죄예방정책부, 인권국 얼마나 다 하나하나 중요합니까. 법무실도 정부입법에 법제처 이상으로 관여하고요. 그런데 그런 업무에 대해서 국회가 제대로 들여다볼 시간이 없어요. 검찰이 하도 이슈를 만들어내고 사고를 치니까 그거 다투다가 시간이 다 가요. 다른 기능들에 대해서는 국감 때나 겨우 한두가지 질문하고 넘어가는 게 다거든요. 그 내부에 있는 사람들은 정책 관련해 제안할 통로가 없고요.

조국 말씀하신 비검찰 영역들이 말하자면 민생 친화적인 영역이지요. 그런데 그 부서에 속한 직원들은 법무부 내에서 검사와 같은 발언권이 없어요. 다 행정고시에 합격한 공무원들인데 말입니다. 다음 민주정부가 들어서면 법무부 탈검찰화를 다시 추진해야 합니다.

최강욱 군사독재의 뿌리도 깊다는 걸 느끼는 게, 검찰청은 법무부의 하급기관이고 육군도 국방부의 하급기관이지 않습니까? 그런데 이 두 조직만이 상위부서를 장악하고 있어요. 제가 대중강연을 할 때마다 하는 얘기가, 국세청 직원들이 기재부 국장의 90%를 갖고 있다면 어떤 생각이 드십니까, 행안부의 국장을 경찰관들이 다 하는 건 어떻게 생각하십니까, 기상청 출신들이 환경부를 좌지우지한다면 어떻겠습니까, 이러면 다 말도 안 된다고 생각하세요. 그런데 법무부와 국방부는 그러고 있지요. 군부독재 시절 권력이 육법당을 만들어 활용하면서 자신들의 정통성 없는 권력을 유지한 거 아니에요?

조국 육법당 소속 지배 엘리트들이 각자의 점령 구역을 확보했죠. 독재권력은 군사적 무력과 법률적 무력을 쥐고 그걸 운영할 사람들에게 인사 특혜 등 각종 특혜를 줬고요. 그런데 이후 군부는 무너졌잖아요. 이제는 아무도 군사 쿠데타나 정치군인을 걱정하지 않잖아요. 검찰만 남은 거죠. 이러한 검찰을 개혁해야 한다는 문제의식이 참여정부 출범 후 시작되었다가 2019년 서초동 촛불집회에서 절정에 달했다고 생각합니다. 그런데 민주당은 서초동 촛불집회에 참석하지 않았어요. 이후에도 검찰개혁 문제에 매우 조심스럽게 접근했고요. 수사와 기소 분리도 '처럼회' 소속 의원들만 동의했고, 다른 다수 의원들은 성급하다는 입장이었지요. 근래 들어서야 비로소 '검찰독재'란 규정을 하게 되지만요.

최강욱 저 혼자만 검찰 쿠데타 말하고 다녔어요.

조국 지금은 천만다행으로 민주당 국회의원들도 촛불시민의 집단의식에 맞춰 생각이 바뀌었고, 이제 지도부 포함해서 의원들 다수가 '검찰공화국' '검찰독재'를 말하게 된 거죠. 늦었지만 다행이었습니다.

한편 지난 대선 직전 21대 국회에서 여야 원내대표가 도장 찍은 합의문이 있잖아요. 거기 보면 중대범죄수사청 만들고 수사와 기소를 분리하기로 합의했어요. 중대범죄수사청은 법안 문안도 만들어져 있고요. 놀라운 합의였어요. 이 합의문의 내용은 다름 아닌 문재인정부 민정수석실이 구상했던 2단계 검찰개혁의 내용이었습니다.

최강욱 심지어 윤석열 대통령직 인수위원회가 환영했어요.

조국 이 합의가 이루어졌단 얘기는 보수정당조차도 검찰개혁을 이 정도는 해야 한다고 동의했다는 얘기죠. 그러나 윤석열정부가 들어서고 나서 백지화됩니다. 윤대통령 입장에서는 맘에 안 드는 거죠. '내 당인데 검찰의 힘을 빼? 없던 걸로 해' 하고 지시했다고 저는 생각하고요. 내년(2024) 총선 이후로 해야 할 일 중 하나가 그 합의문 실천이에요. 새로운 논의가 필요 없어요. 그때 합의문을 실천하자는 캠페인을 벌여야 해요. 민주당을 위시한 범민주진보진영이 꼭 이뤄주면 좋겠다고 생각해요.

최강욱 저는 사실 그때 좀더 전략적이어야 한다고 생각했어요. 100을 목표로 삼는다면 최소한 200을 이야기해야 100이라도 갈 수 있지, 처음부터 합의나 설득 과정까지 감안해서 80 정도만 이야기하고 시작하면 30 정도에서 머문다는 경험을 너무 많이 해서요. 그때 저는 전부 다 없애야 한다는 입장이었습니다. 지금 고르디아스(Gordias)의 매듭을 끊지 않으면 영원히 말만 떠들다가 지나간다고요. 저의 소망은 검찰개혁의 제도화 이런 문제는 다음 총선부터는 논의되지 않는 거예요. OECD 국가 중에 대선 공약이나 총선 공약으로 검찰개혁이 나오는 나라가 어디 있냐고요. 군부독재가 계속된 과정이 있었다보니까 국민들도 국방부장관은 당연히 군인 출신이 해야 되는 걸로 알고, 법무부장관은 당연히 검찰 출신이 해야 되는 걸로 아는데 이승만정부 때도 국방부장관은 민간인이 했단 말이에요. 너무 당연한 일들을 부자연스럽게 받아들이는 현실이 빨리 극복되어야 하겠다 싶습니다.

역사가 어떤 사람의 희생을 딛고 전진한다는 게 너무 아쉽지만, '조국사태'라고 표현하신, 검찰개혁의 숙명적인 과제 앞에서 맞섰던 한 개인의 희생을 넘어서서, 시민들이 촛불을 들고 함께 마음을 모으고 검찰개혁을 외쳤던 그 에너지가 절대 사라지지 않을 것이라는 점을 말씀드리고 싶어요.

검찰독재 극복하고 개혁과제의 실현을 볼 수 있다면

조국 짧은 장관 재직 시절 몇번 썼던 말이 자기예언이 됐어요. '불쏘시개'라는 얘길 제가 많이 했거든요. 제가 다 못 이룰 것 같지만 불쏘시개 역할은 하겠다, 불을 피우고 장작에 불을 붙이는 역할까진 제가 해야겠다고 마음먹었어요. 전체적으로 보면 문재인 정부의 핵심인사들의 오판도 있고 순진함도 있었다고 생각해요. 당·정·청 모두가요. 그러나 검찰권 오남용에 대한 시민들의 분노와 우려가 형성되었고, 바로 이것이 1차 검찰개혁 법안 통과와 두번째 개혁 합의안까지 만든 근본적 힘이 되었다고 생각합니다. 다음 총선까지 몇개월간 온갖 일이 벌어지겠지만 내년 4월 이후로 검찰개혁 2단계의 과제가 실현되고, 서초동 촛불에서 백병전에 참여했던 시민들의 분노와 꿈과 희망이 실현되면 좋겠습니다. 그게 된다면 진짜 기쁠 것 같고, 그때는 독한 술 한잔 하고 싶습니다.

최강욱 그때는 여럿이서 축배를 들어야죠.

조국 네, 그래야죠.

최강욱 군부독재 시절에 어른들이 항상 얘기했던 게 그러다가 갑자기 죽을 수 있다, 남산에 끌려간다, 두들겨 맞는다는 거였잖아요. 박정희 때만 해도 국회의원들조차 얻어맞고 다니고 했고요. 이제는 민주화가 진전돼서 어디 쥐도 새도 모르게 끌려가서 얻어맞고 변사체가 되고 이런 걱정은 안 하는 세상이 됐는데요. 세상이 바뀌었지만 지금은 검찰독재 정권이 당신들도 언제든 범죄자로 만들 수 있다는 겁박으로 과거 군사적 폭력의 억압을 대체하고 있는 것 아닌가 합니다. 장관님 일가족을 그 시범 사례로 보여주려고 했던 면도 있을 거예요. 까불면 이렇게 된다는 거죠. 하지만 시민들은 공포로 움츠러들지 않고 본질을 보기 시작했고, 그 본질의 힘은 단단합니다.

조국 너무 감사한 일이죠. 권력은 공포와 특혜로 이루어진다고 생각해요. 공포를 시민들에게 직간접적으로 알리고, 자신의 권력을 유지하는 데 기여한 사람에겐 특혜를 주잖아요. 검찰정권에겐 지금 공포를 보여줄 방법이 생긴 거죠. 윤석열 대통령이 후보 시절에 대학생들과의 면담에서 했던 얘기, '검찰에 걸리면 무죄가 나더라도 인생 절단 난다'라고 한 게 기억나는데, '조국사태'는 그런 검찰 권력의 무서움을 전 국민에게 알린 거라고 봐요. 그리고 자기편에는 특혜를 주죠. 검사들은 이른바 '신성가족'으로 통하고, 양평 고속도로 사건은 건드리지도 않고요. 하지만 민주사회는 이런 특혜를 못 참습니다. 시민들도 이제는 다 알았어요. 이젠 못 참겠다는 생각들을 하고 있고, 그게 선거 결과로 이미 나오고 있으며, 계속 이어질 거라고 생각해요.

최강욱 마무리할 시간이네요. 제가 조국 장관님을 알게 된 지가 30년이 넘었는데 서로 이런 처지로 만날 거라는 건 생각 못 했습니다. 어쨌거나 조금이라도 저희가 도움이 되는 역할을 했으면 좋겠다고 생각합니다. 마지막으로 앞으로의 계획을 말씀해주신다면요.

조국 시민들께서 저나 저희 가족의 불찰과 한계를 모르지 않으신다고 생각해요. 알면서도 부당함을 말씀해주시고 손을 잡아주시고 위로와 격려의 말씀을 보내주셨기 때문에 버틸 수 있었습니다. 그것에 저는 감사하고, 계속 사과드리고 싶습니다. 검찰과 윤석열정권에 하는 사과가 아니라, 시민들께 제가 미흡했던 부분을 계속 사과할 생각입니다. 그렇지만 그 와중에도 제가 뭘 하려고 했는가는 꼭 알리고 싶었어요. 다행히 지금은 조국이 뭘 하려다가 이런 상황이 되었는지 알려진 것 같아서 다행이라고 생각합니다. 저 개인의 명예회복에 대해 저는 애쓰겠지만, 시민들께서는 제가 민정수석 또는 장관으로서 하려고 했던 법무검찰개혁의 완결을 위해 힘을 많이 모아주시면 좋겠습니다.

최강욱 긴 시간 조국의 진심을 들을 수 있었던 시간이었습니다. 독자들께도 검찰개혁이라는 과제가 우리 사회를 발전시키는 데 있어서 얼마나 중요한 숙제인지 같이 생각해보는 계기가 되었으면 하는 마음입니다. 오늘 나와주셔서 정말 감사합니다.

검사, 그들은 누구인가

최강욱 × 이연주

이연주 李蓮柱

변호사. 사법연수원 수료 후 인천지방검찰청 검사로 일했다. 검사 퇴직 후 변호사로 활동하며 개인 소셜미디어 계정에 검사로 일할 당시 겪은 일들과 검찰 조직을 둘러싸고 벌어지는 일들에 대한 소회를 올렸고, 개인적 체험과 검찰 조직의 문제점을 정리한 저서 『내가 검찰을 떠난 이유』를 펴내 주목받았다. 경찰수사정책위원회 위원으로 활동했다.

* 이 대담은 2023년 11월 2일
창비서교빌딩 촬영장에서 이뤄졌습니다.

최강욱 검찰의 진짜 모습에 대해 이야기를 나누는 시간 벌써 세번째입니다. 오늘은 이연주 변호사님 모셨습니다. 나와주셔서 감사합니다.

이연주 오랜만입니다.

최강욱 항상 좋은 말씀 해주시고 저와 비슷한 생각을 하는 듯해 마음으로는 늘 곁에서 뵙는 것 같았는데 오랜만에 만났어요. 이변호사님께서 그동안 검찰 내부에서 이루어지는 실제 검사들의 생활과 그들의 욕망이나 생각을 직접 겪은 경험 바탕으로 많이 얘기해주셨잖아요. 오늘 그런 얘기를 함께 나눠봤으면 합니다.

이연주 네, 오늘 대화가 저도 기대됩니다.

권력과 인정 욕구가 지배하는 검사 집단

최강욱 변호사님 말씀을 접하는 시민 중에는 검찰이 저렇게까지 하는구나 받아들이는 분도 계시지만 그렇게 일반화해서 볼 수 있나 의구심을 갖는 분도 계신 거 같아요.

이연주 지금 검사 출신 대통령이 나와서 우리나라에서 벌어진 일들보다 그걸 잘 보여주는 게 있을까 싶어요.

최강욱 지금 대통령이 검사 중에 훌륭한 사람이긴 했나요?

이연주 그렇게들 얘기했죠.

최강욱 국민들도 한때 그렇게 보셨죠. 한마디로 정리해주셨는데, 그럼 왜 그럴까요? 왜 검사들은 그렇게 되고, 시민들은 왜 그렇게 생각할까요? 검사들이 바뀌지 않고 그런 저급한 행태와 문화를 계속 이어가는 이유는 뭘까요?

이연주 일단은 사람을 심판한다는 게 굉장히 무서운 일이잖아요. 검사 입장에서도 자기가 잘못했다고 생각하면 등골이 서늘해지죠. 그랬을 때 검사들은 좀더 자신을 정갈하게 하고 신중히 판단하는 것이 아니라, 내가 옳다는 방어의식으로 똘똘 뭉쳐버리더라고요. 내가 틀렸을 리가 없다고 정당화하지, 자신이 한 일을 되돌아보고 성찰하지는 않았어요. 하는 일의 무거움 때문에 책임감을 무겁게 갖는 게 아니라 책임감과 성찰을 제거해버리는 거죠. 나는 옳고 우리 조직은 옳다고.

최강욱 그런 증세는 뭘 기반으로 해서 생겨날까요?

이연주 과오를 인정하면 권력을 잃는 거라는 공포감 때문인 것 같아요. 우리가 보기에는 승진하고 출세하는 거지만 검사들은 그걸 생존이라고 생각해요. 그것밖엔 없어요. 보통 우리는 좀더 높은 자리에 가려는 게 어떤 사회를 만드는 데 기여하기 위해서잖아요. 각자 자기 삶에 부여하는 가치가 있고 자리는 그것을 실현하는 수단이죠. 그런데 검사들한테는 권력 그 자체가 목적인 것같아요. 왜 그럴까 생각해보면, 검사들은 제한된 자리를 두고 서로 무한경쟁을 하고 있어요. 일단 서로 출발점이 같잖아요. 제가 이재용 삼성전자 회장을 부러워할 순 있지만 질투하는 건 이상하죠. 출발점이 너무 다르니까요. 그런데 검사들은 연수원을 같이 수료했고 같이 검찰에 들어왔는데 누구는 법무부, 대검에 가고 나는 아니고 이렇게 비교하면서 갖는 열패감이 말도 못 해요. 그 좁은 세계에서 일어나는 우월감과 열패감이 있는 거죠. 조금만 더 수사로 성과를 내면, 위에 더 잘 보이면 내가 저 자리에 갈 수 있는데 하고 조바심을 내면서요. 그러면 검사들은 자기에게 자리를 던져주는 사람이 누구일지 찾고 거기만 바라보게 되는 거죠.

최강욱 판사들도 비슷하지 않나요? 인사에 신경 쓰면서 좋은 자리를 열망하고 보직을 모든 것의 기준으로 삼는 점에서요. 그런데 판사들은 검사들처럼 집단적으로 탈선하거나 마치 정당처럼 움직이는 건 덜하잖아요. 여기에 대해서 검사동일체원칙이 아직도 내부에서 떨칠 수 없는 문화로 확고하게 자리 잡고 있기 때문이라는 의견도 있는데요. 검사 개인이 실수를 했을 때 그걸 인정해버리면 혼자만의 잘못이 아니라 검찰 조직 전체의 잘못이 되기 때문에 인정하지 않는다는 논리가 작동하는 건 아닐까요?

이연주 그렇다기보다는 법관들은 워낙 인사가 예상 가능하고 안정적이어서인 것 같아요. 로스쿨 시대로 접어든 지금은 정확히 모르겠는데, 예전에 법관 인사는 사법연수원 성적대로 서울중앙지법부터 서울동부·남부·북부·서부, 수원, 인천 이런 순서로 첫 임지가 정해지고, 그다음부터는 경향 교류 원칙에 따라 안정적으로 임지에 나가니까 거기서 뭘 더 열심히 한다고 더 좋은 자리에 갈 수 있는 게 아니었어요. 그런데 검찰은 기본적으로 발탁 인사고, 인사 원칙이랄 게 없었습니다. 그 차이가 너무 크죠. 그리고 법무부, 대검찰청, 서울중앙지검, 그리고 지금은 검사에서 퇴직해야만 갈 수 있지만 청와대, 이런 기관들에서 일하면서 항상 서울에 머무는 검사들도 있단 말이에요. 그런 검사와 1~2년마다 지방을 떠도는 검사, 그렇게 비교하게 되면 참 비참하고 비루해져요. 아우, 그 안에서 지켜보면 정말 말도 못해요. 인사 발표가 보통 발령일

수일 전에 나잖아요. 인사 대상자들은 피가 마르고 정신이 없죠. 검찰에선 이런 말이 있습니다. 세 부류의 검사가 있다, 자기 인사를 자기가 하는 검사, 발표가 나기 전에 자기 인사를 아는 검사, 발표가 나서야 자기 인사를 아는 검사. 두번째 부류만 돼도 적어도 예측을 하고 마음의 준비는 할 수 있잖아요. 인사 대상자들은 자신의 희망을 1지망부터 4지망까지 써내는데 첫번째 부류는 1지망에 쓴 대로 실제로 된다는 거예요. 누구나 라인 타고 무슨 사단 안에서 서로 형님, 아우 하는 검사가 되고 싶지 인사 발표 나기 전까지 긴장하는 삶을 살고 싶진 않죠. 그 격차가 너무 큰 거예요.

최강욱 보통 시민들은 검사들의 직위와 업무가 중요한 것이지 전

주에 있는 검사든 서울중앙지검에 있는 검사든 뭐가 다르냐고 생각하신단 말예요. 뭐가 달라서 검사들은 그렇게 열패감을 느끼고 부러워하고 거기 가려고 하는 건가요?

이연주 내가 나입네 할 수 있는 사람이 있는 반면에 그렇지 못한 사람이 있으니까, 그런 비교 때문에 과대 자아가 생기거나 혹은 위축되거나 하는 것 같아요. 검사들이 가령 결혼식, 장례식, 법무연수원에서의 교육 등등 어디에서든 모일 때, 저 대검에 있습니다, 법무부에 있습니다 하면 자기 존재를 더이상 설명하지 않아도 돼요. 그러면 선배들은 자신을 인정하는 흐뭇한 눈으로, 후배들은 부러움과 경탄으로, 동기들은 시기와 질투를 감춘 시선으로…… 뭐 그런 거죠.

최강욱 그런 데 있는 사람은 이 조직에서 잘나갈 수 있는 비전이 있는 사람이라는 거군요. 사실 저희 때도 그런 얘길 했었어요. 검사 임관한 친구들은 '3학년'이라는 표현을 썼어요. 3학년 안에 중앙지검에 들어가느냐 못 들어가느냐로 성패가 결정된다고요. 부임해보면 실무관들의 대우조차 다른 게 느껴진다고 하더라고요. 검사가 그동안 거쳐온 임지에 따라서요.

이연주 그럼요. 심지어 후배 검사도 선배에 대한 대접이 달라요. 모 검사가 있었는데 그 사람은 '감별기'라고 불렸어요. 잘나가는 검사와 아닌 검사를 감별해낸다고요. 인사를 하느냐 안 하느냐, 하

최강욱 X 이연주

더라도 어떤 태도로 하느냐가 보였던 거죠. 그래서 검사들끼리 네가 잘나가는지 알아보려면 그 검사 앞에 가보라고 했어요.(웃음)

최강욱 우병우 검사가 그런 점에서 뻣뻣하기로 유명했죠.

이연주 '지나고 나니 검사 생활 30년 동안 고3이었다'는 말을 퇴임을 앞둔 검사들이 자조적으로 하기도 하죠. 인사 발표가 마치 대학 합격, 불합격과 같이 인생을 가르는 것으로 생각되니까요. 발표 직전에는 검찰청 분위기가 정말 살얼음도 그런 살얼음이 없을 정도였어요. 간부들이 극도로 예민해져서 조그만 실수를 해도 크게 혼날 수 있기 때문에.

최강욱 개인적인 경험도 좀 있습니다. 제가 문재인정부 출범과 동시에 청와대에서 일한 게 아니잖아요. 출범 이후 1년 넘어서 들어갔어요. 그사이에 검찰 인사가 있었을 거 아닙니까. 그때 제 후배들한테서 연락이 왔어요. 자기가 이번에 어디로 발령이 났는데, 예를 들어 지방의 어느 지청 같은 데로 발령이 났는데 거기는 꼴등이 가는 데라는 거예요. 그런데 왜 자기가 거기로 발령 났는지 좀 알아봐달라는 거죠. 저는 그 꼴등이라는 표현이 그냥 조직 내에서 인정받지 못하고 고과를 제대로 못 받는 사람을 지칭하는 말인가 했는데, 제가 청와대 들어가서 법무부 검찰국에서 만들어 가져온 검찰 인사 기초자료를 보니까 실제로 등수가 매겨져 있더라고요. 알고 계셨어요?

이연주 몰랐어요. 그런 핵심자료를 제가 어떻게 알겠어요.

최강욱 소문도 못 들으셨어요? 기수별로 등수가 쫙 매겨져 있었어요.

이연주 그냥 A부터 F로 평가하는 건 알지만, 그래서 제가 A, B는 못 받았을 것이라고 추측했지만, 그렇게 등수까지 매기는지는 몰랐어요.

최강욱 저도 깜짝 놀랐어요. 가령 학력고사 세대들은 학력고사 성적표에 전국 석차가 나오잖아요. 대학 입시에 참고용으로 쓰이던 배치표 같은 데도 몇점 이상이면 어디를 갈 수 있다고 학교와 학과 단위로 쫙 서열이 정해져 있고요.

이연주 모의고사에서도 등수를 매겼죠.

최강욱 그게 검찰 조직 안에서 인사가 있을 때도 검사들을 지배하고 있었던 거예요. 거기서 밀린 검사는 이제 나는 열등생이 되고 낙오자가 됐다는 열패감을 갖게 되겠죠. 또 이런 얘기도 들었어요. 한 후배의 부인이 저한테 자기 남편이 좀 지나치게 예민한 것 같다고 하는 거예요. 뭐 때문에 그러냐니까 인사 때가 되면 남편이 일주일 전부터 밥을 못 먹고 잠도 제대로 못 자고 끙끙 앓는다

최강욱 X 이연주

고 해요. 그리고 나서 발표가 나면 끝났으니까 밥도 먹고 잠도 잘 줄 알았는데 그러고도 일주일 동안 잠을 못 잔다는 거예요. 자기가 누구보다 나은데 누구는 저기엘 갔는데 자기는 왜 못 갔지 하고 계속 혼자 곱씹고 계산하더랍니다. 누구 줄 때문에 그랬을 거야, 옛날 무슨 일 때문에 그랬을 거야 하면서요. 이걸 부인을 붙잡고 밤새도록 이야기하면서 괴롭힌다는 거예요. 좀 이상하지 않느냐고 묻길래, 저는 다 그런다고 답해줬어요.(웃음)

이연주 그렇죠. 저희 연수원 동기 셋은 어떤 꼴불견까지 보였냐면, 검사로 일정 기간 근무하고 나면 해외연수를 가지 않습니까. 보통 법학석사과정(LL.M.) 1년짜리를 가는데, 가장 선호되는 데가 미국이고, 또 미국 내에서도 아이비리그 대학이죠. 저희 동기들끼리 서로 비교해봤더니 누군가 보기엔 영어 성적과 근무평정이 자기가 제일 우수할 텐데 밀린 게 이해되지 않으니까 다른 누구는 어디에 인사를 열심히 다녀서 자신을 밀쳤다고 짐작한 거죠. 그래서 셋이서 막 볼썽사납게 싸운 일이 있었습니다. 어학시험 성적표를 셋 사이에서 공개하자면서요. 이런 유치한 사람들이 검사입니다.

최강욱 이런 일도 들었어요. 미국 모 대학 로스쿨에 한국인 교수가 있었나본데 어느날 학장이 그 교수를 불렀다는 거예요. 그러고는 한국이 연방제 국가였냐고 묻더래요. 한국의 어느 검사가 편지를 보냈는데 이 대학의 선발 기준이 뭐냐고, 자기는 연방검사인데 이번에 합격을 한 검사는 지방검사라면서, 제대로 능력을 갖춘 사람을 뽑았다고 확신할 수 있냐고 따졌다는 거죠. 그 검사는 법무부에서 일하고 있었고 합격한 검사는 일반 지청에 있었나봐요. 너무 놀랍지 않아요? 그 한국인 교수가 한국 유학생들을 모아놓고 창피해 죽겠으니까 이런 일 하지 말아달라고 했다는 겁니다. 편지 보낸 그 검사는 나중에 승승장구했습니다. 그밖에 군대에서 형식적으로 받는 표창 같은 것도 연수 갈 때 도움이 되니까 세심하게 챙기는 경우도 봤고요. 이런 부분에서 검사들은 정말 얼마나 세심하게 주의를 기울이고 최선을 다하는지…… 결혼하는 과정에서도 나타나잖아요. 잘나간다고 하는 남자 검사들 보면 최소한 장인이 검사장 출신인 경우가 많죠. '사위족'이라는 얘긴 들어보셨죠?

이연주 그럼요. 에피소드도 많아요. 박색인 딸을 둔 총장이 있었는데, 자기 딸하고 맺어지길 거부하는 검사가 어딨겠어 생각하고 잘나가는 미혼 검사 누구에게 딸과의 선을 주선한 거예요. 그 검사가 한번 선을 보고, 자기가 향후에 인사를 보장받더라도 이 사람하고 평생을 같이 살 수 있을지를 계산하다가 결국 거절을 했다는 거예요. 보기 드문 검사죠.(웃음) 이후에 그 총장이 법무연수원 검사 교육 뒤 만찬 자리에 왔는데, 자기 딸을 거절했던 그 검사를 본 거죠. 총장이 그날 정말 통음을 했다고 하더라고요. '아, 우리 딸이 별로인가?'가 아니고 '검사들이 나를 우습게 봐?' 하고 생각한 겁니다. 사위를 통해서 자신의 검찰 권력을 영속화하려는 욕망이 일단 좌절된 데 대한 울분일 수도 있고요.

권력에 중독된 검사들의 뇌 구조

최강욱 이런 얘기를 하면, 재미는 있는데 진짜 그럴까 되묻는 분들이 계시더라고요. 그래도 일반적으로 국민들이 생각하는 공직자의 기준이라는 게 있는데 너무 동떨어진 얘기 아니냐고요. 저는 너무 답답한 거죠.

이연주 저는 일반인과 검사들의 뇌 구조가 다르다고 생각해요. 권력에 중독된 뇌. 마약이든 음식이든 도박이든 중독된 사람들의 뇌를 관찰해보면, 그들이 좋아하는 것이 제시됐을 때 특정 부위가 자극되고, 그 외의 것들에는 뇌가 반응을 보이지 않는다고 하잖아요. 그냥 다른 종류의 사람이라고 생각하는 게 편하실 거예요. 일반 국민으로서 보편적인 사회적 경험과 역사의식을 공유한다고 생각하시면 그 사람들을 판단할 때 틀림없이 틀리게 됩니다.

최강욱 검사들 모임을 가보면 이런 것도 있잖아요. 예를 들어 저 같은 사람은 검사 출신이 아니니까 모임에서 소개를 해야 되는데, 제 지인이 가령 거기 있는 대선배급 검사 출신한테 저를 소개하면서, '군검사로 있으면서 현역 대장을 구속한 사람이다' 이러거든요. 그러면 다른 검사들은 이어서 '제가 그때 무슨 그룹 누구를

검사, 그들은 누구인가   77

잡아넣었던 그 검사입니다' 이런 식으로 소개를 해요. 자기 정체성, 자기 존재감을 얼마나 센 사람을 구속했냐로 얘기하는 거죠.

이연주 고유한 자신의 가치가 아니라 계량화되고 수치화될 수 있는 기준에서 내가 다른 사람보다 세다 혹은 우월하다는 걸 과시하죠. 높고 돈 많은 사람도 내 앞에선 껌뻑 죽었어, 이거잖아요. 동물의 세계라고 보시면 되죠.

최강욱 아까 말씀하신 권력에 중독된 뇌라는 표현에 대한 이해를 돕기 위해서 꺼낸 말입니다.

이연주 가령 검찰 내부에서도 전 대통령을 잡아넣었다는 건 엄청난 일이잖아요. 그런데 전두환 쿠데타 사건에 대해서 논고문(論告文)을 썼다는 사람이 검찰 내에서 수십명이 되는 거예요. 다 자기가 썼대요. 왜 까마귀가 반짝이는 걸 좋아해서 온갖 걸 그러모은 다잖아요. 그것처럼 남의 것도 훔쳐오고 그러는 거죠.

최강욱 제일 반짝거리는 아이템이겠네요. 저랑 얘기하는 분들이 이걸 또 많이 물어보세요. 윤석열과 한동훈 같은 사람은 표정부터가 안하무인이고 왜 저렇게 말투나 태도가 건방져 보이냐고요. 지금 이 대화에 그 힌트가 있죠. 그 둘은 전직 대통령 두명에다 글로벌 재벌 회장에 전직 대법원장까지 구속시킨 사람들이잖아요. 아이템을 가장 많이 소장한 사람들이랄까요. 그러니 누구든 내려

"

검사들은
권력에 중독되어
있습니다.

"

다보는 시각밖에 없는 겁니다.

이연주 적립해놓은 포인트가 어마어마한 거죠.

위계적이고 폭력적인 검찰 조직문화

최강욱 그렇다보니까 나타나는 현상이 뭐냐면, 검찰 내부에서 입바른 소리를 하다간 왕따가 되는 거죠. 임은정 검사나 서지현 검사, 최근까지 고초를 겪은 박은정 검사가 대표적인데, 이들의 얘기를 들을 때마다 저는 마음 한구석이 쓰라렸어요. 이분들의 얘기 속에 여전히 조직에 대한 두려움이 완전히 가시지 않았다는 것, 그리고 이들이 그런 어려운 상황에 처해 있을 때 다른 구성원들이 마음으론 혹시 동조할 수 있을지 몰라도 절대 겉으로 접근하거나 표시를 내지 않는 조직문화가 보였거든요. 장래를 완전히 포기한 검사가 아닌 이상 동료들이 접근 자체를 꺼리잖아요. 그리고 조직을 나온 뒤에도 검찰의 잘못이나 비리에 대해서 공개적으로 토로하는 경우가 많지 않단 말예요. 이변호사님 활동이 눈에 띄는 것이 그런 이유에서잖아요. 제가 가까운 검찰 출신들에게 왜 그러냐고 물어보면, 그 안에 있으면서 조직의 논리에 어긋나는 행동을 하는 사람에게 검찰 조직이 어떻게 대했고 그를 어떻게 파멸시키는지를 충분히 경험했기 때문이라는 거예요. 검사나 검찰 수사관들 중에서 조직이 자기를 조여왔을 때 스스로 목숨을 끊기까지 하는 경우가 생기는 이유가 그런 공포 때문인 것 같습니다.

이연주 얼어붙은 왕국, 동토의 나라죠. 조직이 낙인찍은 당사자를 괴롭힐 뿐 아니라 그 주변도 고립시키니까요. '부역자' 같은 말을 써가면서요. '임은정 부역자'라고 지칭되던 사람들이 있어요. 뭐 대단한 협력을 했느냐면 그렇지 않아요. 가령 임은정 검사가 2013년 무죄 구형으로 징계를 받고 몸이 안 좋아서 휴직을 했는데, 검찰 내부망에 꼭 자기 얘길 쓰고 싶었던 거예요. 휴직기간이니까 사무실 자리가 없고 개인 컴퓨터로는 내부망 '이프로스'에 접근이 안 된단 말입니다. 그래서 동료 후배를 찾아가서 검찰청 내 컴퓨터 좀 쓰자고 부탁하고 임검사 본인 아이디와 패스워드로 로그인을 한 다음에 글을 썼어요. 그랬는데 컴퓨터를 빌려준 그 후배가 소속 검사장한테 불려가서 질타를 당한 거예요. 그런 걸 보면 다들 움츠러들죠. 기가 죽고 주눅이 들어요, 그게 뭐라고.

최강욱 평검사 시절에는 그런 고압적인 문화를 어떻게 체감하셨어요? 당시 검사장이나 차장검사, 부장검사를 보면 어떠셨나요?

이연주 우선 검사장은 잘 볼 수 없었어요. 초임 검사 시절 야간당직 서고 간밤에 일어난 관내 사건·사고 보고할 때나 잠깐 만났죠. 검사장 방도 너무 컸어요. 감히 범접할 수 없이 느껴졌죠, 그때는. 아무튼 그 검찰청에서는 제일 높은 사람이니까요. 저 하늘에 있는 사람인가보다 했죠. 차장도 만나기 힘들어요. 부장은 비교적 자주 만나지만, 막내 때는 선배들한테 부장님 모시는 방법을 여러가지 단련받아요. 점심시간 식사 예약이나 식탁에 수저 놓고 물 따르고 하는 세팅 방법같이 사소한 것부터 시키죠. 부장이 전날 과음했는데, 숟갈 들고 싶지 않은 메뉴를 예약했다거나 하는 이유로 야단맞기도 했고요. 왜 부원들 다수보다 부장을 우선시하고 부장 본인이 말하지도 않는데 먼저 알아채서 챙겨야 하는지는 모르겠지만, 이런 게 반복되면 나는 그냥 종속된 존재라는 인식을 갖게 되는 것 같아요. 간부들의 업무 지시가 설령 부당한 경우에도 그에 복종하게 되는 것은 이렇게 길들여진 것과 연관이 있다고 봐요.

최강욱 업무를 하다보면 느끼게 되는 의문이나 고충이 있을 수 있잖아요. 이걸 편하게 의논할 수 있는 범위는 어디까지였어요? 한두 기수 선배 검사? 부의 수석하고 얘기하는 것도 껄끄러웠겠네요.

이연주 수석도 높죠. 그림자도 밟으면 안 돼요.(웃음) 편하게 상의할 수 있는 건 한 기수 위 정도?

최강욱 두 기수도 멀고?

이연주 무서워요.(웃음) 저는 처음 임관해서 서너달 동안 이런 걸 압축적으로 깨달았는데, 멋모르고 수석검사에게 항의했다가 곤

최강욱 X 이연주

란해진 일이 있었어요. 각 부에 부장검사가 있고, 아래에 부부장, 그다음 수석이라 사실 높은 사람도 아닌데 그때는 수석한테 깨지는 것도 엄청 큰일로 느껴졌죠. 어떤 일이었냐면, 두 기수 위에 여성 검사가 있었는데 임신을 했어요. 그 검사가 당직인 날 변사체 검시가 배당되면 가야 하는데, 임신한 사람한테는 정서적으로 안 좋으니까 수석검사가 저를 포함한 초임 여성 검사 셋을 불러서 '야, 누구 변사체 검시 걸리면 니들이 가' 그런 거죠. 저희는 강력하게 항의했어요. 여성의 임신과 출산은 세대를 이어가는 사회적 기능을 하는 건데 무슨 여성의 천형인 것처럼 여성이 빠지니까 같은 여성이 메꾸라는 거냐, 검찰청 차원에서 모성 보호에 대한 규칙을 만들든가 해야지 왜 우리 셋에게 던지느냐고 항변했습니다. 굉장히 합리적인 말이잖아요. 그때 제가 들은 말이 '가기 싫으면 싫다고 해라, 이 못된 가시나들아'였어요. 얘기가 안 통하는 거예요. 그냥 자기가 명령했는데 그게 안 받아들여진 데 분기탱천한 거죠. 차라리 저희가 '선배님, 저희 힘들어요. 초임 검사들이 다 나눠 하는 걸로 해요. 남자 검사, 여자 검사 나눠 하는 게 어딨어요.' 이렇게 엄살을 부렸다면 또 모르겠는데 저희가 너무 바른 말을 하니까 권위에 대한 도전으로 받아들인 거죠.

최강욱 세분이 동시에 그랬나요? 이변호사님이 대표로 한 거 아니고요?

이연주 저보고 성명서를 읽으래서 제가 했어요. 둘이 약았던 거

죠.(웃음)

최강욱 철저한 상명하복 문화와 권력 지향적인 인식을 가진 검사들이 수퍼 을의 위치에 있는 피의자와의 관계에서는 어땠을까요.

이연주 그때 너무 충격을 받았어요, 저는. 이 검찰 조직은 대체 뭐 하는 덴가, 여기 사람들은 무슨 생각을 갖고 있는가, 정말 현기증이 날 정도로요. 그래서 지금은 잘 알려져 있는 같은 부서 한 기수 선배 남성 검사를 찾아갔어요. 정말 내가 틀렸나, 그게 그렇게 못 할 말인가 물어보고 싶었고 제 생각이 옳다는 지지도 받고 싶었고요. 내가 앞으로 여기서 어떻게 적응하고 살아야 되나 혼란스럽고 정말 머리를 두드려 맞은 것처럼 생각의 정립을 못 하겠더라고요. 그런 마음으로 선배 검사를 찾아갔는데, 그 검사도 우리의 생각이 틀리지 않다는 것을 알면서도 행동은 그게 아니었어요. 지금 그가 보이는 모습이 그때도 좀 보였던 건지도 모르겠습니다. 그 검사는 그래도 임신한 검사를 찾아가서 그렇게 힘들면 본인이 그걸 대신 해주겠다고 했는데, 사실 저희한테는 전혀 힘이 안 됐던 거죠. 저희는 하기 싫어서가 아니고 성역할 구분을 하는 게 그르다고 본 것이었는데, 그걸 보고 아, 정말 여기는 내 마음이 정처 없이 떠도는 곳이구나 싶었어요.

최강욱 모든 문제를 조직 내 개인의 역할로 치환하는 거네요.

이연주 저희 말이 옳다는 걸 다들 이성적으로는 알 수밖에 없었겠지만, 저희는 비난을 크게 받고 아무런 지지도 못 받았죠. 이게 저의 첫번째 사건이고요. 두번째 사건은 부장검사가 저를 고문관으로 찍을 만한 사건이었는데요. 검사들의 삶이 항상 거래잖아요. 자신의 인사에 영향을 줄 수 있을 만한 사람의 사건 청탁을 들어주면 자신도 베푼 은혜를 거두는 날이 오는 거죠. 하도 남들 청탁 들어주는 데 혼신의 힘을 다해서 '청탁대마왕'이라는 칭호를 얻은 간부도 있었고요.

사건으로 거래하는 검사들

최강욱 같은 검사들끼리 그런 부탁을 한다는 거죠?

이연주 경찰에서 검찰에 구속영장을 신청한 사건이 있었어요. 저희는 영장을 청구하기로 하면 법원에 보내고 청구하지 않기로 결정하면 경찰에 다시 되돌려 보내잖아요. 당시 죄명은 음주운전에 특가도주, 흔히 뺑소니라고 하죠. 그 사건이 저한테 왔는데, 처리하기 전에 부장검사가 불러서 기록을 잘 보라고 하더라고요. 이 피의자가 국회 높은 분의 동생이었던 것 같아요.

최강욱 법조계의 은어예요. 자료 잘 봐라.

이연주 잘 봤죠. 제 기준에선 잘 본 거예요. 범죄경력 자료 검토하니 음주가 세번째였어요. 음주만으로도 세번째는 구속이라는 원칙이 있었는데, '삼진아웃'이라고 불렀죠. 거기다가 특가도주가 추가됐는데 구속하지 않을 수 있어요? 게다가 형이 사회 지도층인데 형을 믿고 이러나 하고 생각되는 거죠. 구속할 것. 이렇게 처분했는데 부장이 저를 부르더라고요. 부장검사 입장에서는 제가 알아듣길 바랐을 텐데 반대로 알아들었으니 얼마나 미웠겠어요. 저게 어떻게 검찰에 온 걸까, 보기 싫다 이랬겠죠. 도장을 들고 부장실에 오라는 전화가 왔어요. 그래서 도장을 들고 갔죠. 저는 그건으로 전화가 온 건지는 생각도 못하고 간 거예요. 갔더니 '합의, 반성의 사유가 있으니 불구속 수사할 것.' 부장 본인이 직접 썼어요. 제겐 너무 충격적인 장면이어서 아직도 자세히 기억하는데, 도착하니 그 문구가 적힌 종이가 프린터에서 따끈따끈하게 나오고 있더라고요. 그걸 본인이 가위로 잘라요. 높으신 부장검사님이 직접 제 본래의 지휘란을 덮게 딱 맞춰 가위로 자른 다음에 풀로 네 귀퉁이를 맞추어 붙이고, 제 결정을 완전히 뒤집은 그 결정문에 도장 찍고 서명하고 가래요.

최강욱 어떻게 하셨어요?

이연주 했죠, 시키는 대로.

최강욱 할 수밖에 없죠.

이연주 그런 상황에 대한 준비가 안 돼 있었어요. 연수원 다닐 때 법조윤리 시간에도 안 배웠어요. 대처를 하려고 해도 상황에 대한 시뮬레이션을 하고 마음의 준비가 돼 있어야 하는 거죠.

최강욱 그 뒤에 여러 감정이 밀려왔겠어요.

이연주 그렇게 초임 때 몇달간 검찰의 현실을 세게 겪으면서 나는 누구인가, 나는 어디에 있는 건가, 정체성의 혼란이 느껴지면서 못 살겠더라고요, 저는.

최강욱 부장의 입장에서는 그게 조직이 사회와 소통하고 교류하고 영향력을 확보하는 한편 개인이 인맥을 구축하게 되는 과정이었 겠죠.

이연주 저희끼리 하는 얘기로 부장검사는 하루의 반은 사건 청탁을 받고 반은 자기 인사 청탁을 한다고 해요. 사건처리는 직접 하지 않고 부원이 처분한 사건의 결재만 하는데, 결재라고 해봐야 지켜보고 있다는 것만 보여주는 정도로 수십건 들어온 결재 중에 몇건만 집어들어 지적 몇가지 해주고 말죠. 보통 기록도 안 보고요.

최강욱 비슷한 얘기들이 많죠. 고검 차장은 무슨 일을 하는가. 오전에는 손톱을 깎고 오후에는 발톱을 깎고⋯⋯

이연주 또 중요한 게 있죠. 종편(종합편성채널)을 보죠. 부장검사실 엔 꼭 큰 텔레비전이 있어요. 너무 심심하면 신문도 좀 보고요.

최강욱 제 지인 중 한명도 초임 때 비슷한 경험을 했다고 해요. 배당된 사건들 기록이 캐비닛에 있잖아요. 오래된 건 왜 오래됐을까 궁금해서 살펴본 거예요. 보다보니까 어떤 사건 기록에는 부전지가 붙어 있는데 '차장님'이라고 쓰여 있더래요. 그래서 무슨 말인가, 이건 차장님 결재 사항인가 물어봐야지 하고 있었는데, 이른바 '차장 사건'이라는 거였죠. 지방 유력자 아들의 교통사고 사망사건이었던 거예요. 일어난 지 6개월인가가 넘었는데 구속처리도 안 돼 있고 미제로 남아 있더래요. 그래서 아니 이러면 안되지 해서 급하게, 게다가 이건 늦어졌으니까 자기 생각에는 빨리 처리하고 차장님 결재를 받으려고 했던 거예요. 이 간단한 사건을 처리 안 했으니 큰일 났다 싶어서요.

이연주 참고로 사건이 발생한 지 6개월이 넘으면 장기미제로 보고 한달마다 왜 늦어지고 있는지 보고도 해야 됩니다.

최강욱 얘는 너무 쉬운 사건을 미뤄놨기 때문에 빨리 차장님에게 보고하고 처리해야 된다는 걸로 알았던 거예요. 그걸 정리해서 가니까 부장이 '그 기록 좀 다시 한번 잘 보지?'라며 이변호사님 부장과 똑같이 말한 거예요. 열심히 보고 더 열심히 공소장을 써서 갖고 갔죠. 가니까 부장이 '얘기 알아듣고 잘 해왔지?' 하길래 '말씀대로 잘 보고 잘 고쳤습니다' 이렇게 얘기한 거죠. 부장이 '놓고 가' 이러더래요. 부장은 당연히 얘가 결론을 반대로 바꿔 왔을 줄 알고 차장실에 들고 간 거예요. 그랬더니 차장한테 작살이 났죠. 차장실에서 나온 부장이 문서를 집어던지고 행패를 부리다가 '나는 더이상 너하고 얘기하기 싫으니까 차장님 방에 갔다 와' 이러더래요. 얘는 아직도 상황 파악을 제대로 못 하고 이렇게 열심히 했는데 부장이나 차장같이 경력 많은 검사가 보기엔 내가 많이 미흡한가보다 싶더래요. 부장이 더이상 어떻게 설명하고 가르쳐야 할지 모르겠으니까 더 경륜있는 차장에게 가서 교육을 받으란 소린 줄 알고 가져갔다는 거예요. 차장한테 가서 누구누군데 부장이 차장님께 가서 보고드리라고 해서 왔다 했더니 차장이 기록을 딱 보고 인상을 구기면서 '네가 한 거야?' 했대요. 그래서 '예, 부장이 기록 잘 보고 보완하라고 해서 열심히 썼는데 좀 부족한 걸 차장님께 여쭤보고 배워야 될 것 같아서 말씀 들으러 왔습니다' 하고 답을 했답니다. 그러니까 차장이 '부전지 붙어 있고 네가 대한민국 검사면 조직에서 네 역할이 무엇이고 뭘 해야 되는지 알아야지, 부장이 너한테 얘길 그만큼 했으면 네가 알아서 이걸 처리를 잘했어야지, 이게 나한테까지 왔다는 건 앞으로 검사 생활 하면서 다시 일어나지 않아야 할 일이 일어났다는 거니까 명심하며 살아라' 그러더래요. 그래서 얘가 정말 벌벌 떨면서 '아, 이건 제가 늦게 처리한 건 아니고 물려받은 사건인데 보시다시피 날짜도 그렇고 너무 심각한 구속 사안인데 늦은 건 저희 잘못하긴 하지만 제 입장에선……' 하고 변명을 하니까 차장이 '야, 그렇게 말했는데 무슨 말인지 몰라?' 하길래 '제가 여기서 뭘 더 해야 되는지 가르쳐주시면 좋겠습니다' 그러니까 '결론이 틀렸잖아, 인마' 그러더라는 거예요. 그제야 얘도 순간 온갖 상황이 정리가 된 거죠. '아니 차장님, 이걸 지금 늦었는데도 구속도 하지 말고 기소도 하지 말라는 말씀입니까?' 그러니까 차장이 드라마에서 보는 것처럼 의자를 확 돌리더니 '야, 이 개새끼야. 너만 고시 붙었어? 너만 서울법대 나왔어? 나가, 이 쌍놈의 새끼야!' 이랬다는 겁니다. 얘는 아, 여기가 이런 조직이구나, 나는 이 안에서 어떻게 해야 되나 싶어서 고민하다가 자기 수석검사를 찾아갔대요. 자기가 볼 땐 그 수석검사가 좋은 사람이었고 고등학교 선밴가 그랬다고 했어요. 이런 상황에선 어떻게 대처해야 했고 어떻게 풀어야 되는질 물어보려고 가서 얘기했는데, 수석검사가 그런 일이 있었냐고 하더니 막 웃더래요. '저기 한번 봐라' 하면서요. 책상에 쌓여 있던 기록 더미였는데, 전부 다 차장님, 차장님, 차장님… 부전지 붙은 기록이 수북하더라는 거예요. 그렇게 애매하고 봐줘야 하는 사건들을 대개 청의 수석급에게 맡겨서 그 사람에게는 나중에 보직 한번 챙겨줄 것처럼 하잖아요. 특히 지청은 그게 심하고요. 그 수석이 얘한테 '네가 제대로 된 검사가 되기 위해 거치는 과정이다' 그랬다고 해요.

이연주 참 비겁하잖아요. 검찰청법상 직무이전 지시라는 이름으로 어느 검사의 사건을 다른 검사에게 처리하게 할 수 있잖아요. 검

최강욱 X 이연주

사동일체원칙이라는 게 그거잖아요. 전국의 검찰이 통일된 처분을 해야 하는데 만약에 어느 특정 검사가 양심의 자유를 이유로 상부의 지시를 따를 수 없다고 하면 그 검사의 자유를 보호하기 위해서 해당 사건에 관하여 직무이전 지시를 한다고 설명하죠. 청탁받은 검사 자신이 처리할 수 있는 방법이 이렇게 있는데, 자기가 가져가서 자기 이름으로 결정하면 되는데 책임을 지기 싫어서 그러는 거죠.

최강욱 자살한 김홍영 검사 사건에서 부장이 폭언은 물론이고 폭행까지 했잖아요. 그 과정에서 김홍영이라는 젊은 검사가 어떤 말을 들었을까가 그려지는 거예요. 전 그게 너무 가슴이 아팠거든요. 그런 얘기는 어디 가서도 할 수 없잖아요. 부모나 배우자나 친구들한테도요. 이런 일이 있어서 욕먹고 맞았다.

이연주 사람의 언성이 높아지는 건 억지 부리고 떼를 쓸 때지 합리적으로 설득할 때는 아니잖아요. 권력으로 억지 이야기를 우격다짐으로 밀어넣으니 그런 거겠죠. 개떡같이 말을 해도 찰떡같이 알아들어야 하는데 못 알아듣는 네가 바보 등신이라는 거 아닐까요? 이게 지금 우리 국민하고 대통령의 관계 같지 않나요? 고통받는 검사들의 일화가 전설처럼 내려오기도 합니다. 어느 검사가 검사장실에 불려가 너무 호되게 야단맞아서 정신을 못 차리고 나가는 문으로 착각해 검사장실 캐비닛으로 들어갔다는 이야기가 있죠. 또 부장검사실에서 '이게 기록이야 쓰레기지?'라며 온갖 질타를 받고 정신 줄을 놓은 검사가 자기 사무실에 돌아와 기록철을 풀어서 '부장님이 제 기록이 쓰레기래요' 하면서 창문 밖으로 날린 일도 있었대요. 실무관들이 주우러 가고 난리였다죠.

최강욱 군인들도 그렇게는 안 할 것 같은데 말이죠. 우리 사회에서 가장 불합리하고 상명하복이 통용되는 조직이 군대라고들 생각하시는데 검찰청 내부에서 벌어지는 일은 훨씬 더하단 말이죠. 그런데도 검사들이 외부에 나가서는 폼 잡으면서 대접받으려고 하잖아요. 실제로 스폰서를 구하고 그들에게 뭔가 제공받는 걸 자랑하는 부장검사 얘기도 언젠가 하셨죠.

이연주 스폰서는 사건 청탁과 관련되는 거예요. 자기가 받아먹은 게 있으니까 '차장 사건'이 되는 거고, 혹은 굳이 청탁을 안 받아도 자기가 먼저 '광을 팔아야' 되는 거고요. 이와 관련한 에피소드도 하나 있는데, 제 지인이 난데없이 검사장한테 야단을 맞은 거예요. 왜냐면 야당 국회의원 보좌관이 경찰관하고 시비가 붙었는데 가벼운 거니까 공무집행 방해라고 해도 경미해서 벌금으로 끝냈더니 그 사건을 왜 미리 자기한테 얘기 안 했냐고 한 거죠.

최강욱 생색내야 되는데.

이연주 '원래 구속 사안인데 제가 의원님 얼굴 봐서 이렇게 했습니다' 하고 자기가 광을 팔아야 하는데 종결이 돼버렸으니까요. 아

최강욱 X 이연주

니 자기가 광 팔고 싶은 걸 어떻게 알겠어요? 그런 일들을 많이 겪죠.

최강욱 대검 내규로도 이러저러한 신분을 가진 사람과 관련한 사건은 보고하게 돼 있잖아요. 그걸 얼핏 보면 사회적 지위가 있는 사람들의 범죄는 자칫 물의를 일으키고 여론을 악화시킬 수 있기 때문에 잘 처리해야 된다는 걸로 이해하기 쉬운데 그게 아니죠, 사실. 바로 보고가 돼서 상부에서 알아야지만 전화가 왔을 때 바로 대응하고 생색낼 수 있기 때문이죠.

이연주 국민에 대해 중요성을 가지는 게 아니라 자기에게 중요한 사건이죠. 최소한 자기가 은혜를 입은 사람이라 보답해야 될 사건을 못 챙기게 되면 체면이 말이 아니게 되는 거죠. 스폰서 말씀하셨는데 그게 굉장히 중요해요. 그 고리가 일반적으로 생각하는 것 이상인데, 검사들이 자기 체면 유지나 검사실 운영을 위해 용돈 조금 받아 쓰는 정도가 아녜요. 큰 스폰서는 검사의 인사도 챙겨준다고 하죠. 시시한 지역 유지 정도가 아니라 정치권하고 통하는 발이 넓은 사람인 경우에요. 그래서 좋은 스폰서를 갖고 있다는 게 자랑이 될 수도 있는 겁니다. 그리고 세상에 공짜가 어디 있어요. 스폰서한테서 부탁이 오면 사건을 또 잘 봐줘야 하는데 그러면 사건이 부당하게 처리되고 거기 얽혀 있는 다른 이해관계인들은 피해를 보는 거죠. 제가 근무한 청에 있었던 모 고위 검사가 떠오르는데, 스폰서의 청탁을 열심히 챙겨주다가 발각이 돼서 징계를 받았어요. 검사장 중 최초로 강등이라는 징계를 받았습니다. 그때 강등처분 취소 소송도 하고 언론 인터뷰도 하면서 자기는 잘못 없다고 항변하고 다녔는데, 그 인터뷰 기사를 잊을 수가 없어요. 나는 검사장 임명을 받은 사람이다, 내가 특정인의 하수인 역할을 하는 사람에 불과하다면 나를 검사장으로 임명해준 이 대한민국은 미래가 없다는 거였어요. '특정인의 하수인'이라니, 자기를 너무 잘 표현했더라고요.

속이고 괴롭히는 수법들

최강욱 그렇게 사람을 속이려는 유사 논리도 전형적인 검찰의 화법이잖아요. 한동훈 장관이 국회 나가서 야당에 관한 표적·편파 수사라고 비판받으면 이러잖아요. 국회의원을 두번 역임하시고 장관 물망에도 오르셨던 분이고 뭐 국영 기업체 사장까지 지내신 분이 일개 검사가 협박하는 데 넘어간다고 생각하십니까, 거래한다는 게 가능하다고 생각하십니까, 이런다고요. 제3자 입장에서 듣는 사람은 그럴 수 있겠네, 생각할 수 있지만 사람을 속이는 말로 들립니다. 검사들은 그런 걸 배우는 거예요, 안에서. 윤석열 검찰총장 징계 과정에서도 참 목불인견의 상황이 벌어지지 않았습니까? 추미애 법무부장관이 수사지휘권을 행사하니까 검사들이 집단으로 몰려다니면서 대책회의를 한다며 시간을 끌다가 결국 장관의 수사지휘권은 형성권이라 즉시 효력이 발생했다고 발표했어요. 그럼 왜 그렇게 시간을 끌었는지 해명도 없었고, 그걸 지적하는 언론도 없었죠. 나중에 총장 징계가 의결되고 이어서 징계 처분 효력 정지 가처분 신청이 인용되는 등 여러 과정을 겪었는데, 그 과정에서 법무부에 있는 검사와 대검에 있는 검사가 협상하고 흥정하고 장관을 둘러싸고 같이 모략하고 그러지 않았습니까. 그것도 모자라서 윤석열이 징계 소송 1심에서 패소한 뒤 대통령이 된 다음에 한동훈이 법무부장관으로 취임해서 1심에서 승소한 대리인들을 말도 안 되는 이유로 해임하고 정부법무공단 소속 변호사들을 대리인으로 내세움으로써 '패소할 결심'을 하고 있다는 의심을 받고 있잖아요.

이연주 윤대통령은 그게 자기 검찰총장 시절의 가장 큰 오점이라고 생각할 거에요. 그 흔적을 지우는 데 최선을 다할 겁니다. 박은정 검사와 이성윤 검사장을 감찰·징계를 내세워 괴롭히는 이유도 징계 처분에 절차상의 하자가 있다고 주장하려는 것 아닐까요. 여기 관여했던 검사가 직무 관련 범죄로 기소됐다는 식으로 징계의 정당성을 무너뜨려볼 수 있지 않을까 하면서 사람을 괴롭히는 거죠.

최강욱 법비들의 수법입니다. 멀쩡하게 일 잘하는 사람들 괴롭혀서 사건도 아닌 걸 사건으로 만들고 무슨 큰 하자가 있는 것처럼 호도하고요. 고발 사주 사건같이 명백히 잘못한 일이 있는 손준성 검사에 대해선 재판도 끝나기 전에 자체 감찰 종결해버리고,

승진도 시키고, 아무 문제 없는 사람을 공수처가 왜 괴롭히는 거냐는 식의 반박논리를 만들어서 언론을 통해 국민을 호도하고. 이걸 반복하잖아요.

이연주 그들에게 우리는 게임판의 말인 거예요, 이리저리 옮겨지고 선택에 따라 버려지는. 그게 검찰이 인간을 보는 시각입니다.

최강욱 검찰의 프레임 전환에 대한 이해도 시민들께 당부드리고 싶어요. 특정 사건을 어떤 방향에서 접근하느냐에 따라서 적용법률도 달라지고 결론도 굉장히 달라지는데, 검사들은 그게 일상화된 업무를 하다보니까 프레임 전환에 굉장히 능해요. '검언유착' 사건을 '권언유착'이라고 한다든지요.

이연주 검찰이 또 잘하는 게 포장하고 연기 피우는 거예요. 그런데 가까이 가보면 신기루죠. 멀리서 보면 멋진 성이 있는 것 같지만 가까이 가보면 아무것도 없어요. 우리 언론이 공부 안 하고 취재 안 하니까 가능하기도 한 거죠. 제가 자주 하는 말이 질소포장과자에도 과자가 반 이상은 들어 있는데, 검찰의 수사에는 과자가 고작 서너개거나 심지어 안 들어 있는 경우도 있다는 거예요. 심지어 그런 수사로 법원에서 무죄판결을 받아도 검사들은 아무런 불이익이 없어요. 국민들의 비난도 법원과의 견해 차 때문이라면서 넘어가죠. 정진석 전 국회의원이 노무현 대통령 명예훼손 사건에서 유죄판결을 받자, 담당 판사의 20년 전 블로그 글을 하나

가져와서 골수 야당 지지자여서 그런 판결을 했다며 매도했는데, 본래 이건 검찰의 수법이죠.

최강욱 그 일환으로 소위 판사 사찰 문건도 너무나 자연스럽게 작성했는데, 그걸 또 호도하면서 그건 당연히 수집해야 하는 거라는 식으로 둘러댔죠. 그러면 판사 사찰을 일상적으로 한다는 얘기밖에 더 되나요? 또 검사들이 실무적으로 전수받는 기술 중에 판사 속이는 법도 있다잖아요. 기록의 양을 최대한 늘려서 판사가 다 못 보게 하는 건 가장 단순한 편이고, 영장이 잘 안 나올 것 같을 때 당직 판사가 누군지 보고 기록 순서 바꾸고 하는, 좀더 '고도화'된 장난질을 하잖습니까?

이연주 정말 잔기술은 말도 못하죠.

최강욱 그걸 어떻게 전수하나요? 수사관들 통해서 이건 원래 이렇게 해왔습니다 하면서 이뤄지나요?

이연주 저는 그 세계엔 못 들어가봐서 잘 모르겠는데, 도제식 아닐까요? 형사부의 일반 사건 중에선 그렇게까지 할 사건도 없어요. '이너서클'(inner circle)이라고 불릴 법한 특수부 내에서 도제식으로 어깨너머 배우고 그러지 않을까요.

최강욱 특수수사같이 여러명의 검사가 같은 사건을 진행하는 경우에 같이 만들어가며 전수한다고 하잖아요.

이연주 제가 목격한 건 사람을 '밟는' 방식이에요. 강압수사가 제일 잘 먹힐 것 같은 약한 고리를 제물로 삼는 겁니다. 검사가 조사하면서 대놓고 어떻게 답하라고는 말하지는 않아요. 대신 사실대로 말해도 조서에 반영해주질 않죠. 원하지 않는 답변이 나오면 계속 같은 질문을 해서 결국 몸도 맘도 지친 피조사자가 굴복하고 마는 거죠. 질문도 수사검사가 짜놓은 전개를 먼저 길게 얘기하고 '이렇게 했던 거죠?' 하는 식으로 던져요. 피조사자는 지쳐서 네, 네 하고 마는데, 그러면 조서에 질문은 '관련 경위를 말해보세요'로 적히고 검찰의 시나리오는 피의자가 실제 진술했던 말로 둔갑합니다. 또다른 수법은 이 사람의 여죄를 하나씩 별개로 처리하는 거죠. 기소 시 최대 구속기간이 6개월인데 6개월이 될 때쯤 되면 다른 사건으로 기소해서 다시 6개월 연장해요. 이 희생양이 검사의 심리적 지배하에 있어야 하니까요.

최강욱 법원이 그런 걸 제대로 알지 못하고 영장을 발부해준다는 게 문제예요. 피의자 신문조서의 증거능력과 관련해서 지금은 정리가 됐지만 한참 논쟁이 됐잖아요. 그때 검찰에서 주장했던 게, 검찰 조사는 경찰 조사하고는 본질적으로 다르다, 변화된 인권환경 속에서 변호인들이 다 보고 있는데 어떻게 검사가 증거를 날조하겠느냐, 검찰 조사에 대한 문제 제기는 그냥 편견일 뿐이고 지어낸 말일 뿐이다, 조서는 정확히 피의자가 말한 대로 작성하고 본인이 확인하고 날인까지 하는데 왜 증거능력을 인정하지 않느냐는 거였잖아요. 그때 그럼 조서 작성을 피의자가 하는 걸로 하자는 반론이 있었어요. 요즘은 기술이 발달했고 모니터 값도 싸고 하니까 모니터를 양면으로 두고 서로 보면서 하되 조서 작성을 검사가 하지 말고 피의자가 하는 걸로 하자, 검찰 말대로라면 그런 환경에서 같이 보면서 피의자가 쓰고 잘못하는 건 검사가 지적해서 고치라고 하면 피의자 입장에서도 이 조서를 증거로 받아들이지 않겠냐 했는데, 검찰에서 죽어도 수용을 안 했잖아요.

이연주 그리고 누군가를 구속해야 할 때, 분량으로 싸움을 하지 않습니까. 구속영장에 의견서를 수백, 수천 페이지 내면 거기에 명확히 정리된 내용이 있을 수가 없어요. 그건 판사들 겁먹게 하는 거죠. 우리가 엄청 관심을 기울인 사건이야, 하고요.

최강욱 또 사전에 언론 플레이를 엄청 해놓잖아요.

이연주 그래서 이 구속영장을 기각하려면 용기가 있어야 할 거라는 메시지도 주죠. 사실 별 내용도 없는데요. 그냥 사진 넣고 기사 나열해놓고 합니다.

'검찰 패밀리'의 강고한 이해관계

최강욱 검찰개혁이 진행되는 과정에서 검찰이 보인 반응 혹은 반발이 뭐냐면, 실제로 검찰이 중요한 일을 하고 잘할 수 있는데 몇개 잘못되고 왜곡된 정치적 사건을 들어서 전체를 폄하한다거나, 아니면 검찰이 해야지만 수사가 잘될 수 있는데 왜 못하게 하느냐는 식으로 마치 검찰개혁이 검찰이 권한 내에서 해온 어떤 역할을 무너뜨리는 것으로만 비치게끔 얘기하는 것이잖아요. 그런데 사실 검찰 조직에 몸담은 사람이라고 해도 삶이 거기서 끝나질 않죠. 검찰이 힘을 갖고 있으면 그 뒤에 자기가 변호사나 사기업 임원이 되거나 혹은 정치를 할 때 유리한 면이 무궁무진하게 많아지잖아요.

이연주 그렇죠. 시집을 가서도 친정이 탄탄하면 시댁에 얼굴이 서는 것처럼요. 경찰이 수사권 다 가져가고 검찰은 기소청이 됐다고 하면 검찰 식구를 기업에서 선호하겠습니까? 검찰 수사관들도 대관(對官) 업무라고 해서 기업에 로비 목적으로 영입되잖아요. 그리고 특수수사를 하면서 돈세탁 수사를 했다면, 기업에 가서는 그 수사 기법이 범죄 수법을 익히는 데 활용되어서 수사에 안 걸리게 돈세탁을 하는 걸 업무로 하니까 몸값이 커지는 거예요. 어떤 수사관이 퇴직한 다음 기업에 갔는데 해당 기업의 조직표에는 아예 안 나와 있는 경우도 봤어요. 정식 직함을 갖고 행동하면 관계가 드러나니까요. 계약 보너스도 엄청나더라고요. 검찰 힘이 빠지면 이런 삶이 없어지잖아요.

최강욱 참 나쁜 경우가 자기가 수사했던 재벌 기업의 임원으로 들어가는 것 아닙니까. 제가 국회에 있을 때 그걸 막는 법을 만들어야겠다는 얘길 할 정도였는데, 그건 굳이 누가 얘기하지 않더라도 지켜야 할 기본 도의잖아요. 그런 게 없는 거죠. 그보다 소극적인 입장에서 보면 이 조직 안에서 특별히 밉보이지 않고 있다가 나가면 나중에 설사 무슨 일이 있더라도 알음알음 봐주고 할 텐데 굳이 여기서 문제를 지적하다 나가면 미운털 박혀서 봐주지 않을 거라는 심리도 있어요.

이연주 제가 아는 부장검사가 변호사 개업하고 나서 6개월 만에 자기가 검사로서 20년 이상 번 돈보다 더 많은 돈을 벌었다고 했어요. 그런 일확천금의 기회를 민주당이 검찰개혁 하겠다고 가져가버리면 저라도 화나죠.(웃음) 저는 일년 만에 나와서 그런 건 하나도 없었지만 10년, 15년 있었던 사람들은 그렇게 바뀌어버리면 무슨 보람으로 일하겠어요.

최강욱 그런 이권에 대해선 얘기 안 하고 우리는 열심히 일하려고 하는데 왜 일 못하게 막느냐는 논리로 호도한단 말이죠.

이연주 지금 검사가 2천명인가요. 한 사람이 개업해서 50억을 번다고 하면 그게 얼마예요. 사실 50억도 더 벌죠. 검사장들은 1년에만 50억 이상 벌 수도 있어요.

최강욱 그게 검사들이 인지수사 부서에 가기를 그렇게 소망하는 이유 중 하나이기도 한데, 그렇다보니 한편으로 그런 부서에 가는 것이 곧 출세의 지름길이고 검사의 중간단계 성공이라고 생각하게 되기도 했어요. 특수부에 뽑히느냐 아니냐가 이른바 '귀족' 검사와 보통 검사를 가르는 기준이 돼버린 건데, 그 실상도 좀 말씀해주시죠.

이연주 일단 대다수를 차지하는 형사부 소속 검사들은 자기 스스로 '지게꾼'이라고 비하해요. 경찰에서 보내온 자잘한 사건들, 가령 도로교통법 위반, 무전취식, 사기, 좀도둑 이런 사건 담당하는데, 그럼 권력 자랑하는 '내가 높은 사람 잡아넣었어' 소리는 못하는 거죠. 형사부 검사들에게는 그런 기회가 없어요.

최강욱 더 센 사람들을 피의자로 다루기 때문에 힘을 더 갖고 있는 것이죠. 사건을 처음부터 수사하는 걸 인지사건이라고 하는데, 말하자면 담당 검사가 직접 기획한 수사를 하는 겁니다. 형사부 검사는 그걸 못하는 거죠. 경찰에서 오는 사건을 처리하고, 약간의 보완수사 정도를 할 수 있습니다.

이연주 지금 우리가 알고 있는 유명한 검사들, 주목받고 언론에 나오는 검사들의 면면을 보면 다 인지부서 검사예요. 그게 일종의 출신성분이 되는 겁니다.

최강욱 문재인정부에서 검찰개혁의 중간 단계로 직접수사 범위를 여섯가지로 축소했잖아요. 부패, 경제, 공직자, 선거, 방위사업, 대형참사 범죄, 줄여서 '부경공선방대'. 거기에 왜 선거범죄가 들어가는지 아세요? 선거범죄가 공안사건이잖아요. 그걸 검찰이 꼭 수사해야 된다고 주장해서 들어간 거예요.

이연주 그래야 정치 지형에도 영향을 미칠 수 있고 정치인하고도 직거래가 가능하다고 생각했겠죠.

최강욱 그렇죠. 아주 중요한 아이템이잖아요. 그런데 검찰 내부로 들어가서 보면, 지금까지 남아 있는 검찰의 대표적인 인지수사 부서가 공안부와 특수부인데, 민주화가 진전되면서 공안부 전성시대가 퇴조하잖습니까. 황교안 같은 사람이 그 잔당으로 남은 거고요. 그리고 특수부 전성시대가 왔죠. 검찰개혁 국면에서 직접수사를 반드시 남겨야 된다고 주장한 사람들이 다 이 인지수사 부서 소속, 그중에서도 이른바 '윤석열 라인'의 검사들이었는데, 김웅 같은 형사부 검사는 수사지휘권을 강화해야 된다는 얘기를 했단 말이죠. 그러니까 내부적으로도 정리가 안 됐었어요. 그런데 당시 청와대 반부패비서관이 공안검사 출신 박형철이잖아요. 그때 어떤 영역을 검찰의 직접수사 범위로 남겨둘 것인가 얘기할 때 기준은 아직 경찰의 수사 경험과 역량이 쌓이지 못해서 공백이 생길 우려가 있는 영역이 되어야 할 거 아니에요. 그런데 박비서관은 거기다가 선거사건을 꼭 포함시켜달라는 거예요. 사실 선거사건이 어려운 게 뭐가 있나요. 대개 선거 캠프 내부에서 사이가 틀어진 사람이 제보하거나 선거에서 떨어진 사람이 수집해서 가져다준 걸로 수사하잖아요. 그리고 나중엔 대검에서 기준을 내려 보내서 얼마 이상은 기소하고 얼마큼 구형하고 하는 것들을 통제한단 말이죠. 아주 자잘한 건 봐주고요. 지역에서 선거범죄 담당했던 초임 검사들이 당황하는 게 그럴 때거든요. 자기 맘대로 기준 세워서 기소유예 같은 처분 했다가는 대검에서 전화받고 혼나요. 이렇게 어렵지도 않은 사건을 굳이 끼워달라는 이유가 뭐냐고 토론을 하니까 박형철 비서관 얘기가 공안부가 지금 학원사건, 노동사건 다 없어져서 먹고 살 게 없는데 이거라도 남겨놔야지 반발하지 않는다는 거예요.

이연주 그건 박형철 개인의 장래와 관련한 문제이기도 한 거죠. 자기가 청와대에 있는데 검찰개혁을 당했고, 검찰의 영토를 확장하기는커녕 찍소리 못하고 검찰 선조들이 부쳐온 땅을 다 잃고 갔다가는 막말로 인생 접어야 되잖아요. 검사 출신 전관 변호사는 검찰을 상대로 장사해야 하는 건데, 그랬다가는 망하는 거죠. 이명박정부 당시 홍만표 검사가 퇴직 후 돈을 많이 벌 수 있었던 것도 그런 배경 때문이죠. 시행령 조정안에 반대해서 한소리 하고 공직에서 나가니까 검사들이 우리 검찰을 위해서 직을 던지고 나가셨는데 '돌봐드리자' 했죠.

최강욱 홍만표 변호사가 한때는 일년에 세금을 100억을 냈네 어쨌네 이런 얘기가 나왔는데 결국 영어의 몸이 됐죠. 아마 그 사람도 많은 걸 느꼈을 거예요. 한때 자기와 어우러져서 형님, 아우 했던 사람들이 어느날 자기를 표적 삼아서 '네가 죽어야지 우리가 산다'는 식으로 나오니.

이연주 피의 정화죠. 누군가의 피가 필요했던 거예요. 검찰은 썩은 내가 풀풀 나는 구더기 들끓는 조직이지만 거적때기에 살짝 덮여 있잖아요. 이 거적때기를 걷어내면 안 되거든요. 그래서 피의 정화를 할 사람들이 필요한 거죠. 곽상도도 예전엔 봐줬지만 최근에 다시 수사했잖아요. 대장동 사건을 엄정하게 처리하고 있다는 표를 내기 위해.

최강욱 박영수도 마찬가지고요. 그런데 김학의는 그 난리가 나도 못 버린 거네요.

이연주 제물이 필요하다고 해도 절대 전면적으로 망가뜨리진 않아요. 했다는 시늉을 하면서 스리슬쩍 넘어가는 구색 맞추기로 하죠. 아마도 '형님, 우리가 이거 저거는 빼고 봐드리고 추정금도 아끼게 해드릴 테니 좋게 갑시다'라고 하지 않았을까요.

최강욱 정말 조폭이네요. 얼마나 슬픕니까. 범죄 수사하면서 범죄자와 닮아가는 전형적인 모습.

이연주 조폭 두목도 누구 찌르라고 명시적으로 지시하지 않잖아요. 정말 비슷해요.

검찰 수사는 홍보가 8할

최강욱 거적때기가 제거되지 않는 큰 이유 중 하나가 언론과의 공생입니다. 저는 검찰과 언론은 속성이 너무 비슷하다는 생각을 해요. 언론 취재 과정과 검찰 수사 과정이 똑같다는 거죠. 사실관계를 따라가지 않고 사람을 표적으로 한다는 점, 그리고 누군가의 지시에 의해서 표적을 정하고 착수해 들어가는 방식, 그렇게 해서 명성을 얻는 패턴 등등 비슷한 점이 많습니다. 그리고 잘못이 밝혀져도 절대로 인정하고 사과하지 않는 것, 외부에서 자신들에 대해 개혁적인 조치나 제도 개선이 필요하다고 하면 본질적인 부분을 내세워 저항하는 것도 비슷합니다. 실제로 검사들이 기자를 촘촘하게 관리하기도 하죠.

이연주 검찰 수사는 수사가 20 홍보가 80이라는 말도 있어요. 언론은 반드시 필요한 파트너입니다. 정경심 교수 사건을 보면 검찰이 언론을 통해서 사건 당사자들을 이간질시키잖아요. 말을 꼬아서 김경록 PB가 이런 말까지 하고 갔다고 흘리면 상대 전열이 흩어지고 심리적으로 동요하죠. 그리고 언론의 물량공세식 보도에 도덕적인 파산을 당하면 결국 방어 의지를 상실하게 돼요. 그 외에도 언론 활용 방법은 너무너무 많아요. 그래서 수사에는 언론이 필요하고, 언론은 특종과 단독을 붙이며 장사를 하는 데 도움을 받죠. 그리고 검찰에 호의적인 기사를 써주면 다음에도 정보를 던져주고, 삐딱하게 쓰는 기자는 관계를 끊고, 그렇게 서로 물고 물리는, 악어와 악어새의 공생 같은 관계입니다.

최강욱 인사에도 도움을 받는다고 하죠.

이연주 네, 검사들의 하마평에 기자들이 도움을 주기도 합니다. 특정 검사의 수사를 홍보해주면서 그 검사의 인지도를 올려주면 주요 보직 임명 과정에서 큰 도움이 됩니다. 그 검사에 관한 미담을 보도하기도 하고요.

최강욱 그런 도움을 받기 위해서 평소에 기자에게 밥도 잘 사고 술도 잘 사고 하죠. 검사와 등산을 했다는 기자가 그렇게 많아요.

이연주 어떤 기자는 한 검사가 퇴직 후 변호사 개업을 하니까 그 변호사 사무실에서 아예 상주하면서 그곳에서 기사 쓰고 밥도 얻어먹고 술도 얻어먹었다죠. 서초동 변호사 사무실로 출근해서 주위듣는 얘기로 기사 하나 적당히 쓰고 그랬던 거예요. 또 검사들이 사람을 움직이는 기술이 있어요. 마음은 없고 기술만요. 제가 어떤 기자로부터 들은 얘기는, 모 검사가 자기를 불러서 이런저런 고민을 진솔하게 얘기했는데, 아, 이 검사가 정말 나를 신뢰하는구나, 이런 숨기고 싶은 얘기까지 나에게 할 수 있구나 이런 느낌을 들게 했다는 거예요. 그 기자가 주류 매체 기자도 아니었는데 말이죠. 그래서 그 기자도 마음을 열고 인간 대 인간으로 좋아하게 되었다고 해요. 충성도 마음이 동해야 하잖아요. 그렇지만 그 검사는 검찰 내에서 동료나 하급자로부터는 평판이 최악이라서 그냥 사람을 얻는 기술을 부렸다고 저는 생각하죠. 그 기자도 우리 사회에서 가장 힘세다는 검사를 지인으로 두려는 욕망이 크게 작동했을 거라고 보고요.

최강욱 조국 수사에 대한 무리함이 비판받고 윤석열 총장에 대한 징계가 한창인 와중에 제가 정말 괜찮은 기자라고 알고 있었던, 그리고 검찰의 이런 문화에 대해 비판적인 기사도 많이 썼던 훌륭한 기자들 중에 제가 청와대에 있을 때 개인적으로 연락한 사람들이 꽤 있었어요. 문자나 이메일을 보내서 지금 큰 실수 하고 있는 거다, 윤석열이 그런 사람이 아니다, 내가 수십년 동안 지켜봐왔다, 내 말을 믿어달라, 내가 어떤 기자인지 당신 잘 알지 않느냐, 정말로 조국 장관이 잘못했고 비리가 있으니까 윤석열이 저러지 괜히 그러겠느냐 이런 소리를 했단 말이죠. 지금은 아무 소리도 안 해요.

최강욱 X 이연주

이연주 서로 너무 아끼고 사랑하더라고요.

최강욱 그 일단으로 김만배 씨가 대장동에서 그 실력을 유감없이 보여줬지 않습니까? 검찰청 기자실에 십수년 있으면서 인연을 쌓아오니까 나중에 법조인들을 어떻게 끌어들이고 그 과실을 어떻게 나누고 해야 할지 너무 잘 알았겠죠. 그게 50억 클럽으로 드러난 거고요.

이연주 관계가 깊어지면 기자가 브로커가 되잖아요. 자기 지인들, 동료 기자들 사건을 물고 가요. 그게 '차장 사건' 같은 게 되는 거죠.

최강욱 언론사 사주가 시키기도 합니다. 자기들끼리 얘기할 때도 출입처 가서 민원을 잘 해결해야 유능한 기자로 인정받는다고 해요.

이연주 기자가 참 수월하게 일하는구나 하고 깨달은 사건이 하나 있어요. 문재인정부 초기 검찰개혁이 목소리를 얻고 할 때였는데, 무슨 대기자라는 분이 저한테 전화해서 제가 몇마디 얘기했는데 그걸 기사화하면서 저를 아주 손오공으로 만들었더라고요. 손오공이 자기 털 뽑아서 분신을 만들잖아요. 제 말을 기사 여기저기에 법조인 세명의 말로 나눠서 쓰셨더라고요. 취재도 제대로 안 하고, 정말 민감하거나 핵심적인 얘기는 빼버리고요. 검사와 기자 서로 참 인생 수월하게 산다 싶습니다. 우리는 개고생을 하잖아요. 최의원님도 피고인 되시고, 저도 공직선거법 위반으로 고발됐어요.(웃음) 어쨌든 우린 불편하게 살잖아요. 그런데 검찰 편이 되면 참 편하게 인생을 살더라고요.

최강욱 어떤 경찰대 출신 변호사가 이런 후일담을 쓴 적이 있어요. 그 사람 부인이 검사였는데 로스쿨에서 만난 거예요. 이 변호사가 어느 형사사건 변론을 맡아서 검사실에 갔는데, 검사는 눈길도 안 주고 실무관들이 어떻게 오셨어요 묻더래요. 보통 무슨 사건 때문에 왔습니다 답하면 그럼 거기 잠깐 계세요, 이런 식으로 응대하잖아요. 그이도 민망해하면서 기다리고 있는데 한시간 반 동안 아무도 자기에게 눈길조차 안 주더라는 거예요. 어정쩡하게 서 있는데 앉으란 소리도 없고요. 하도 더럽고 치사해서 그냥 의견서 가져왔으니까 이걸로 갈음하겠습니다 하고 놓고 나왔대요. 너무 모멸감을 느끼고요. 그런데 다음에 뭔가 중요한 사안이 있어서 반드시 조사 과정에서 바로잡아야 되겠길래 어쩔 수 없이 다시 그 검사실에 갔다는 거예요. 그랬더니 이번엔 어쩐 일인지 '변호사님 오셨어요?' 하고 의자를 권하고 음료수를 갖다주고 하더래요. 어떤 경로를 통해서 실무관 하나가 그 변호사의 부인이 검사라는 걸 알게 된 거죠. 지난번에 안 그러더니 왜 그러십니까 하니까, '아, 우리 식구시던데 진작 얘기를 하시지' 하더랍니다. 이건 진짜 심하다 싶더래요.

이연주 거기 있는 실무자들 문제 있더라는 말 딱 들어가면 인사에

최강욱 X 이연주

영향이 있거든요.

최강욱 저는 개인적으로 무슨 경험이 있었냐면, 제가 수임한 사건의 검사가 증거가 있는데도 없다고 하고, 피해자가 제출한 증거를 위법 수집이라고 하면서 사건을 계속 이상한 식으로 몰아가는 거예요. 중간 과정이 많지만 줄이면 제가 하도 열이 받아서 담당 부장을 만나 공식적으로 문제 삼아야겠다 싶어 의견서를 한 50장 썼어요. 그걸 들고 부장을 만나러 갔더니 어떻게 오셨냐고 해요. 사실 이 부장은 저는 알지만 그쪽은 저를 모르는 학교 후배였거든요. 모 검사가 수사하는 과정에 문제가 있어서 얘기할 게 있다고 하니까 무슨 사건이냐고 물어요. 이거라고 하니까 아직 보고를 못 받았으니까 두고 가라고, 아니 두고 가도 안 되고 민원실에 접수하라는 거예요. 제가 하도 어이가 없어서 이 문제는 검찰 수사의 신뢰와 관련이 있으니까 목차를 읽어봐달라 여기까지 왔는데, 이러니까 세상 귀찮다는 표정으로 민원실에 접수하라고만 해요. 그 뒤로도 이 사건에서 여러 이상한 일이 벌어졌는데 생략하고요. 그러다가 정권이 바뀐 거예요. 그리고 제 대학 동기이면서 그 부장검사의 연수원 동기인 변호사 통해서 그 검사를 한번 만나게 됐어요. 그때 시중에 제가 조국 수석하고 친한 사람이다, 대통령하고도 잘 아는 사이다 하는 말이 있으니까 그런 건 줄을 대고 싶었던 거죠. 그사이에 검사장 승진을 했더라고요. 검사장이 되긴 했는데 여기서 사표를 내야 되나 말아야 되나, 나는 찍힌 사람인가 안 찍힌 사람인가 너무 불안하고 궁금했던 거예요. 그래서 자기 연수원 동기인 제 대학 동기하고 앉아서 얘기하다 그 불안감을 토로하니까 제 동기가 그렇게 걱정하지 말고 자기가 알아봐주겠다, 최변호사는 그런 거 충분히 알 수 있는 사람이니 한번 만나서 얘기 들어보는 것도 좋겠다 한 거죠. 저는 오랜만에 동기랑 식사 한번 하는 걸로 알고 갔더니 그때 그 부장이 나와 있었어요. 저는 그가 나와 있는지 몰랐죠. 어떻게 왔느냐고 물었더니 서로 연수원 동기라고 해요. 그래서 제가 나는 당신 알고 있다, 옛날에 나하고 있었던 일 기억 안 나냐고 물었어요. 전혀 기억을 못 하더라고요. 부장검사가 영양가 없는 변호사 왔을 때 얼마나 무시했겠어요. 저는 멸시를 당했지만 그쪽은 일상적으로 멸시를 했기 때문에 기억에 없었던 거죠. 저는 그 자리에서 그때 그런 식을 태도를 보인 당신은 내가 보기에 훌륭한 검사가 아니다, 이 자리에 당신이 왜 있는지도 모르겠다 하니까 양반다리로 앉아 있지도 못하고 무릎을 꿇고 있어요, 현직 검사장이. 그러면서 선배님, 기억이 안 나지만 그때 그랬다면 제가 그날 무슨 약을 먹고 미쳤었나봅니다, 정말 죄송합니다, 이러는데…… 중간에 알선한 제 동기 변호사는 또 얼마나 민망했겠어요. 대신 변명을 해주는데 애가 그런 애가 아니고, 연수원 때부터 봤지만 착하고…… 그 검사가 사교적이기도 하고 나름 동기 중에 선두주자고 잘나간다고 했던 편이거든요. 근데 그런 모습을 보니 이 집단의 욕망은 대체 어디까지 닿아 있는 것인지, 정말 절감을 했어요. 이렇게 태도와 표정이 상대 위치에 따라 변하는구나.

최강욱 X 이연주

이연주 염치가 없으니까 참 편할 거 같아요. 우리는 '이불 킥'을 많이 하잖아요, 지나온 인생을 돌아보면. 이 사람들은 기억도 없기 때문에 이불 킥 할 일이 없어요.

한명숙 전 총리 모해위증교사 의혹 감찰

최강욱 이제 이 얘기 하고 마무리할까요? 2020~21년 한명숙 전 총리 사건 수사팀의 모해위증교사 의혹 사건이 있었잖아요. 임은 정 당시 대검 감찰부 부장검사가 그토록 억울해하고 고생했던 사건입니다. 지금 검찰은 그건 문재인정부 때, 이성윤 검사장 때, 추미애 장관 때 일어난 일인데 왜 그러느냐는 식으로 사람들을 호도하고 있단 말이죠. 당시 관련 제보가 있었고 그걸 감찰하는 걸 형해화하려고 대검 부장·고검장 확대회의를 소집해서 의견을 듣네 어쩌네 하면서 온갖 수작을 부리고 했잖아요. 당시 대검 감찰부에서 이른바 윤석열 사단의 일원을 조사하니까 검사들이 각종 절차적 시비를 걸어온 사건입니다. 감찰부장의 지휘계통도 전혀 먹히지 않았고 별도의 사조직이 움직이면서 방해를 했다고 하죠. 담당 검사에게 전화해서 이래서 검사 생활 어떻게 하려고 하느냐 협박도 하고 그랬다는 얘기가 파다했지 않습니까? 그렇게 사조직처럼 움직이는 비선의 활동을 배양해온 요인은 뭐라고 보세요?

이연주 한 전 총리 사건 하나만도 굉장히 복잡해요. 검찰이 사건을 조작하는 노하우가 응축된 사건이죠. 임은정 검사조차도 우리 검찰이 이렇게 하는지 몰랐다며 놀랐다고 하니까요. 워낙 언론을 통해 사건을 잘 포장했기 때문에 구멍이 숭숭 나 있는데도 다 가릴 수가 있었죠. 가령 검찰이 증인신청 하려던 재소자 세명을 왜 꼭 같은 날 참고인으로 불러야 했을까요? 같은 날, 같은 시각, 같은 검사실에 불러서 종일, 그것도 수십회나, 뭘 하기 위해서요? 그리고 왜 그들을 검찰청 뒷문으로 드나들게 해서 출입기록을 안 남겼을까요? 그걸 말씀드리고 싶고요. 어쨌든 그들의 응축된 노하우가 그 사건에 있는데, 사실 그것도 검찰의 힘을 이용한 거래를 근간으로 한 것일 뿐 매우 정교하고 탁월한 기술도 아니에요. 협력을 댓가로 가석방, 형집행정지, 여죄 불기소, 작게는 원하는 교도소로의 이감 등 재소자들에게 필요한 걸 던져주는 겁니다. 그게 통하고 결국 유죄판결이 나온다는 게 슬픈 거죠.

특수부 수사가 검찰 권력을 이용한 거래로 억지 사건을 만들어낸다는 게 확인되면 검찰에 대한 신뢰는 완전히 땅에 떨어지니까 임검사의 감찰을 무마하려고 열심히 애를 쓴 겁니다. 언론을 이용해서 진정인을 깎아내리고 임은정 검사가 열심히 수사해서 인지보고서를 올렸는데 결재를 안 해주고요. 그리고 저는 그들에게 여지를 준 건 박범계 법무부장관이라고 봐요. 기소 지시 대신에 대검 부장회의에 회부하라고 지시했는데, 대검 부장 면면을 보아 문재인정부가 등용한 사람이 몇명이고 하면서 표 계산을 했던 것 같아요. 자기가 직접 기소 지시를 하면 검찰과 척지고 보복당할 수 있으니까 피한 거 아닐까 싶어요. 그런데 지시를 받은 조남관 검찰총장 직무대행은 고검장을 참가시켜 확대부장회의를 열겠다고 했잖아요. 대검 예규 '합리적 의사결정을 위한 협의체 등 운영에 관한 지침'에서 대검 확대부장회의라는 걸 조직할 수 있다고 정하고 있는데, 이를 이용해 문재인정부가 발탁한 대검 부장 수를 압도할 만한 인원을 충원한 거죠. 어쨌든 머리싸움에서 검찰에 완패했다고 봅니다.

최강욱 어떻게 판단한 건지는 나중에 밝혀지겠습니다만 어쨌든 아쉬움이 있죠. 법무부장관이 정말 의지를 가지고 지시했으면 달랐을 테니까요.

이연주 그 마라톤 회의에서 임은정 검사가 증거를 다 설명하면서 특수부 검사들의 적나라한 수법들을 얘기하니까 모 검사장이 설명자료를 마구 구겼다고 해요. 사탕을 소리 나게 깨 먹고요. 자극을 받으면 집중하지 못하고 신경이 분산되잖아요. 그 검사장을 보좌하러 온 또다른 검사는 임검사가 얘기만 하면 부산스럽게 그 주변을 얼쩡거렸다고 하고요. 그런 수준의 사람들입니다. 그러고서는 청와대 사람들한테는 순종하는 체 굽실거렸겠죠. 우리가 이런 사람들한테 지배를 당하고 있습니다.

최강욱 재래의 수법이잖아요. 토론이나 실체에 자신이 없을 때 써먹는 수법. 한동훈이 국회에서 하는 행동도 전형적으로 그런 수법이에요. 이게 그들 입장에서는 직업적으로 훈련된 노하우고, 그걸 몸으로 체득해 유감없이 발휘하며 사람 속이는 데 쓰면서 자신들의 이익과 욕망을 실현하고 있습니다. 또 이런 그들이 무슨 대단히 생각이 깊고 열심히 많은 것을 공부해온 지식인 엘리트인 것처럼 포장해주는 언론이 있고요. 너무 속상한 상황인데, 이런 사람들과 구조와 제도를 일소할 수는 없으니 무엇을 해야 할까요. 변호사님 보시기에 가장 먼저 성찰할 것은 무엇인지 여쭙고 마치도록 할게요. 문재인정부 같은 실수를 반복하지 않기 위해서는 어떻게 해야 할까요?

실수를 반복하지 않기 위해서는

이연주 권력이 너무 크니까 나누는 게 가장 중요하죠. 검찰의 권력을 쪼개려면 수사권과 기소권을 분리하는 문제뿐 아니라 그 수사권을 나눠 받을 기관의 인력, 조직, 예산 문제에 대해서도 다 준비가 돼 있어야 돼요. 그래야 수사의 공백을 방지할 수 있겠죠. 지금 경찰들에게 수사권 준다고 일선 경찰들이 좋아할까요? 일만 늘어났다고 생각하죠. 그쪽 인력도 충원해주고 예산도 더 주고 조직도 증강시켜주고 인사에서 인센티브도 주고 하는 점을 잘 설계해야 합니다. 아무리 정교하게 제도를 만들더라도 실제 운영할 때에는 흠이 드러나고 그래서 수정이 필요한데, 처음부터 잘 굴러갈 수 없는 게 명백한 제도를 만들어서는 안 됩니다.

최강욱 '악마는 디테일에 숨어 있다'는 점을 최대한 활용해온 집단이 검찰인데 더이상 그렇게 하지 못하도록 촘촘한 장치를 마련하면서 가야 된다는 말씀이네요. 오늘 긴 시간 너무 감사했습니다. 오늘 나눈 사례들이 절대 허황된 얘기가 아니라 진실이라는 점이 오히려 더 가슴 아프네요.

이연주 민주당이 정말 잘해야 돼요. 검찰 초년 차에 길 잃은 어린 양이 되어 느꼈던 우울함이 다시 오려고 하잖아요. 나라 전체가 길을 잃고 있습니다.

최강욱 바로잡을 수 있도록 우리가 정말 최선을 다해야겠다는 생각을 다시 합니다. 감사합니다.

검찰과 언론의 공생,
그 기득권의 구조

최강욱 ✕ 조성식

조성식 趙誠植

언론사에서 약 30년간 기자로 일한 뒤 퇴직 후 작가, 출판인, 프리랜서 언론인으로 활동하고 있다. 저서로 『대한민국 검찰을 말하다』(1·2), 『검찰은 왜 고래고기를 돌려줬을까』(공저), 『나도 한때 공범이었다』(필명 집필), 『윤석열과 검찰개혁』(공저), 『참을 수 없는 존재의 무거움』 등이 있다.

* 이 대담은 2023년 11월 9일
창비서교빌딩 촬영장에서 이뤄졌습니다.

최강욱 검찰을 어떻게 제자리로 돌리고 재생시킬 것인가에 관해 여러 전문가 모시고 대담을 나누는 중인데요. 오늘은 다년간 취재 활동을 통해서 검찰의 실체를 파악해오셨고 관련해서 좋은 글도 많이 써주신 조성식 기자님 모시고 말씀 나눠보겠습니다.

조성식 안녕하세요? 반갑습니다.

최강욱 요즘 맹활약하시는 것 같아요. 기자 하실 때보다 훨씬 낯빛이 밝아지셨네요.

조성식 오랜 세월 언론사 밥을 먹었는데 시간이 흐를수록 기자정신을 유지하면서 일하는 게 힘들어지더군요. 그 시절엔 제가 생각해도 얼굴이 많이 어두웠을 것 같아요. 나와서는 경제적으로는 조금 피곤하긴 한데 정신적으로는 훨씬 풍요로운 면이 있는 것 같아요.

최강욱 기자님 처음 뵌 건 제가 군검찰에 있으면서 좀 시끄럽게 할 때였어요. 그때 저희를 취재하셨죠. 소속 언론사 내부에서 반대도 많았던 취재인데 관심을 가져주셨습니다.

조성식 군 영역을 많이 다뤘는데 내부에서 많이 부딪히긴 했죠. 최 의원님이 군검사로 활약한 노무현정부 당시 육군 장성 진급 비리 사건이 워낙 논란이 컸잖아요. 그때 군이 덩달아 저도 역적으로 모는 분위기도 있었죠. 회사로도 항의가 들어오고 했습니다.

최강욱 그때 저희가 했던 수사에 대해 비판적이었던 언론이나 군 내부의 프레임이, 마치 우리가 지금 검찰 수사 비판하는 것과 비슷한 논조였어요. 검찰이 정치적 목적을 가지고 프레임을 짠 뒤에 수사에 들어가잖아요. 그렇게 말하자면 참여정부가 군을 장악하기 위해 벌이는 공작이라는 식이었던 거죠. 당시 조기자님이 내부에서 논쟁하시면서 그게 아니다, 제보가 있었고 여러 정황도 있어서 수사하다가 비리 사실이 나온 거다 하고 싸우셨다고 말씀하신 걸 기억합니다. 공격하고 싶으니 검찰의 기존 행태를 가져다가 공격한 건데, 그건 검찰의 형태를 알고 있다는 거잖아요. 그러면서 정작 검찰이 그럴 때는 비판하지 않는다고 항변하셨다고도 했어요. 제가 나중에 듣기로는 당시 노무현 대통령조차도 왜

최강욱 X 조성식

곡된, 예를 들어 기무사나 국정상황실에 있는 군인들 통해서 올라간 보고를 받고선, 저희 수사를 두고 언론의 힘을 빌려 수사하는 것은 정당하지도 않고 바람직하지도 않다고 했다고 하죠.

조성식 그때 누군가 심어놓은 거죠.

최강욱 그때 저희는 어떻게든 언론에 진실을 알리고 싶어하는 입장이었고, 수사를 막는 쪽은 그걸 차단하려고 애를 썼는데, 민간 검찰의 잘못된 수사 관행 때문에 저희가 피해를 본 거죠.

아무튼 오랜 취재 경험으로 검사들과 교분이 넓으시고 검찰 수사 상황도 잘 이해하셨던 조기자님께서 최근 이른바 조국사태와 검찰개혁 과정을 지켜보신 후에 필명으로 『나도 한때 공범이었다』(이소룡 지음, 해요미디어 2020)는 책을 내시는 과정에서 어떤 생각을 하셨는지 여쭙고 싶습니다. 검찰을 보는 시각이 좀 달라지신 게 아닌가 싶었는데요. 과거 검찰과 지금 윤석열 검찰이 달라졌다고 느끼셨나요? 아니면 기자의 시각에서 봤을 때와 기자라는 직업에서 벗어난 지금의 시각이 달라진 건가요.

검찰 프레임에 따르는 기사는 어떻게 만들어지는가

조성식 역시 보는 눈이 날카로우시네요. 두가지가 다 해당이 되는 거 같습니다. 아무래도 제가 제도권 언론에 있을 때는 검찰이 제일 중요한 취재원이기 때문에 아는 검사가 많았고, 후배들한테 검사들을 소개해준 경우도 많았어요. 어쨌든 저희가 고급 정보에 접근할 때 검사를 직접 안다는 게 취재에 상당한 이점이 되거든요. 그러다보면 업무로 가까워지지만, 또 조금 더 깊은 친분을 유지하게도 되고 그래요. 저는 출입처 기자단에 속해 있진 않았지만 기자단 소속 기자들은 더 그렇고요. 그러면 진짜 친검 기자로 쭉 갈 수밖에 없어요, 구조적으로. 저같이 그래도 거리를 유지하면서 검찰 취재했던 사람도 상당히 검찰에 우호적인 감정을 가지게 됐으니까요. 저도 검사 인터뷰를 우호적으로 내보낸 적도 있고 검찰 정보 활용해 쓴 적도 많습니다. 물론 검찰이 잘못한 것처럼 보일 땐 비판적인 기사도 종종 내보냈지만 그때만 해도 검찰이 우리 사회에서 그렇게 나쁜 집단이라는 인식을 갖진 않았고요. 제 직업상 파트너였을 뿐이고 선악을 논할 대상은 아니었죠.

그런데 노무현정부 때 검경 수사권 조정 논의가 처음 시작됐잖아요. 그 전부터도 개인적으로 검찰 권력이 너무 크다는 문제의식은 있어서 수사권 조정과 검찰개혁에 본격적으로 관심을 갖게 됐어요. 그러면서 검찰 권력이 이렇게 비대한 건 민주주의 원리에도 안 맞고, 수사권 폐지까지는 생각하지 않았지만 최소한 권한을 분산해야 하는 거 아닌가, 수사권·기소권·영장청구권·수사지휘권까지 다 몰려 있는데, 하는 생각을 하게 됐습니다. 연차가 올라가면서 점차 그런 인식이 강해졌는데, 검찰에 대한 시각이 완전히 바뀌었다기보다는 문제의식 차원이었어요. 이제는 언론사 밖으로 나오니까 조금 더 자유롭게 사고하고 더 거리를 두고

최강욱 X 조성식

객관적으로 볼 수 있게 된 거죠. 특히 제가 주목하게 된 건 검찰과 언론의 관계입니다. '나도 한때 공범이었다'는 건데요. 언론과 검찰이 올바른 정보, 정확한 정보를 공유하는 건 여러가지로 사회에 도움도 되고 범인을 잡는다거나 할 때 공조할 수 있는 부분도 있잖아요. 실제로 종종 그런 경우가 있고요. 하지만 그런 긍정적인 경우를 빼면 문제가 많습니다. 언론이 검사들의 이해관계나 검찰의 조직논리를 반영한다는 거죠. 저도 그런 경우가 있지 않았는지 반성하게 되고요. 결정적으로 이런 고민이 깊어진 계기가 바로 조국사태입니다. 그 일이 공교롭게도 제가 언론사 생활을 그만둔 직후에 일어났습니다. 제가 회사를 그만둔 게 2019년 6월이고 윤석열 검찰총장 취임한 게 그해 7월이죠. 그러고는 한달쯤 뒤에 느닷없이 법무부장관 후보자를 수사한다고 난리를 치더라고요. 이게 뭔 상황이지 싶었죠. 상당히 흥미롭게 지켜봤어요. 당시에는 언론 보도만 보는 정도였어요. 현업을 떠났고 나오자마자 책 작업을 하고 있었거든요. 『검찰은 왜 고래고기를 돌려줬을까』(해요미디어 2019)라고 황운하 당시 대전지방경찰청장과 공동 집필하는 책이었습니다. 제가 황청장을 계속 인터뷰하는 과정이어서 다른 일을 할 겨를은 없었고 조국 문제는 그냥 보도로만 접하면서 계속 이상하다고는 생각을 했죠. 이거 뭐가 잘못됐다. 검찰의 문제점이 진짜 종합적으로 드러날 뿐 아니라, 검찰과 언론의 관계에서 잘못된 부분이 이 사건을 통해서 너무나 확연하게 드러나더라고요.

최강욱 사실 저는 검찰 취재 경험을 더 여쭤보고 싶은데요. 예전에 저한테 하신 말씀 중에 기억나는 게 하나 더 있어요. 제가 군법무관에서 예편하기 직전에 나가냐 마냐 고민하던, 국방부 안에서는 저희가 안 나갈까봐 노심초사하던 때가 있었잖아요. 그때 조기자님이 저를 만나서 이런 얘길 하셨어요. '있든 나가든 앞으로 사는 게 그리 어렵진 않을 것이다.' 제가 무슨 말이냐고 했더니 '현역 대장을 구속한 사람인데 뭐가 걱정이냐'고 하셨던 말이에요. 현역 대장을 구속한 것 자체로 제가 어느정도 평가를 받고 위상을 갖고 있다는 의미로 말씀하신 건데, 사실 그때는 납득이 백 퍼센트 되진 않았어요. 그런데 나중에 이를 느낀 게, 후배 검사들의 경조사 같은 데 가보면 선후배 검사들이 모이잖아요. 그러면 제

지인이 저를 검사들한테 소개할 때 '예전에 사성장군 구속한 사람'이라고 소개하더라고요? 그러면 소개받는 검사는 아 예, 저는 옛날에 누구 구속했던 사람입니다 하고 받고요. 무슨 조폭들끼리 문신 보여주며 자랑하는 것도 아니고.

조성식 자기 경력이 중요한 거죠.

최강욱 그들에겐 그게 정체성 같은 거잖아요. 그리고 누구의 유죄판결을 받아냈다가 아니라 꼭 누굴 구속시켰다예요. 사실은 언론도 구속을 하면 성공한 수사로 평가해줍니다. 나중에 무죄판결이 나더라도 견해 차입네 하면서 넘어가고요. 전형적인 검찰 프레임인데, 그런 문화는 어떻게 형성된 건가요?

조성식 그만큼 언론이 검찰 논리에 동화되어 있는데, 말씀하신 대로 언론은 어떤 대형 사건 수사와 담당 검사가 등장하면 이 사람은 과거에 누구누구를 구속한 경력이 있다는 점을 주목해주죠. 나중에 유죄판결을 받았는지는 관심이 없어요. 예를 들어 유명한 모 특수통 검사도 박근혜정부 때 방산비리 수사 과정에서 황기철 해군참모총장을 구속했는데, 무리한 구속이라고 그때도 말이 많았을 뿐 아니라 1심부터 3심까지 다 무죄가 나왔단 말이에요. 그래도 언론에선 크게 문제 안 삼고 나중에 소개하기를 해군참모총장 구속한 사람이라고 한단 말이죠. 결국 그 사람들 몸값을 언론이 매겨주는 것이거든요. 그리고 언론이 이런 의도까지 담은 건 아니겠지만 어쨌든 그게 특수통 변호사들이 옷 벗고 나가서 자랑하는 화려한 경력이 되잖아요. 특히 재벌기업들, 정·관계 주요 인사들, 국회의원 누구, 몇명을 잡아넣었다는 걸 아까 말씀하신 것 같은 자리에서 화려한 훈장처럼 얘기하고 그러죠. 그 자리에는 법조기자들도 한 식구처럼 있기 때문에 그런 인식을 똑같이 공유하고요. 그리고 그게 어떤 문제의식도 없이 후배 기자들에게 고스란히 전해져요. 많이 구속한 검사는 유능한 검사라고 보는 프레임은 사실과는 전혀 다른 건데도요.

최강욱 그 비판의식이 마비되어가는 과정이 궁금해요. 이런 말이 있잖아요. 처음 말단 기자로 법조 출입을 하게 됐는데 어디 가서 뭘 물어봐야 하는지, 누가 어떤 사람인지도 모르는 상황에서 어리둥절하고 있고 다른 데서 자꾸 단독기사를 내보내는 바람에 물먹어서 선배들한테 혼나던 와중에 갑자기 중앙지검 3차장에게 전화가 걸려와서 '아무개 기자님 차 한잔하실까요' 이러면 그때 그 전화에서 들려오는 차장검사의 목소리가 거의 하나님 목소리에 준한다, 그 어린 기자에게.

조성식 그럴 겁니다. 아까도 얘기했지만 저는 기자단에 속한 적은 없어서 그런 적은 없었는데, 예를 들어 이런 거죠. 제가 주로 시사주·월간지에 있었잖아요? 그땐 제가 중간 데스크 역할을 할 땐데, 지금은 다른 매체에 있는 모 기자가 재벌그룹 총수에 대한 기사를 단독으로 열심히 취재해 썼는데 결정적인 게 확인이 안 되는 거예요. 제보자 증언, 회장 관련된 사람들의 증언 다 받았죠. 그럼 거의 확실하다고 생각했을 거 아녜요. 그런데 공신력 있는 기관에서 마지막으로 확인을 해줘야 화룡점정이란 말이죠. 이건 검찰에서만 확인이 되는 거죠. 제가 대검 중수부장한테 전화를 했어요. 친하니까 바로 확인해줬죠. 그때까지 어디에도 보도되지 않은 내용이었어요. 그러면 기자들은 대검 중수부장이 한 얘기니까 백 퍼센트 진실이라고 그냥 믿는 거죠. 제가 책에도 썼지만 검찰 같은 공신력 있는 기관에서 준 정보면 그냥 '날것'으로 먹어도 아무런 탈이 없다고 생각하는 경향이 있어요. 다른 취재원이 전해준 얘기는 그래도 확인을 해야 된다는 생각이 있거든요, 상당히 확신이 들더라도. 그런데 검사가 확인을 해주면 이건 뭐 게임 끝났다고 생각하게 되고 실제로도 탈이 나는 경우가 많지 않고요. 물론 나중에 재판 가서 검찰의 공소 논리가 깨질 때도 많지요. 그런데 검찰도 책임 안 지지만 기자들은 더더욱 책임을 안 지잖아요. 정부기관에서 알려준 대로 썼다고 하면 누가 책임을 물을 수 있겠어요. 이러니까 공소장대로, 검찰 논리대로, 검찰 수사 내용 그대로 쓰는 잘못된 보도 관행이 지금도 계속되는 겁니다. 반론에 인색하고 게으르고요. 오래된 구조예요.

최강욱 사실 공범의식이죠. 같이 나쁜 사람 만들었는데 무죄판결 나왔다고 알리면 자기부정이 되니까요.

조성식 맞아요. 그래서 대부분 원래 기사 쓴 기자는 안 다루고 다른 기자가 다루고 말죠. 한창 유죄 논리로 때릴 때는 엄청나게 크게, 나중에 법원에서 무죄가 나왔다, 또는 상당 부분이 무죄가 됐다고 하면 조그맣게 보도하죠. 그러면 독자들 눈에 보이겠습니까? 그런 식이죠.

최강욱 이런 건 못 느끼셨어요? 검찰에서 이렇게 얘길 하고 이런 사실을 확인해줘서 기사를 썼는데, 수사 성과도 있었다고 생각했는데, 나중에 보니 검찰이 흘려준 사실관계가 사실은 어떤 목적이 있었던 거고, 결국은 검사가 사건 그림을 그리는 데 내 기사가 동참한 셈이 됐구나 하셨던 경험이요. 이걸 왜 여쭤보냐면, 예전에 군검찰에 있을 때 저는 진실을 따라가는데 자꾸 압력과 방해를 받으니까 어떻게든 수사 동력을 지키려면 외부에 알려서 진실이 왜곡되는 걸 예방해야겠다 하고 절실하게 언론인들에게 사실관계를 설명하고 했는데, 저는 검사들도 그럴 거라고 생각했거든요. 그런데 나중에 보니까 전혀 아니었단 말이죠. 오히려 검찰 프레임에 언론이 동조하고 있고, 검찰 조직 내에서 그 노하우가 훈련되고 관습처럼 이어져오는 거예요.

조성식 글쎄요… 제가 그런 경험을 강렬하게 한 기억은 없네요.

최강욱 아니면 검찰 간부들이 밥 먹다 일어나면서 흘러가는 말처럼 사건을 슬쩍 흘려준다거나 하는 식일 수도 있고요.

조성식 제가 기자단에 속했던 게 아니기 때문에 그런 경험이 잘 안 떠오르는 것 같고요. 이런 건 있어요. 큰 사건이 하나 터지면 출입 기자들이 단독 경쟁을 하면서 서로 기사를 쓰잖아요? 주요 일간지들의 여러 기사를 보면 큰 그림에 맞춰지는데, 개별 기자들은 단독이라는 성과에 꽂혀서 스스로 큰 그림의 도구로 쓰이고 있다는 걸 의식 못 하겠다는 생각이 들어요. 경쟁이 너무 치열하고 또 속보 경쟁이잖아요. 타 매체에 최소한 뒤처지지 않는 것, 그리고 가능하면 앞서는 것이 중요한. 그러니 받는 대로 그냥 쏟아내기 바쁜 거죠. 큰 그림을 놓고 보면 조국사태도 그렇고 울산시장 선거 개입 사건도 보면 방송사, 신문사 할 것 없이 검찰발 기사를 쏟아냈단 말이에요. 제가 거리를 두고 보면 이 기사들이 지금 검찰이 원하는 그림에 맞춰져가는구나 하는 느낌이 들죠.

정치하는 검찰, 공조하는 언론

최강욱 그 얘기도 기억하시는지 모르겠어요. 예전에 이회창 씨 아들 병역 비리 문제를 가지고 청문회도 열리고 시끄러웠을 때, 특정 언론사가 유독 단독기사를 많이 썼어요. 그때 제가 군검찰에 있으면서 이 사건의 실체가 뭐고 사실이 뭔지 다 아는 입장이었으니 기사를 보면 어디가 창작이고 어디에서 방향이 바뀌고 하는 게 다 보일 거 아녜요. 그 사건은 사실 군검찰에서 있었던 일인데 민간 검찰이 진실을 규명하는 것처럼 흘러가는 사건이었단 말이죠. 저는 그때만 해도 순진해서 군 지휘부에 종속돼 있는 군검찰에서 그 방해를 뚫고 이만큼 밝혔는데, 이게 검찰로 가면 군 수뇌부나 기득권층의 영향을 안 받고 검찰의 시각에서 다룰 수 있으니까 진실이 밝혀질 거란 기대를 하고 있었단 말이죠. 그때 저와 같이 일했던 후배 법무관들 중에 검사가 된 친구들이 좀 있었는데 저를 꼭 보고 싶다고 해서 만났어요. 그 검사들이 만나서 그 사건의 실체에 대해 너무 궁금해하는 거예요. 사실 대권이 왔다 갔다 하는 순간이었잖아요. 그래서 제가 이러저러하게 얘기하니까 지금 보도되는 거 보면 그 방향이 아니지 않느냐고 해요. 그래서 글쎄 기자들이야 부풀리기도 하고 그러는 거 아니야, 그래도 수사진은 핵심을 놓치지 않고 있겠지 그랬더니, 한참 지나고 나서 한 친구가 '형님, 검찰 믿으시면 안 돼요. 특히 이런 사건에서.' 이러더라고요. 당시에 제가 듣기론 그 수사에 영향을 미치기 위해서 당시 한나라당에서 완전히 검사 인맥으로 대책반 꾸려서 검찰과도 얘기하고 특정 언론사와 주거니받거니 하며 그림을 그려갔다는 거예요. 제가 그렇게 사건을 왜곡시키는 걸 보고 나서 나중에 그 언론사 기자를 봤을 때 그게 신문이냐고 한마디 하고 그쪽에서 반박하면서 공방이 있기도 했습니다만, 저는 그런 모습을 보면서 하나씩 깨우쳐간 거 같아요. 검찰이 공조직으로서 길에서 벗어나지 않으려고 최대한 애를 쓰는 나와 같은 수사기관이라고 생각했는데 아니다, 검찰은 정치를 하는구나 하고요. 이런 점은 현업에 있을 때 좀 보이셨어요?

"

언론은 검찰 논리에 동화되어 있습니다.
오래된 구조입니다.

"

조성식 제가 보기에는 두가지 양상이 있는 거 같아요. 검사 개개인의 공명심, 영웅심, 출세욕이 하나예요. 이런 욕심 많은 검사들이 검찰을 나가서도 전관예우 기대하는 거잖아요. 이 사람들은 가급적 자기 수사를 화려하게 포장하려고 하기 때문에 언론이 우군으로 필요해요. 언론에서 보도를 화끈하게 안 해주면 사건도 죽어버리고 수사도 죽어버리니까요. 물론 정의감이 남다른 검사도 있고요. 제가 기억하기론 언론 플레이를 잘했던 사람이, 거슬러올라가면 김영삼정부 때 홍준표 검사예요. 1993년 슬롯머신 사건으로 아주 전국적인 스타 검사가 됐는데, 그때 수사 논리로만 봤을 때는 박철언이라는 정계 거물을 잡는 게 쉽지 않았죠. 현직 대통령의 정치 라이벌을 겨냥했다고 해서 어떤 교감이 있었던 게 아니냐는 말도 나오긴 했는데, 제가 아는 홍준표는 그런 타입은 아니었고 독단적으로 해나가는 성향이었어요. 오히려 나중에 검찰 고위 간부가 연루되는 부분이 있어서 수사가 막혔는데, 홍준표가 그때 언론을 참 많이 활용해서 돌파했어요. 그때만 해도 어떻게 보면 검사와 기자가 나름 정의라는 가치를 향해서 협업했다고 볼 수 있는데, 길게 보면 그게 꼭 옳았던 건지는 모르겠습니다만 어쨌든 대부분 유죄로 인정된 걸 보면 그렇게 틀린 수사는 아니었던 거 같아요. 사실 저도 그때 홍검사가 건네준 정보로 단독기사도 쓰고 했던 기자 중 한명이라서 좀 긍정적으로 얘기하는 건지 모르겠으나 긍정적이냐 부정적이냐를 떠나서 검사 개인의 언론 플레이 사례로 생각해볼 만하다고 봅니다.

또다른 차원에서는 대선 국면 같은 중요한 시기에 특정 세력과

최강욱 X 조성식

검찰의 이해관계가 일치하는 경우가 있어요. 정권과 검찰이 대립하는 것도 포함되는 거죠. 그런 보도일수록 사실은 조금씩 그런 연결이 눈에 띄긴 하죠. 울산시장 선거 개입 사건도 하나의 예지만, 저는 노무현정부 때 검찰개혁 국면이 떠올라요. 그때 대통령이 법무부장관으로 강금실 변호사를 앉히고 검찰개혁 한다고 해서 송광수 검찰총장을 비롯한 검찰과 엄청 부딪혔단 말이에요. 대검에서 강금실 장관을 장관으로 인정하질 않았죠. 공식적으로는 장관님 하지만 자기네들끼리 모여 앉아선 '그 아줌마' 같은 식으로 호칭하고 그랬다니까요. 저는 그때 강장관은 강장관대로 잘 알고 검찰도 잘 아는 상황이었는데, 기사로 대검을 세게 비판했더니 검찰 쪽에서 출입기자 통해 '총장이 명예훼손으로 고소할 수도 있다'고 위협하더군요. 제가 보기엔 검찰 권력이 너무 세고 노무현 청와대와 강금실 장관이 추진하는 검찰개혁 방향이 옳은데, 검찰이 대선 자금 수사를 통해 높아진 국민적 인기와 위상을 활용해 권력을 들이받은 거죠. 문재인정부에서 윤석열 총장은 그보다 더했지만, 그 당시에도 비슷한 양상이었어요. 검찰의 위상이 크다보니까 법무부장관과 검찰총장의 대립, 기관으로 보면 청와대·법무부와 검찰의 대립전선이 생겼잖아요. 그때도 보면 상당수 보수언론 중심으로 대검을 일방적으로 옹호하는 기사들이 쏟아져 나왔단 말예요. 오늘『중앙일보』에서 뭐가 나오면 다음 날엔『동아일보』에서 뭐가 나오는 식이었죠. 그런 걸 보면 검찰에서 조직적으로 움직인다는 걸 알 수 있죠. 검찰의 조직논리를 대변하고 전파하는 데 언론을 활용하는 방식이죠. 주요 정치인을 수사한 여러 사례에서도 그랬습니다.

검사와 언론인의 개인적 유착 관계

최강욱 개인적으로 가깝게 지내던 검사들이 있으시잖아요. 예를 들면 식사를 같이하는 정도가 아니라 등산을 오랜 시간 같이하면서 얘길 나눈다거나 술자리를 갖는다거나요. 법조인 중에 기자와 함께 등산하는 건 유독 검사밖에 없어요. 판사가 기자 만나는 경우는 극히 드물잖아요.

조성식 등산도 같이하고, 특이하게도 부부 동반 식사를 해요. 저도 해봤죠. 검찰 고위직하고 부부 동반으로요. 저는 그래도 적절한 거리를 유지했죠. 그런데 제 주변 기자들 보면, 한번 그렇게 다녀오면 자랑한다고요. 내가 누구랑 밥 먹고 누구랑 술 마셨다, 하고요. 윤석열과 같이 술 먹었다는 걸 자랑하는 기자도 많았어요. 그런 얘기를 들으면서 아마 나도 계속 현직에 남아 있었으면 저러고 다녔겠구나 싶더라고요. 근데 과장도 많아요. 기자들 특유의 과장이 있거든요. 꼭 '형' '선배' 그러면서요. 김만배가 "석열이 형" 그랬다고 논란이 됐잖아요. 그게 그냥 나온 말이 아니죠. 두 사람만의 문제니까 모르는 일이고 김만배가 과장했을 수도 있지만, 실제로 검찰에 오래 출입하고 검사들과 잘 아는 기자들과 검사들은 사석에서 그렇게 형, 동생을 하니까요.

최강욱 검사 입장에선 그렇게 만들어야 하는 거고요.

조성식 그런 의도일 수도 있고, 아니면 진짜 사람을 좋아해서 그러는 검사도 있어요. 술 먹이고 같이 망가지고 하는 거 좋아하는. 어쨌든 술 한잔 얻어먹으면 그 사람에 대해 나쁜 말을 잘 안 하게 되니까 검사들은 그런 관계를 만들고 싶어하죠. 전에 검사들이 비리 의혹에 연루된 사건이 있었어요. 관련된 검사가 꽤 됐는데, 경찰에서 수사한 사건이에요. 제가 그 사건에 경찰 쪽으로 접근해서 취재를 했어요. 검찰 출입기자한테는 경찰이 정보를 잘 안 주지만 저는 기자단 소속이 아니고 검찰과 경찰 양쪽으로 다 취재라인이 있어서 그렇게 할 수 있었죠. 제가 단독으로 연루된 검사들 명단도 확보하고 일일이 확인 취재를 다 했어요. 해당 검사나 검사 사무실에 직접 연락해서요. 그중에 꽤 중요한 위치에 있는 검찰 간부가 있었어요. 반론 취재 들어가고 하니까 연락이 오더라고요, 법조팀장한테서. 그쪽에서 한번 보재요. 왜 그러냐니까 그 검사가 꼭 만나서 설명을 해주겠다는 거예요. 오해가 있다고요. 같은 신문사고 하니까 셋이 만나자고 해서 만났는데, 그 둘 사이의 호칭에서부터 제가 당황했잖아요. 형님, 아우 하는 거예요. 그러면 취재하러 나온 제가 어떻게 되겠어요. 제 동료의 형님을 공격해야 하는 거예요. 바로 부담스러워지는 거죠. 반론을 들어보니 그 검사의 억울한 점도 좀 있었지만, 제가 놀란 건 검찰 출입기자들과 검사들 간의 관계였어요.

최강욱 부적절한 행태일 뿐만 아니라, 검사를 대단히 높고 훌륭한 사람으로 마음속으로 받아들이는 것 자체가 기자 입장에서 저자세를 취하는 거잖아요. 제가 앞서 말씀드린 신참 기자는 차장검사가 손수 커피를 타주면서 무슨 기자님이시죠, 기사 잘 보고 있습니다, 오늘 누구누구 왔다 갔는데 한번 확인해보시면 재미있는 얘기가 있을 거예요, 이렇게 하나 흘려주는 걸 딱 받아서 나오면서 정말 하늘을 날 것 같은 기분이 들었다고 했어요. 언론에도 자주 나오는 유명한 차장검사가 나를 인정하고 직접 커피를 타줬다는 걸 누구라도 붙잡고 자랑하고 싶었다는 거예요. 검사들은 그걸 활용하는 거잖아요.

조성식 언젠가 검찰이 실패한 대형 수사가 하나 있었어요. 재벌 기업 관련한 수사였는데, 당시에 제가 검찰에서 상당한 고위직에 있는 사람과 가까이 지내면서 가끔 일대일로 만나서 식사하면서 정보를 받고 그랬는데, 어느날은 그쪽에서 먼저 밖에서 보자고 하더라고요. 밖에서 보자는 건 긴히 할 얘기가 있다는 거죠. 그 사건이 대법원에서 최종 무죄가 나왔거든요. 중요 피고인이 무죄가 나오니까 언론에서 검찰의 무리한 수사라고 비판했어요. 이 사람도 특수수사 라인으로는 상당히 고위직에 있는 사람인데, 자기가 지휘했던 사건 수사가 법원 판결로 비판받게 되니까 판결의 문제점, 그리고 언론에 보도되지 않은 수사의 뒷이야기 같은 걸 한참 설명해주더라고요. 직접적인 요청은 없었지만 보도해줬으면 하는 거죠. 저는 다 듣고 보도는 안 했어요. 사건이 복잡해서 검찰 주장만으로 대법원 판결을 뒤집는 보도를 하기가 쉽지 않겠더라고요.

최강욱 기자들한테만 그러는 것도 아니에요. 변호사들한테도 그렇게 접근합니다. 저 같은 경우는 어떤 사건하고 제가 아무런 관련이 없고 아는 바가 없는데도 밥 먹자고 해서 가보면 무죄판결 난 그 사건에 대해서 막 설명을 해요. 그러니까 저보고 어디 가서, 가령 민변 모임에 가든 다른 변호사들을 만나든 기자를 만나든 대신 설명하라는 거죠. 그럼 본인들이 직접 말하는 것보다 더 믿음이 갈 거 아녜요.

조성식 저만 해도 기자 경력이 많지 않았을 때 상가 분양 비리 기사를 쓴 적이 있는데, 검사가 얘기해주는 거니까 사실일 거라고 생각하고 거의 불러주는 대로 썼어요. 반론취재는 거의 형식적으로 하고 상대방이 반론에 응하지 않으면 혐의를 인정하는 거라고 생각했고요. 그 기사가 나오고 나서 이해관계가 걸린 쪽에서 엄청 세게 항의를 했어요. 변호사를 대동하고 와서 조목조목 제 기사의 문제점을 지적하는데, 검찰 수사 내용을 변호사도 파악하고 있으니까 제가 달리더라고요. 실수했구나 싶었죠. 그 말이 다 맞는지 아닌지는 모르지만 적어도 제가 검찰의 주장에 경도돼 있다는 건 인정할 수밖에 없었어요. 그래서 제가 유감을 표했고 그쪽은 소송한다 어쩐다 했었죠. 후속 보도할 때 유의하겠다는 정도로 마무리했습니다.

그런가 하면 반대의 경우도 있었어요. 거물급 정치인이 관련된 큰 사건이었는데, 대검 중수부에서 수사했고 언론에도 지속적으로 크게 보도됐습니다. 제가 월간지에 있을 땐데, 그 사건과 관련해 검찰 수사의 문제점을 조목조목 여러차례에 걸쳐 비판하는 기사를 내보냈어요. 어느날 회사 선배가 서초동에 같이 가자고 해서 왜 그러냐니까 그 사건 주임검사인 중수부 과장이 저를 꼭 만나서 직접 설명을 해야겠다고 했다는 거예요. 너무 공격한다면서 검찰 주장도 좀 들어달라고요. 저도 좋다고 하고 가서 맛있는 거 얻어먹고 얘기 들어줬지요. 검사들은 기자들에게 맛있는 거 사줘요, 유명한 식당에 가서. 고기도 직접 구워주고 접시에 얹어주고요. 밥 얻어먹고 얘기 잘 듣고 알겠다, 후속 보도할 때 최대한 반영을 하겠다, 하고선 거의 반영을 안 했죠. 제가 볼 때는 검사 주장보다 변호인 측 반론이 더 맞는 거 같았거든요.

아무튼 검찰이 정부기관이기 때문에 언론 입장에서는 공신력이 있다고 볼 수밖에 없어요. 『뉴욕타임스』가 그런 보도 원칙을 갖고 있다고 하잖아요. 공신력 있는 정부기관에서 확인해준 사실을 바탕으로 기사 쓰는 것을 기본으로 한다고요. 더구나 수사와 관련된 내용은 검찰이 독보적이잖아요. 다른 데서는 교차 검증이 안 된단 말이죠. 그래서 일방적으로 받기만 하는 기자들이 더 끌려다니는 면도 있죠.

검사에게 유독 저자세인 기자들

최강욱 언론사에서 기자를 훈련시킬 때 예를 들면 아무리 높은 사람 방에 들어가도 고개를 제대로 숙이지 말고, 심지어는 경찰서장 방에 들어갈 땐 문을 발로 차고 들어가라고 한다는 얘길 제가 듣고, 그렇게 교육을 받고 행동하니까 기자가 '싸가지 없다'는 소리를 듣는 거 아니냐고 한 적이 있거든요. 그때 그 기자가 기자는 국민을 대변하기 위해 기사를 쓰는 사람이기 때문에 취재원에게 꿀리고 들어가면 제대로 된 사실확인이 안 된다, 그렇기 때문에 선배들에게 그렇게 배우는 것이라고 항변하길래 제가 수긍을 했었어요. 그런데 법조 생활을 하면서 검찰 출입기자들을 보면 검사들 행동에 너무 황송해하고 너무 자랑스러워하고 너무 알리고 싶어하고…… 그런 이중성이 있습니다. 다른 공무원들한테도 그렇게 하는지 모르겠어요.

조성식 정확하게 보신 거고요. 단적으로 대비되는 게 경찰과의 관계예요. 기자들이 경찰은 우습게 봐요. 검찰은 상대적으로 귀족으로 보고요. 경찰은 문턱이 낮고 개방돼 있잖아요. 경찰 수뇌부도 안쓰러울 정도로 기자들 눈치를 보고요. 그런데 지금은 다르더라고요. 어디서 확실하게 지켜준다고 생각하는 건지…… 이태원참사 같은 사건이 터지면 예전에는 경찰청장 무조건 날아간다고요. 언론에서도 난리 치고요. 책임이 있든 없든요. 지금 경찰청장은 당시 술자리 하고 자느라 그 중요한 순간에 보고도 못 받았다는 데 예전 같으면 기자들이 바로 공격한다고요. 지금은 안 그러잖아요. 기자들도 위축이 된 거죠.

최강욱 경찰과 검찰은 직급의 차이도 있지만 경찰이 고급 정보를 갖고 있기가 어렵잖아요. 그런 영향도 있을 테고요. 예전에 젊은 기자들이 모 정치인의 검사 시절을 평가하기를 신사적이고 괜찮은 검사였다, 시각도 바르고 제대로 일하려고 하더라, 하면서 거기 더해 하는 소리가 대개 부장검사 정도 되어야지 기자들을 만나자고 해서 고기 구워주면서 얘기하고 하는데 그 사람은 평검사 때도 그걸 했다며, 대단히 훌륭한 검사라는 취지로 얘기하더라고요.

조성식 훌륭한 분이네요.(웃음)

최강욱 돈도 있고 능력도 있고 여유도 있었다는 거죠. 그리고 중앙부처의 대변인실이 있잖아요. 큰 부처는 대변인이 국장급이고 작은 데는 과장급이란 말이죠. 조직 내에서 꽤 잘나가는 사람이잖아요. 그 대변인이 하는 일이 기자들과 화투 쳐서 돈 잃어주는 거, 술값 내는 거라는 말도 있는데, 그러고 나면 다음 인사 때 기자단 간사나 팀장, 반장 등이 장관이나 차관을 찾아가서 그 대변인이 수고했는데 승진시켜줘야 되는 거 아니냐고 한다잖아요. 저도 기자들이 '그 대변인 내가 예전에 한번 얘기해줘서 승진했잖아' 하는 소리 많이 들었거든요. 그런데 검사에 대해서는 그렇게 얘기

최강욱 X 조성식

하는 걸 못 들었어요. 역학 관계에서 차이가 있어서일까요?

조성식 상호 이해관계가 있죠. 기자들은 고급 정보에 목말라 있고 검찰은 기자들에게 잘 보일 필요가 있고요. 기자 입장에서는 사내 민원도 커요. 자기 민원도 있겠지만 사주나 고위 간부들 관련 민원이 많이 있죠. 실제로 모 언론사 사주 아들이 학생일 때 허구한 날 사고 치고 경찰에 잡혀가고 그럴 때 경찰 출입기자들이 가서 맨날 빼내오고 했다는 유명한 일화가 있는데, 검찰은 그 이상의 힘이 있잖아요. 그런 걸 표 안 나게 진짜로 해결해줄 수 있다는 거죠. 그게 다른 공무원 조직과의 차이입니다. 다른 공무원들은 기본적으로 기자들에게 상당히 약합니다. 기사가 잘못 나가도 제대로 항의도 못 해요. 근데 검찰과 언론 관계는 대체로 우호적이죠. 검찰 입장에서 자기 조직의 이해관계, 가령 검찰개혁을 가지고 큰 싸움이 날 때 언론이 얼마나 든든한 우군이 됩니까.

말씀하신 대변인들은 기자를 상대로 접대 비슷한 역할을 실제로 해요. 제가 받아본 적도 있고요. 그리고 기자단에서 인사권자에게 압력을 넣기도 하고요. 경찰에서 그런 일이 있었던 걸 실제로 알아요. 소위 '캡', 각사 출입기자 대표는 권한이 정말 세요. 인사철에 청장에게 전화해서 누구누구 올려달라고 대놓고 말하기도 해요. 경찰청장 정도의 기관장은 이런 캡들을 무시 못 하죠. 그 정도로 경찰 출입기자들이 인사에 영향을 끼칩니다. 솔직히 얘기하면 저도 그런 적이 있어요. 노골적으로 부탁한 건 아니었고 '제가 잘 아는 경찰 간부가 좀 유능한 것 같은데 한번 좀 알아만 주세요' 하는 정도였습니다. 요즘은 카드 치고 이런 건 없을 텐데 아무튼 대변인 역할 하는 사람들은 기자들이 많이 챙겨줍니다. 검사 같은 경우는 기사로 지원을 해주죠. 인사철이 되면 우호적인 기사가 나가요. 기사를 잘 봐야 하는데, 주요 보직들, 이른바 요직, 대검이나 서울중앙지검 고위직, 특수부 라인 같은 경우는 미리 기자들이 누구누구가 거론되고 있다는 식으로 흘리기도 해요. 누가 거론했겠어요? 그 검사가 당연히 민원 넣었겠죠. 객관적 기준이 어디 있겠어요? 검사 자신과 기자들, 그러니까 자기들이 거론하는 거예요. 기자와 친한 검사나 기자단에서 밀어주자 하고 얘기 나온 검사를 그렇게 미는 거죠. 마치 청와대나 법무부나 검찰총장 같은 고위직에서 거론하는 것처럼 보이지만 사실 실체를 알 수가 없잖아요. 제가 보기에 기자들의 자의적인 친소관계에 따른 보도가 많습니다. 물론 아주 엉터리로 그러진 않겠죠. 최소한 대형 사건 수사에서 이름을 날렸거나 해야겠지만요. 법정에서 무죄 판결이 난 건 별로 고려 안 하고요. 아무래도 큰 수사를 하면 기자들이 거기에 동조해서 마구 사건을 키웠을 거 아녜요. 그러면 그런 큰 수사를 한 사람이고, 통이 크고, 수사력이 뛰어나다는 식으로 포장을 해주는 거죠. 혹시나 수사 능력이 안 되면, 호인으로 알려져 있고 따르는 후배가 많다며 인간성에 대한 평가를 하기도 하고요. 그리고 검찰 대변인도 챙겨줘요. 특히 대검 대변인은 잘 챙겨주는 편이죠. 제가 직접 들은 것도 있고 본 것도 있어요.

최강욱 X 조성식

점퍼, 폭탄주, 무속

최강욱 결국 검찰에 권한이 집중돼 있는 현실과 연결된다고 봐야 겠습니다. 법무부장관에게 얘기해서 사건 빼달라고 할 순 없지만 검찰은 가능하니까요. 어느 기관을 상대로도 보이지 않는 비굴한 모습을 언론이 검찰을 상대할 때는 보이는 경우를 많이 보게 돼요.

조성식 검찰에 차관급 검사장이 많은 것도 상징적이잖아요. 보통 정부기관에 차관급이 몇 명입니까. 보통 한두명이잖아요? 일개 외청에 차관급이 50명으로 차량과 기사가 제공되는데, 세계적으로 이런 국가가 있나 모르겠어요. 이게 수십년 지속됐다는 것도 허탈 하고요. 검사장, 고검장이라는 직급이 사라진 후 공식적으로는 '대검 검사급'으로 분류하는데, 직함으로는 여전히 남아 있지요.

최강욱 검사들이 자기들끼리 '영감'이나 '대감'이라고 부르는 건 들어보셨어요?

조성식 많이 들었죠. 또 '프로'라고도 하거든요. 기자들도 그걸 따라 해요. 검사가 기자한테도 성을 따서 'ㅇ프로' 하기도 하고요. 검사와 기자가 공유하는 어떤 선민의식 또는 특권의식이죠.

최강욱 이런 건 아십니까? 검사들은 날이 쌀쌀해져도 카디건 같은 거 절대 안 입는 거요.

조성식 점퍼 입죠.

최강욱 왜 그런지 아세요? 우리는 칼잡이라서 작업복을 입어야 된다……

조성식 작업복에는 피가 튀니까요.

최강욱 신참 검사들이 모르고 카디건 같은 걸 입고 있으면 부장이 부른다잖아요. 부장이 '야, 너는 어느 회사 직원이냐?' 그러면 그 검사는 무슨 말인지도 잘 모르고 죄송하다고 하고 나올 거 아녜요. 선배들에게 물어보면 여기 봐라, 너처럼 카디건 입은 사람 있냐, 이런 말을 듣는다는 거죠. 그러면서 자기들끼리의 하위문화를 무슨 비밀 집단의 고급문화인 것처럼 포장하기도 한단 말이에요. 대표적으로 폭탄주가 있죠. 일명 '심재륜 그립'이라고 하는.

조성식 저는 그걸 같이해봤기 때문에 잘 알아요. 저도 그렇고 후배 기자들도 다 경험해봤지요. '이글주'라고 양주가 섞인 맥주잔을 단 두 모금에 들이켜는…… 그런 게 무용담처럼 전해져요. 폭탄주의 대명사처럼 알려진 심재륜 전 검사장은 평판은 나쁘지 않고, 구설에 오른 적은 있지만 비리에 연루된 적은 제가 알기론 없어요.

최강욱 예전부터 검사들이 검사동일체원칙이니 상명하복이니 해가며 검사장이나 부장검사가 평검사들 데리고 회식하는 장면을 보면 군인들이 그러는 걸 능가하는 낯부끄러운 모습을 많이 보이는데, 직접 보신 적은 없나요?

조성식 검찰 간부가 출입기자들을 대접하거나 검사와 기자가 개별적으로 술자리를 하는 경우는 많지만, 검사들끼리의 회식에 기자가 끼는 경우는 많지 않아요. 저는 우연히 그런 자리에 합류한 적이 있습니다. 저와 친한 고위직 검사가 있었는데 마침 대검 중수부의 대형 수사가 마무리될 때쯤 중수부 검사들 회식이 있었어요. 카페식 술집의 큰 룸이었는데, 저는 다른 데서 그 검사와 술 먹다가 그 검사가 연락받고 그 자리에 가면서 저도 끼게 된 거죠. 그쪽 대장을 저도 좀 알았으니까요. 고위 간부인 좌장 양쪽으로 검사들이 쫙 앉아 있었는데 분위기가 진짜 그렇더라고요. 그 자리에 유명한 윤씨 성 가진 검사도 있었어요.

최강욱 밖에서는 검사는 당상관이기 때문에 팔걸이 없는 의자에 앉으면 안 된다고 하면서 거들먹거리는 사람들이 그 안에서는 철저하게 밑으로 기면서 복종하는 모습을 보이잖아요. 저는 한 검사장이 밑의 차장 이하 검사들 모아서 자기 생일잔치로 부부 동반 회식을 하는 장면을 본 적이 있어요. 거기에 저연차 검사들, 위에서 볼 때 눈에 좀 들었던 젊은 검사들 있잖아요. 나중에 자기 라인으로 키우고 특수부로 데려올 검사들을 두세명 부릅니다. 그 신참들은 부부 동반이 아니라 혼자 가는 거예요. 왠 줄 아세요? 기쁨조라서요. 가서 율동하고 노래 부르고 탬버린 치고 하는 거죠.

조성식 영화 「더 킹」의 한 장면 같네요.

최강욱 그게 실제로 있는 일이라는 거죠. 거기에 가서 사모들 눈에 들기 위해 최선을 다한다는 거예요. 그게 나중에 인사 평판이 되니까요. 그리고 검사들 무속 이슈는 들어보셨어요? 유명한 무속인이 있다 하면 줄 서서 점 보고 부적 받아온다고요. 부적을 속옷 어디다 꿰매고 다니라고 한다는데, 검사들끼리 골프장에서 만났다가 목욕탕에서 옷 갈아입는데 속옷에 똑같은 부적이 붙어 있었다는 일화도 들었어요.

조성식 검사들이 인사 때마다 유명한 무속인, 스님, 법사 등등 만나는 건 널리 알려졌죠, 뭐. 실제로 제가 아는 모 검사 출신 국회의원은 검사장 승진 시점에 검사들이 많이 찾아가는 스님한테 운수를 봐달라고 했어요. 거기서 검찰에선 더이상 위로 못 가고 대신 밖에 나가면 더 큰 관직에 오를 수 있다는 점괘를 받았다는 거죠. 그래서 실제로 옷 벗고 나왔고 점괘가 맞았는지 잘 풀렸어요. 청와대를 거쳐 국회로 진출했어요.

최강욱 윤석열이 천공과 친분이 있다는 소문에 검찰총장까지 했던 사람이 어떻게 저럴 수 있느냐는 사람들이 많았는데, 저는 검사들이 계속 그렇게 살아온 걸 봤기 때문에 놀랍지는 않았어요.

조성식 사실은 얼마나 미신입니까. 대한민국에서 가장 큰 힘을 가졌다는 사람들이 무속인 찾아가서 뭐 받아오고 하는 게 일반 국민에게는 정말 모욕적인 거예요.

검찰 내 '사단'이 만들어지는 이유

최강욱 그들의 불안감과 자리나 권력에 대한 집착 때문에 생기는 일이잖아요. 실제로 인사를 앞두고 가만 앉아 점만 보는 게 아니라 줄 대려고 여기저기 뛰어다니는 거 보셨을 거 아녜요.

조성식 제가 그런 장면을 직접 보진 않았지만 남들한테 들은 기억은 있어요. 하긴 '나 좀 밀어줘' 하는 농담조 부탁은 저도 들었네요. 청와대 누구 좀 알지 않냐, 얘기 좀 잘해줘라 같은. 저는 주류 기자가 아니었기 때문에 덜했겠죠.

최강욱 윤석열 검사가 그걸 잘했다는 거잖아요. 그 사람이 나이가 많은데 연수원 기수가 낮잖아요. 자기 대학 동기들은 다 지검 차장 하고 이럴 때 부부장 하는 기수였으니까요. 그렇다보니 주변의 후배들이 인사로 걱정할 때 누구누구한테 전화해준다고 하고 실제 인사에 관여할 수 있는 비슷한 연배의 기획조정실장이나 검찰국 검사들한테 말해주면서 후배들 환심을 샀다는 얘기를 들었어요. 후배 입장에서 볼 때는 얼마나 좋은 선배예요.

조성식 이른바 '사단'이 나오는 배경 중 하나입니다. 무슨 무슨 사단이 한편으로는 인사로 엮이는 경우가 있고 다른 한편으로 대형 수사를 같이하는 인연으로 모이게 되기도 해요. 언론을 떠들썩하게 한 대형 수사가 끝나면 한솥밥을 먹었던 검사들이 모임을 결성해서 해마다 모이더라고요. 수사 끝난 날이나 영장청구에 성공한 날같이 상징적인 날을 잡아서요. 그렇게 형성된 인맥을 가지고 우병우 사단이니 윤석열 사단이니 얘기하는 거죠. 말씀대로 그런 검사들이 또 후배 검사들의 인사를 아주 잘 챙겨준다고 하고요. 최재경 전 대검 중수부장도 최재경 사단이라는 말이 나올 정도로 검찰 내에서 따르는 후배가 많았고, 인사 하나는 정말 잘 챙겨준다는 얘기가 많았어요. 윤석열 대통령도 그런 부류이고요. 박영수 전 특검도 대표적이고요. 언론에선 그런 검사들을 '호방하다'고 평하고 그러잖아요. 기자들에게 밥 잘 사고 정보도 잘 풀죠. 대형 언론사 출입기자들은 한번 법조를 맡으면 다른 부서에 갔다가 다시 법조로 오는 경우가 많아요. 법조라는 특수한 영역을 다루기 때문에 인맥이나 전문성이 중요하니까요. 그럼 검찰과의 결속력도 더 강해지는데, 그 기자가 나중에 정치부나 논설위원실로 가도 친검 성향이 유지되는 거죠. 계속 교류도 하고요. 특정 시기 대검 대변인이나 주요 간부들이 출입기자들과 모임을 만

최강욱 X 조성식

들어 자주 만나곤 하지요.

최강욱 그것도 모자라서 단체를 만들어버린 게 법조언론인클럽 아니에요?

조성식 이번에 그쪽 출신들이 한자리씩 한다고들 하더라고요. KBS 사장으로 오는 박민, 방송통신심의위원장 류희림, TBS 이사장 박노황이 다 그 단체 회장을 지냈어요. 이른바 '검찰 패밀리'가 언론까지 지배하게 된 겁니다. 검찰 패밀리는 정치권에도 있고 언론에도 있고 기업에도 있고 청와대, 공공기관, 심지어 민간기업에까지 들어가 있다는 게 국정감사에서도 드러났잖아요.

최강욱 사외이사도 많이 하지만 경영임원으로도 많이 가 있어요. 변호사 직함을 가지고요.

조성식 전문성 상관없이 정부기관과 공공기관 중에서 알짜배기 힘 있는 기관들에 진출한 전현직 검사가 정말 많은 거 보고 놀랐습니다.

수사권이라는 거대한 기득권

최강욱 검사가 수사권을 죽어도 놓지 못하는 이유와도 다 연결되는 거 아닙니까? '검사는 수사를 해서 힘을 얻고 수사를 덮어서 돈을 얻는다'는 말도 있어요. 그렇기 때문에 검찰개혁 논의가 진행될 때 요만큼의 양보도 하지 않으려고 들고, 온 언론사를 다 찾아다니면서 집단적인 언론 플레이를 했지 않습니까. 그간 그나마 검사 비리의 일단이 드러나게 되는 경우는 대개 경찰이 수사를 했는데 검사가 영장 신청을 반려하고 종결시켜버리는 과정에서 튀어 보여서 알려지게 되잖아요. 조기자님께서 그런 취재를 많이 하셨죠. 거의 다 그런 경우잖아요. 그러니 검찰이 직접 수사했을 때 생기는 비리는 거의 드러나질 않게 되죠. 그렇게 보면 검찰이 특정 분야 수사권을 독점한다는 것이 사회적으로 얼마나 문제이며, 검찰 조직으로 보더라도 장기적으로 얼마나 큰 해가 되고 있는지를 알 수가 있어요.

조성식 그 피해는 다 국민에게 가는 것이고요. 지금 검찰의 수사권이 경찰로 많이 가게 됐다고 하지만 여전히 중요한 수사는 검찰이 다 쥐고 있잖아요. 또 한동훈 법무부장관이 시행령으로 '기술'을 부려서 거의 무제한으로 중대 수사를 할 수 있게 됐고요. 한동훈 장관은 늘 검찰개혁 하면 국민이 피해를 본다면서 국민을 내세우던데, 한장관이 얘기하는 국민은 대체 어느 나라 국민인지 모르겠습니다. 습관적으로 '국민들이 다 보고 계실 겁니다' '민주당의 이런 행태를 국민들이 다 아실 겁니다' 하는데, 조금만 생각해보면요, 과거에도 그랬고 지금도 마찬가지로 우리가 본인이나 가족, 가까운 사람, 동료한테 형사사건이 생기면 누굴 찾나요? 아주 잘

나가는 대형 로펌 변호사를 찾는 사람도 있겠지만 보통 서민들이 그렇게까지 할 수 있나요? 변호사를 어떤 기준으로 찾게 됩니까?

최강욱 서민들이야 일단 담당 검사하고 아는 변호사를 찾죠.

조성식 그렇죠. 그런데 서민뿐만 아니고 그래도 좀 있는 사람들도 일차적인 기준은 바로 검사랑 가까운 변호사입니다. 변호사로서 능력은 둘째고요. 사실 크게 상관없어요. 단독 변호사든 로펌 변호사든 상관없습니다. 일단 담당 수사검사 또는 그 지휘 라인에 있는 간부 검사와의 연을 위주로 찾잖아요. 어떻게든 수소문해서요. 다들 그런 연고를 통해 접근하는 이유가 뭐겠습니까? 봐주기 수사가 일어나기 때문 아니겠습니까? 어떤 사람이 죄를 지었는데 그런 연고를 통해 벗어난다? 그 피해가 다른 국민에게 가는 거 아닙니까? 검찰개혁을 반대하거나 그 필요성을 못 느끼는 사람들은 이게 민생과 무슨 관련이 있고 민주주의와 무슨 관련이 있느냐, 검찰과 경찰의 영역 싸움 아니냐 하는데, 아니라는 거죠. 이렇게 민생 현장에서 피해가 발생하는 일인데 검찰은 법 기술이나 엉뚱한 논리로 국민을 오도하고 있어요.

최강욱 흔히들 검찰개혁을 하면 경찰을 어떻게 믿느냐고 해요. 경찰은 부패한 집단이고, 수사 능력이 달린다는 거죠. 거기에 언론이 동참하기도 하고요. 그런데 경찰은 상대적으로 개방된 조직이고 민생과 직결돼 있는 부분이 많기 때문에, 또 경찰관 수가 많기 때문에 자잘한 비리가 적발되는 경우가 상대적으로 많을 수밖에 없어요. 검찰처럼 자기들끼리 감싸 비위 사실을 없애버리거나 대충 사표 받거나 내부 중요 보직에서 잠깐 빼놓는 식으로 정리되는 경우가 별로 없는 거죠. 능력이라는 면에서도 보면 검찰이 온갖 도구를 다 가지고 수술하는 사람이라면 경찰은 면도칼 하나 가진 사람으로 볼 수 있단 말예요. 원래 능력이 있고 없고를 떠나 도구를 많이 가진 사람이 더 수술 잘하지 않겠어요? 그런데 경찰을 우습게 보는 이런 인식을 언론이 국민들한테 각인시키고 증폭시키는 면이 많이 있단 말이죠.

조성식 기자들이 잘 모르거나 알면서도 왜곡하는 겁니다. 말씀대로 지금 온갖 첨단의 고가 장비가 대검찰청과 서울중앙지검에 다 가 있어요. 수사권 조정 얘기가 한창일 때 그 장비들은 어떻게 할 것인지가 쟁점이 되기도 했죠. 어쨌든 그런 면에서 검찰이 예산도 더 많고요, 그런 예산이 투여되는 주요범죄 수사는 지금까지 수사지휘라는 권한을 가지고서 검찰이 독점해온 면도 있죠. 또 하나 중요한 것이 영장청구권이잖아요. 경찰이 수사 역량을 키워서 열심히 수사한다고 쳐도, 수사를 더 깊고 본격적으로 하기 위해 강제수사에 돌입할 때 압수수색영장과 구속영장이 필요한데 청구권을 독점한 검찰이 틀어버리면 경찰 수사가 더 나아갈 수가 없죠. 울산 고래고기 사건이 대표적이고, 특수부 검사들과 심지어 지금 대통령도 연루돼 있는 윤우진 전 용산세무서장 사건도 그런 의혹을 받습니다. 윤우진 서장의 뇌물·접대 의혹을 수사할 때 압수수색 영장이 번번이 검찰에 막히는 바람에 경찰이 강제수사를 못 했는데, 그사이에 이 사람이 해외로 도피했잖아요. 그러고 1년 만에 인터폴에 잡혀 입국했단 말이죠. 그럼 그 자체로도 중범죄 혐의가 있다고 봐야 하잖아요. 일반인이었다면 어떻게 됐겠습니까? 이번엔 구속영장이 나오겠지 하고 경찰이 신청했는데 검찰에서 또 막혔어요. 이런 걸 보면 너무 어이가 없죠.

최강욱 권한이 집중돼 있고 구석구석 연결된 검찰 카르텔이 있기 때문에 검사들이 뻔뻔해질 수 있는 거예요. 우리가 모든 사실을 만들고 모든 사실을 덮는다는 생각, 내가 아니라면 아닌 거라는 생각이 검사들에게는 기본적으로 있습니다. 잠깐 접대받았네 계산이 틀렸네 하며 세간에서 시끄러워봤자 좀 지나면 사라질 일이라는 생각인 거죠. 아무리 관심이 있는 기자라고 해도 그 기사만 주야장천 쓸 수 없는 거고, 우리가 손 안 대면 취재할 수 없고 기사도 없어질 거라는 자신감 아니겠습니까?

조성식 저는 검찰을 악마로 보지는 않아요. 검사 개인의 문제라기보다는 제도의 문제라고 보고요. 개인적으로 그간 쌓은 검사들과의 친분도 있고 신뢰도 있지만, 이런 권력 집중의 폐해 때문에 수사권 분산에는 찬성하는 겁니다. 견제가 안 되잖아요. 원래 수사는 경찰이 하던 건데 박정희정부 때 검찰이 독점하게 된 거죠. 경찰에 대한 부정적인 이미지가 작용한 건데 오늘날에는 더 큰 부작용이 생겼습니다. 경찰 수사력 부족은 몇십년 전에는 어느정도 일리가 있었는지 모르지만 지금 그렇게 얘기하는 건 경찰에 대한 모욕이고요. 제도적인 차원에서 일본처럼 경찰에 체포영장이나 압수수색영장 청구권을 줘야 한다고 봅니다. 어차피 영장을 내줄지 말지는 법원에서 판단하니까요. 검찰은 직접수사보다는 경찰 수사를 점검해 문제점을 지적하고 보완하는 데 주력해야 한다고 봅니다.

최강욱 수사를 하니까 당연히 영장청구를 할 수 있어야 하는 거잖아요. 검찰은 오히려 그걸 뒤집어서 자기 논리를 만듭니다. 헌법에 영장청구를 검사가 하도록 돼 있기 때문에 영장청구와 연계된 수사를 검사가 하는 건 헌법에 보장된 권리라는 겁니다. 헌법소원에까지 쓰였지만 깨져버린 논리죠. 검찰의 역할은 역사적으로 봐도 공소관으로서 재판에 가서 유죄를 입증하는 것이고, 앞으로 형사소송에서의 권한 배분도 이를 지향해야지 견제와 균형이 되는 것이죠. 지금 그게 이뤄지질 않아서 생기는 폐해가 한두가지가 아니잖아요. 문제가 불거진 검찰 수사 사건들만 여럿이고, 검찰의 이른바 특수수사 기법이라는 게 피의자들을 심리적으로 압박하고, 그 주변 사람을 괴롭히면서 무너뜨리고, 성적인 문제, 돈 문제를 건드리거나 어딜 출입했다느니 하면서 약한 고리를 찾아내는 거잖아요. 이게 긴 시간 면면이 이어져오면서 그 조직을 보위해온 방식인데, 이런 내밀한 문화나 악습이 어떻게 해야 근본적으로 해결된다고 보세요? 언론이 이걸 눈감아버리면 어떻게 해야 하나요.

조성식 언론이 정신 차려야죠.

최강욱 제도적으로는 권한 분산 외에는 답이 없는 거잖아요.

조성식 일단은 제도적으로 수사와 기소 분리를 완성해야 하지 않겠습니까? 그다음에 추상적인 얘기지만 언론도 각성을 해야죠. 일반 국민 중에서 검찰 문제를 아시는 분들은 개혁에 공감하지만 그렇지 않은 경우 어쩔 수 없이 보도된 내용으로만 판단하게 되잖아요. 언론 보도로 보면 검찰이 항상 정권과 맞서고 핍박받는 이미지일 때가 많아요. 그래서 국민들이 정권 수사를 못 하게 하려는 것이라는 프레임에 동조하게 되고요. 그렇기 때문에 지난 문재인정부 검찰개혁 때도 그렇고 여론조사를 하면 우호적이질 않았죠. 지난해(2022) 검찰의 직접수사권을 축소하는 민주당 법안이 국회를 통과할 때 큰 혼란이 빚어지고 형편없이 쪼그라든 데도 언론의 치우친 보도가 상당히 영향을 끼쳤어요. 민주당 내 의원들조차 여론이 불리하다, 역풍이 우려된다고 기피할 정도였으니까요. 그래서 언제 역풍이 불었느냐고 누가 묻더라고요. 그로 인한 역풍인지는 또 어떻게 아느냐고요. 갖다붙이기 나름이니까요. 저는 민주당이 막판에라도 언론에 더 적극적으로 홍보를 했어야 하는 거 아닌가, 좀 아쉽긴 해요. 그냥 무조건 '언론 나쁜 놈들' 해선 답이 안 나오잖아요. 정당이 이루고자 하는 목표가 있을 때 언론 상대로 열심히 설명하고 설득하는 성의를 보이면 조금이라도 낫지 않을까요. 검찰이 언론에 하는 것 절반이라도 하면 달라질 수 있다고 봐요. 언론에도 의식있는 기자들이 있거든요. 물론 한계가 있지만요. 특히 사주가 있는 언론사들은 사주의 가치관이나 이해관계가 중요하긴 하죠.

검언유착을 어떻게 끊어낼 것인가

최강욱 언론도 공생관계에서 얻는 이익과 그 효능에 중독된 마약같은 흥분이 있기 때문에 그걸 끊어낼 수 있을까요? 기자실 문제 얘기도 나왔고, 조국사태 때 법조기자들이 집단적으로 보인 모습을 보면서 관련자들 사이에서 나름 개선한다는 말도 나오고 했던 거 같은데, 과연 바뀔까요?

조성식 노무현정부 말기에 기자실을 폐쇄했다가 원상태로 돌아갔는데, 언론도 기득권이기 때문에 저항이 심하죠. 소위 제도권의 주류 언론들이 이미 선점을 하고 일종의 사다리 걷어차기를 하기도 하고요. 특히 법조 출입기자들이 심해요. 법조기자단에 들어가려면 엄청 노력해야 해요. 재수, 삼수 합니다. 6개월간 보도한 양과 내용을 봐요, 수준이 되나 안 되나. 그리고 내부 투표해서 안 되면 또 안 되는 거예요. 그런 정도입니다. 종편조차 처음에 출입기자단 들어가는 데 엄청 고생했어요. 이런 배타적 기득권을 언론계 용어로 '팩(pack) 저널리즘'이라고 해요. 팩, 꾸러미인 거죠. 우리말로는 '패거리 저널리즘'이라고도 하고요. 다른 기관도 비숫하지만 특히 검찰처럼 힘있고 고급 정보가 있는 기관에 접근하는 데 진입장벽을 치는 거죠. 기자단 소속 기자들은 전부 같은 정보를 받고요. 그러니 비슷한 보도가 나갈 수밖에 없는 거예요. 그렇게 되면 대형 수사를 벌일 때 검찰에 도움이 되는 기사가 나가게 되고, 여기서 검찰 수사 방향과 조금이라도 어긋나는 기사를 쓰는 기자한테는 추가 정보가 안 가게 돼요. 그다음부터는 혼자 튀게 되죠. 기자단 안에서 왕따가 된다고요. 이게 팩 저널리즘입니다. 기자단이 있는 일본 등에서도 문제가 생겼었는데, 이런 폐쇄적인 기자단 방식으로 언론 취재가 이뤄지는 나라는 많지 않다고 하거든요. 선진국에서는 대체로 공개적인 브리핑을 통해 기관의 정보가 공유되고요. 물론 공간의 문제도 있고, 공개 브리핑의 경우 질문을 가려서 받는 건 있을 거예요. 그런데 이렇게 취재처 내부에 상주하면서 교류하고 회식도 같이하는 문화에서는 출입처를 편드는 편파적인 보도가 나오게 됩니다. 그 피해도 결국 국민에게 가는 거고요. 저는 대안을 마련하고 나서 출입기자단 제도는 폐지하는 것이 맞다고 봅니다. 기자단을 폐지하면 견제 기능이 약화된다는 언론의 반대 논리를 충분히 격파할 만한 대안을 제시하면서 개선해야 합니다. 또 하나는, 징벌적 손해배상제를 도입해야 한다고 생각합니다. 몇년 전에 민주당에서 추진하다가 거센 저항에 부딪혔잖아요. 언론사는 물론 언론노조 등 개혁적 언론단체들까지 그렇게 나왔으니까요. 집단 이기주의라고 보는데, 잘못된 보도로 한 사람과 기업에 큰 타격을 주고 인생을 결딴내면 거기에 맞게 배상하게 해야죠. 선진국에도 있는 제도고요. 그래야지 기자들도 좀더 신중하고 객관적으로 검토하고 보도하죠. 물론 언론 자유가 소중하지만, 명백하거나 의도적인 오보에 대해서는 그에 걸맞은 책임을 져야지요.

최강욱 취재 시스템에 대해서도 여쭤봐요. 지금 조기자님은 일종의 독립언론처럼 바깥에서 취재하시는 거잖아요. 법조계 기자실 안에서 조직으로 움직이는 사람들은 법조팀장이라고 하나요? 그 분야 상급자가 법조팀장이고 검찰반장과 법원반장이 있는 겁니까?

조성식 그렇죠. 검찰반장이 서울중앙지검에 있고 법조팀장은 대검에 상주하는 걸로 입니다. 그리고 법원 출입기자가 있는데, 대체로 막내급이에요. 여기서도 검찰 우위가 드러나요. 법원 기사는 일단 양적으로 많지도 않아서 이른바 '에이스'는 검찰 쪽에 배치하는 거죠. 법원에는 기자가 많지도 않아요.

최강욱 법조팀장은 한 차장급쯤 되는 건가요? 내부 직급으로요.

조성식 보통 차장급 돼요.

최강욱 나름 잘나가는 차장이겠네요? 검찰반장도요.

조성식 법조팀장을 하고 나서 보통 사회부장으로 올라가죠.

최강욱 그럼 검찰 출입기자와 경찰 출입기자를 비교하면 어떻습니까? 경찰 쪽에도 '시경 캡'이라고 해서 비교되는 팀이 있잖아요.

조성식 시경 캡은 위상이 더 낮죠. 경찰 안에선 힘이 세지만요. 검찰반장보다 후배죠.

최강욱 검경 간 대립하는 기사가 나오면 불균형을 이루게 되는 데에는 이런 면도 작용하잖아요. 그게 현실이더라고요. 경찰 기자들은 아무리 기사 써봤자 사회부에 모여서 회의를 하면 선배들이 검찰쪽이니까 자기 쪽은 죽는다는 거예요.

조성식 힘의 논리에서 밀릴 수 있겠네요, 검경 간 갈등이 있으면.

최강욱 검찰반장 밑에 대개 두세명 정도 취재기자가 있는 건가요? '1진'이라는 말이 있던데 뭐예요? 검찰반장 밑의 가장 고참 기자가 1진인가요?

조성식 반장까지 포함하는 거죠. 그보다 조금 더 연차가 어린 기자들이 2진. 요새는 정확히 모르겠지만, 보통 대형 언론사의 검찰 취재팀이 대여섯명이고, 법원이 한두명, 그런 비율로 알고 있습니다.

최강욱 이런 해프닝이 있었잖아요. 추미애 장관이 장관 취임하고 법무부 정책 방침을 발표했는데 보도가 안 되고 검찰이 반박하는 기사만 나오니까 오죽하면 서울고검에다가 법무부 기자실을 새로 만들지 않았습니까. 기자들이 법무부는 과천에 있어서 안 간다고 하는 바람에요. 이게 어찌 보면 실제로 살아 움직이는 권력의 촉수가 어디에 있는가를 상징적으로 보여주는 장면인데, 외부에는 마치 막강한 권한을 가진 청와대와 법무부가 검찰을 압박해서 수사를 못 하게 한다는 모양새로 보도되고 비치는 거죠.

조성식 이 얘길 하나 붙여야겠네요. 검언유착을 해소하기 위해서도 검찰개혁이 필요합니다. 검찰의 수사권이 영장 청구할 때 확인하거나 공소유지에 필요한 정도로 보완적인 기능만을 갖게 되면 그 힘이 지금하고는 완전히 달라지죠. 그렇게 되면 자연스럽게 검찰과 언론의 관계도 재정립될 수 있습니다. 검찰의 힘이 그만큼 막강하기 때문에 검찰과 언론이 유착을 하고 지금과 같은 관계를 형성해온 거잖아요. 서울중앙지검장이 중앙일보나 조선일보 같은 주요 언론사 사주들을 만나고 하는 정도의 관계란 말이죠. 수사와 기소가 분리되고 주요 중대범죄 수사는 별도 기관으로 옮겨가면 언론이 그렇게까지 검찰에 유착할 필요가 없는 거예요. 저는 그게 자연스럽고 바람직한 해결 방안으로 보입니다.

최강욱 최근의 채널A 사건으로 마무리할까 합니다. 이 사건 어떻게 보셨나요? 기자가 부산에 있는 검찰총장의 최측근 검사를 찾아가서 뭐를 하나 만들어보려고 한 거잖아요? 그건 기존의 취재 관행에서는 충분히 일어날 수 있는 일이라고 보셨나요? 아니면 아주 특이한 행동인 건가요?

조성식 제가 회사에서 나온 뒤의 일이지만 저도 알아봤죠. 거기 후배 기자들도 있고 하니까 책 쓰는 과정에서도 알아봤고요. 일반적으로는 그 정도는 취재 관행으로 보는 시각이 많았어요. 다만 그 기자가 조금 지나쳤다는 정도의 인식이에요, 내부에서는. 당사자가 부인하기도 해서 진실은 모르겠는데, 어쨌든 동아일보 미디어그룹 차원에서 진상조사를 벌였잖아요. 진상조서보고서에 반성문도 썼던데, 거기 보면 잘못된 취재관행이었다고 인정을 해요. 그리고 그 과정에 관여했던 데스크와 법조팀장이 다 징계를 먹었고요. 잘못했다는 건 인정한 거죠. 물론 법적인 판단은 별개죠. 해당 기자에 대해 법정에서 무죄가 나왔잖아요. 그와 별개로 언론윤리와 취재 윤리 차원에서는 비판을 받을 점이 있었지요. 그게 그동안의 관행이었더라도 사회적으로 지탄받으니까 언론사 내부에서도 이건 잘못된 것이라고 인정하고 개선하겠다고 한 거죠.

최강욱 그 지점에도 괴리가 있는 것 같아서 여쭤봤어요. 일반 시민이나 저희가 받았던 충격은 컸거든요. 기자가 검사와 이렇게까지 하는구나 하고 놀랐어요.

조성식 아까 사례를 들었지만 서로 신뢰가 있는 검사와 기자는 따로 밖에서 만나서 주고받는단 말이에요. 조직의 힘을 빌리지 않고 기자가 개인으로서 정보를 습득하고 확인하려면 그런 접촉이 필요할 때도 있단 말이죠. 다만 그것이 공정한 보도로 이어지고 또는 기자가 볼 때 이건 아니다 싶으면 기사화하지 않는 것, 그런 것만 잘 지켜지면 그다지 문제될 건 아니라고 봐요. 채널A 사례에서는 너무 나간 면이 있고 말씀대로 일반 국민의 잣대로 봤을 때는 유착의 정도가 심해 보일 수 있겠죠.

최강욱 검사가 이 사건 저 사건에 대해서 언급을 해주고, 기자는 자기가 확인해보니 이런저런 게 있다고 답하니까 검사가 다시 그러니까 해봐, 하다가 한건 걸리면 되지, 이런 식으로 말했지 않습니까.

조성식 기자는 또 자기가 취재한 걸 알려주면서 주고받고 하는 거죠. 그러면 검사도 도움이 되니까 다른 걸 또 주고, 이런 것도 있는데 좀 알아봐라, 우리가 직접 알아보기 뭐하니까, 기자들은 접근할 수 있잖아, 이런단 말이죠. 기자들은 단독 사건이니까 성과가 되고 검사에게 공치사하듯이 생색낼 수 있으니까 재미가 있죠. 나쁘게 말하면 거래, 좋게 얘기하면 공조하는 그런 관계를 지속하게끔 하는 구조가 있습니다.

최강욱 긴 시간 말씀을 나눴는데 저는 흥미진진하게 대화를 나눴습니다만 독자들께선 어떻게 읽으셨는지 모르겠습니다. 진솔한 얘기를 가감 없이 말씀해주신 조기자님께 감사드립니다.

조성식 고맙습니다.

권력기관 개혁은
계속되어야 한다

최강욱 × 이광철

이광철 李光哲

변호사. 민주사회를 위한 변호사모임(민변) 소속으로 인권변호와 각종 사회활동에 참여했다. 민변 사무차장을 역임한 후 문재인정부 청와대 민정수석비서관실 선임행정관과 민정비서관으로 일하며 검경 수사권 조정을 포함한 권력기관 개혁 업무를 담당했다.

* 이 대담은 2023년 10월 27일
창비서교빌딩 촬영장에서 이뤄졌습니다.

최강욱 안녕하십니까. 검찰의 민낯과 화장술을 파헤치는 이야기, 오늘은 문재인정부 대통령비서실 민정비서관을 지내신 이광철 변호사님 모셨습니다. 나와주셔서 고맙습니다.

이광철 안녕하세요.

최강욱 '민주사회를 위한 변호사모임' 활동을 하시다가 공무원이 되셨지요? 민변 사무처에서도 핵심적인 역할을 하셨고요. 민변이 항상 중시하는 과제가 사법개혁이잖아요. 민변 변호사로서 직접 실무 활동을 하면서 검찰이나 법원의 여러 행태를 바라보고 느끼신 바가 있을 테고 그걸 바탕으로 나중에 공직생활을 하시게 됐는데, 그때 얘기부터 해주시겠어요? 민변 변호사로서 본 검찰의 문제.

검찰 공안 사건에 대한 기억

이광철 제가 변호사가 된 것은 2007년이었습니다. 바로 민변에 가입을 했고요. 그리고 나서 2007년 대통령선거에서 이명박 후보가 당선이 됐죠. 저는 이명박정부가 들어서고 그전 10년 동안 민주당이 집권했을 때의 기조를 뒤집으려는 경향이 강해지면서 크게 늘어난 국가보안법 사건 변론을 중심으로 활동을 했어요. 그러면서 조금씩 활동 반경이 넓어지게 되었습니다. 이명박정부의 전횡이 갈수록 노골화되고, 2009년 노무현 대통령께서 서거하시는 일도 있었고요. 또 2012년에 치러진 대통령선거에서는 국가정보원 댓글 여론조작 사건이 있었죠. 2012년 12월 국정원 여성 직원이 활동했던 역삼동 오피스텔에 민주당 의원들이 가서 대치하는 상황도 있었고요. 그 사건 변호를 맡으면서 활동 반경이 좀 넓어졌죠. 개별적인 국가보안법 사건들을 통해서 검찰이나 법원의 실상을 접하면서 저로서도 검찰의 정치적 편향성이나 문제가 되는 행태에 대한 고민이 많이 생겼습니다. 그래서 민변에서 특히 사법개혁과 검찰개혁에 관한 활동들을 많이 했죠.

최강욱 검찰 조직 안에서 이른바 '잘나가는 분야'가 인지수사를 하는 부서고, 거기서 특수부냐 공안부냐로 나뉘잖아요. 정치검사들 사이에서 내부 각축전이 벌어지는 것도 그 특수와 공안 사이에서고요. 변호사님은 공안사건에서 특히 여러 사례를 접하셨는데, 검찰의 공안수사는 어떤가요? 특수부 수사의 경우 사실관계를 바탕으로 범죄를 찾아내는 것이 아니라 목표를 정해놓고 혹은 사람을 정해놓고 거기에 맞춰가는 투망식 수사라는 비판을 많이 듣곤 하는데, 공안부 사건의 경우 조작 의혹이 많은 것 같아요. 간첩사건의 경우에도 그렇고 예전 노동사건이나 학원사건의 경우도 그렇고요. 변호사로서 바라본 검찰 수사의 조작 실태는 어떤가요?

이광철 제가 민변에서 국가보안법 연구모임 활동도 했고, 연례적으로 국가보안법 사건 평가 보고서도 작성했어요. 사례를 통해 말씀드리는 게 쉬울 것 같습니다. 유우성 씨가 피해를 입은 서울시 공무원 간첩조작 사건은 너무 잘 알려져 있죠. 수사기관이 증거를 조작했다가 적발된 경우입니다. 1심에서 수사기관이 유우성 피고인의 동생인 유가려 씨의 진술을 고문과 협박을 통해 조작하려던 것이 들통났고, 항소심에서는 중국 출입국사무소의 문서를 허위로 조작하려다가 발각됐습니다. 그런 사례가 너무나 많이 알려져 있는데, 제가 담당했던 사건 중에 '이경애 씨 사건'도 있습니다. 언론에 성함까지 나와 있으니까 저도 인용을 하겠습니다. 제가 2011년에 담당했던 사건인데, 지금도 '김일성대 준박사'와 이분 성함을 같이 넣고 검색하면 언론 기사가 검색됩니다. 이분은 제가 볼 때는 생계형 탈북을 한 분 같아요. 2011년에 이분의 지인이 민주화실천가족운동협의회(민가협)에 연락을 취하셨고, 당시 제가 민변에서 대외협력 담당도 하고 있었기 때문에 민가협에서 제 쪽으로 연락을 주셔서 사건을 맡게 됐는데요. 두만강과

압록강 지역에서 탈북이 발생하면 대개 탈북자는 중국 동북삼성에서 전전하다가 일부는 선양을 거쳐 베이징이나 톈진 쪽으로 이동하는데, 이경애 씨가 중국에서 이 지인 분하고 같이 한국에 들어오다가 국정원에 적발된 거죠. 당시 국정원에서 송치해 중앙지검에서 수사를 받고 있었는데 중앙지검에서 이 지인 분을 참고인으로 소환한 겁니다. 국내 들어오자마자 동행인이 간첩이라니까 남자 분은 굉장히 충격을 받으셨고 떨리는 마음으로 중앙지검에 출석하고 대질신문도 했다고 해요. 그때 이경애 씨가 정말 아니라고 눈물을 흘리면서 말하니까 이분도 뭔가 잘못됐을 수 있겠다 싶었던 거죠. 그래서 장경욱 변호사와 같이 서울구치소로 이경애 씨 접견을 갔습니다. 이경애 씨는 당시 김일성대학 준박사(석사) 출신 간첩으로 발표됐고, 지인 분도 준박사로 알고 있었어요. 그래서 제가 이경애 씨에게 전공이 뭐냐고 물었더니 정치경제학이라는 거예요. 제가 정치경제학을 잘 알지는 못하지만 그래도 상식적인 수준에서 몇가지 질문을 던졌죠. 정치경제학이 뭘 공부하는 거냐고 물으니 정치와 경제를 공부하는 거라는 식으로 답하시더라고요. 몇마디를 나눠봤을 때 김일성대 준박사라고 보기는 어려운 점이 많았어요. 결국 이경애 씨는 기소가 되었고 나중에 징역이 확정돼서 만기출소를 했는데, 변론 준비하는 과정에서 본인에게 정신분열증이 있다는 얘기를 들었고 1심 때 주장을 했는데 안 받아들여지고 징역형을 받았어요. 항소심 가서도 저희가 그 주장을 했죠.

최강욱 일종의 자신을 과장하는 허언증이 있었던 거군요.

이광철 그 과정에서도 이경애 씨가 국정원장에게 편지를 보내서 변호인 해임하겠다, 전향하겠다, 전향했으니 따뜻하게 안아달라고 하기도 했고, 한편으로는 고문당했다고 말하기도 했습니다. 결국 항소심 재판부가 변호인의 정신감정 신청을 받아들여 이경애 씨를 공주치료감호소로 이감하게 됐습니다. 제가 공주치료감호소에서도 접견을 했는데 나오면서 여러 생각이 들더라고요. 이분이 저를 보더니 자기는 정신감정 절차를 받기 위해 여기 왔는데 같이 감호받는 사람들이 자기 지나갈 때마다 '빨갱이다, 빨갱이다' 그런다는 거예요. 그래서 너무 힘들다고요.

최강욱 공소사실은 뭐였어요?

이광철 잠입·탈출이요.

최강욱 무슨 임무를 띠고 왔어야지 잠입·탈출이 되는데 무슨 임무를 받은 걸로 됐나요?

이광철 통화 위조 같은 건이 있었던 것 같아요. 그러니까 징역 4년이 선고되었죠. 그런데 이분과 조금만 상식선에서 대화를 해보면 정말 생계형 탈북자였음을 알 수 있습니다.

제가 2007년부터 국가보안법 관련 변론 활동을 하면서 군사정권 때처럼 국내 인사들을 대상으로 아예 없는 사실로 만들어낸 공소사실을 접하진 못했어요. 영화 「변호인」의 부림사건처럼 아예 없는 사실을 만들어내는 경우는 없었거든요. 그러나 지금까지도 적어도 탈북자들을 대상으로 한 사건들은 조작이라고 평가해도 무리가 없을 정도입니다.

최강욱 거칠게 말하면 공안 당국이 실적 올리기 위해서 힘없고 돈 없는 사람들을 간첩으로 만드는 거잖아요.

이광철 우리 공안 당국이 그걸 조작이라고 생각하는지는 모르겠어요. 국정원 직원들이 법정에 증언할 때면 조작은 아니라고 하는

최강욱 X 이광철

데, 사실 검증이 불가능한 영역이지 않습니까? 또 검찰이나 경찰도 북한과 관련해서는 책임질 수 없는 말을 너무 많이 한다고 느꼈습니다. 예를 들면 남과 북이 개성공단을 조성했을 때 김정일 국방위원장이 군부의 반대를 무릅쓰고 장사정포를 10킬로미터 후방으로 뺐다든가, 노무현 대통령이 방북하면서 해주 일대를 개발하기로 합의했다든가 하는 건, 우리가 북한을 관념적으로 반국가단체라고 생각할 수야 있겠지만 현실적으로 보면 대화와 교류의 확대에 따라서는 북한이 얼마든지 그 대상이 될 수 있고, 그런 국면이 객관적으로 조성되기도 했음은 인정할 수 있는 거잖아요. 그런데 수사기관들은 무턱대고 저건 쇼다, 위장이다, 통일전선전술이다, 북에 유화적인 남쪽 세력에 보내는 메시지다, 암약하는 간첩들이 너무나 많다는 말을 한단 말이죠. 이런 것들은 그나마 봐줄 수 있습니다. 문제는 검찰이 공소사실을 적시할 때도 허술하고 선입견이 들어간 주장을 한다는 거예요. 예를 들어 어떤 국가보안법 사건에서 피고인이 북한하고 통신을 했다고 하는데, 어떻게 알았냐는 질문에 대한 답이 피의자가 접속한 아이피가 어디어디인데 가봤더니 정체불명의 확인할 수 없는 곳이었다, 북한이 관리하는 곳으로 추정된다는 식인 거예요. 농협 전산망 해킹 사건 경우도 그랬지 않습니까. 외국의 확인이 안 된 시설을 북한이 운영하는 것이라고 단정해버리는 식으로 마구 던지고요.

최강욱 북한을 악마화하기도 하고, 어떤 때는 엄청나게 전지전능한 존재로 만들기도 해요. 못하는 것도 없고 들키지도 않고요.

이광철 그럴 때마다 저는 왜 우리가 아직 적화가 되지 않고 있는지 신기할 정도예요. 공안사건에서는 그동안 형사증거법상 엄격한 증명을 요하는 공소사실들이 너무나 허술하게 입증이 되어왔다고 평가합니다.

최강욱 그건 법원의 문제기도 하잖아요. 1970~80년대에는 피의자들이 폭력적인 수사기관에서 고생하다가 검사한테 가면 내 얘길 들어주겠지 기대하기도 했는데, 이제는 검찰이 오히려 조작된 증거를 버젓이 제출하기도 하는 지경이 된 거죠. 그게 유우성 씨 간첩조작 사건이잖아요. 그런데 법원은 그야말로 특정인의 경도된 사고나 오도되어서 성립된 관점이 법률적인 판단에 영향을 미치지 않게, 정말로 엄격하게 증명되었는지를 봐야 하잖아요. 엄격한 증명이라는 건 법관으로 하여금 합리적 의심이 들지 않게 하는 건데, 공안사건의 경우엔 잘되고 있지 않더라는 말씀이시죠?

이광철 물론 법관도 사람이니까 현실로부터 완전히 유리될 수는 없겠고, 현실 상황에 어느정도 영향을 받는 건 우리가 충분히 공감할 수 있지만, 그럼에도 형사소송법상 증거법에 엄격한 원칙을 세워두고 '의심스러울 땐 피고인의 이익으로'라는 법언(法諺)을 마련해둔 것은 유죄 의심이 들더라도 이 사람을 형사처벌 할 정도의 합리적 의심이 제거된 증거가 있느냐를 엄격히 보라는 거잖아요. 그게 과거 형사소송법 체계가 규문주의(糾問主義)에서 탄핵주의(彈劾主義)로 옮겨간 가장 결정적인 이유이기도 하고요. 오늘 주제에서 벗어난 얘기일 수 있겠지만, 우리 법관들이 북한에 대한 자신의 혐오 감정에 기대서 너무 쉽게 그런 원칙들에 대한 예외를 넓게 허용하는 사례를 국가보안법 영역에서는 특히 많이 봤습니다.

최강욱 수사와 재판에서 공통된 문제일 수 있겠어요. 이런 사건에서 수사기관이 쓰는 수법이라는 게 언론과 연결돼서 대외적으로 홍보해버리는 거잖아요. 예전 같으면 간첩 조직도를 그려놓고 증거물 깔아놓고 난수표와 라디오 꺼내서 시각적으로 사람들의 눈길을 끌고 분위기를 장악하는 거죠. 이렇게 법정으로 가면 재판부 입장에서도 영향을 받는 거예요. 법의 원칙으로 보았을 때 피의자가 열악한 상황에서 겪어야 할 인권침해나 문제점은 없었는가 하는 관점은 자연스럽게 배제되어버리고 이미 만들어진 프레임에서 사회적으로 충격을 줬던 사건의 방향을 자신이 주제넘게 나서서 바꾼다는 것이 개인에게 부담이 되어버리는 거잖아요. 공안사건도 그렇지만 특수사건이라고 시끄럽게 키웠던 사건들도 그렇게 재판장이 끌려가는 경우가 있잖습니까. 그런 걸 알고 있기 때문에 검찰이 더 그러기도 하고요.

이광철 특히 검사의 경우 법률가로서 피의자의 인권보호보다는 실체적 진실 발견에 치중하는 경우를 많이 봅니다. 공안검사의 경우 국정원의 대공·대북 인식에 일체화된 모습도 법정에서 많이 보았고요. 사고방식이 동조화되어버리는 것이죠. 지금 공직기강 비서관으로 있는 이시원 검사의 경우에도 촉망받는 법률가였는데 유우성 씨의 유죄를 입증하기 위해 국정원 직원에게 속은 유가려 씨의 증언을 악용하잖아요. 국정원에서 그렇게 남매를 떨어뜨려놓고…… 저는 그 생각을 하면 너무 마음이 아파요. 누군가가 지켜보는 영상 카메라 앞에 앉아서 오빠 얼굴도 못 본 채, 자기가 말하는 게 오빠에게 어떤 영향을 끼칠지도 모르고 그저 오빠를 위해 하는 말이라는 국정원 직원의 말에 속아서 카메라를 보면서 말했을 유가려 씨 생각하면요. 우리 헌법이 천명하는 인간의 존엄성을 정면으로, 무참하게 훼손하는 일이잖아요. 천륜을 악용해서요. 그랬는데도 유죄를 못 받으니까 이검사는 국정원과 합작해서 무리한 일을 벌이고요. 공안검사들을 법정에서 만나면 국정원과 이념적으로는 물론이고 정서적으로도 일체화가 되었구나 하는 느낌을 많이 받습니다.

수사와 기소의 분리는 왜 필요한가

최강욱 법률가가 검사가 되고 검찰을 준사법기관이라고 부르는 것이 헌법적 관점에서 타당하려면 검사에게 객관적 관점을 가질 의무가 전제되어야 하잖아요. 수사를 하는 사람은 누구나 권한을 남용해서 목표를 달성하고자 하는 유혹에 빠지기가 쉽기 때문에, 검사가 그것을 제약하라는 거죠. 헌법적인 관점에서 인간의 존엄

성과 적법절차의 측면에서 제대로 된 수사가 진행될 수 있도록 감시·감독하고 수사기관이 오염되지 않은 증거를 수집하게 하는 것, 이것이 검사 제도의 목적이란 말이죠. 객관적 관점에 서서 수사를 통해서 드러나지 않은 것은 증거가 없는 걸로 판단해서 피의자나 피고인에게 유리하게 적용해야 하는 의무가 검사에게 있다고 교과서에 나오잖아요. 그런데 오히려 그 검사가 허위 증거를 활용하는 상황이 되어버렸어요.

이광철 그렇기 때문에 제도가 정말 중요합니다. 더 잘살고 남들보다 권세도 누리고 싶은 욕망은 누구에게나 있잖습니까? 사람의 욕망을 물에 비유하면, 물길을 그냥 두면 아무데나 흘러가지만 잡아주면 올바로 흘러가는 것처럼 욕망도 타인이나 세상과 공존할 수 있도록 해야 하는데, 저는 이런 역할을 하는 게 제도라고 생각합니다. 제가 민정수석실에 가서 수사권 조정 등 정책 관련 일을 하면서 이론적인 공부도 많이 하게 되고 이런 생각을 여러차례 했습니다. 특히 정보를 수집하는 사람들의 욕망이 수사과정에 여과 없이 들어오게 되고, 수사를 하는 사람들의 욕망이 기소 절차에 여과 없이 관철되는 문제에 대해서 많이 생각했습니다. 물론 동시에 국정원 요원들의 애국심도 접하게 됐고, 검사들과도 법정에서보다 더 내밀한 대화를 나눴는데 그들도 공적인 소명을 크게 갖고 있더군요. 그런데 문제는 그 소명의식에 칸막이가 제대로 안 쳐져 있고 물길이 안 잡혀 있으니까 정보를 수집할 때의 공적 의식이 수사할 때도 연결되는 거예요. 유우성 씨 사건 당시 처벌받은 국정원 요원들이 있는데 그중 한분이 여관에서 극단적 선택을 기도하는 가슴 아픈 일도 있었어요. 그들의 머릿속에서 유우성은 간첩인 거예요. 유우성을 어떻게든 한국 사법 절차에 따라서 기소하고 실형을 받게 하는 것이 본인의 소명이라는 생각이 정보수집 과정에서 머릿속에 들어와버린 거죠. 그러나 사법적인 절차, 형사소송법의 절차에 의해서 걸러지고 법관이 수긍할 정도의 증거가 뒷받침되지 못하니까 그런 무리한 일들을 하게 되었던 겁니다. 그래서 문재인정부는 국정원 개혁을 통해 정보와 수사의 분리를 관철하려고 했습니다. 2024년 1월 1일부터 국정원의 대공수사권이 경찰로 통합 이관되고, 국정원은 대공수사 정보만을 수집하게 됐습니다. 형소법이 적용되는 수사 단계에서는 경찰로 다 이관되도록요. 저는 중요한 성과라고 생각합니다.

최강욱 인류가 야만에서 문명사회로 발전하는 과정이 결국은 본능적인 욕망의 발현에서 오는 문제점, 그리고 인간의 불완전성에서 비롯되는 어쩔 수 없는 잘못 같은 것들을 막기 위해 제도적으로 정비된 둑을 만들어서 그 물길이 올바르게 흘러가게 하는 것이었잖아요. 그게 법치주의를 표방하는 현대 민주국가의 헌법에 녹아 있고, 국민들은 거기에 기대서 국가를 신뢰하고 국민의 다른 의무를 행할 수 있는 것인데요. 지금 말씀하신 여러 현상들은 헌법적인 관점에서 애초에 설계됐던 방향대로 통제되거나 제도가 작동하지 않다보니까 생기는 문제점이고, 그로 인한 피해는 국민들이 안게 되는 현실이 있었죠. 그걸 바로잡는 것이 촛불시민들의 바람이었고요.

여담이지만 제가 공안사건을 접한 건 1990년대 말경 잠깐의 경험이 전부인데, 한편으로 놀라면서 한편으론 유치하다고 생각했던 일이 있어요. 공안수사 기관인 국군기무사나 국정원에서 수사후 송치하는 서류를 보면 글자 크기가 엄청 컸어요. 보통 아무리커도 13~14포인트인데 이곳들은 20~22포인트를 쓰는 거예요. 가뜩이나 기록 양이 엄청나게 많은데 도대체 왜 이렇게 하느냐했더니 페이지 수가 수사관들의 실적이 돼서 그에 따라 수당이지급된다고 하더라고요. 그 내용도 엄청 반복적이죠. 사람의 일생을 전부 털어서 얘기를 만들어내고요.

이광철 파견 문제도 있습니다. 과거에는 법관도 청와대에 파견을보냈잖아요. 학자 출신 모 전직 대법관도 청와대 파견 경력이 있다고 알려져 있습니다. 지금은 법원에서 선거관리위원회를 빼놓고는 외부 행정기관에 판사들을 파견하지 않잖아요. 선관위는 비상근 겸임인데다 법적인 근거도 따로 있고요. 검찰청은 행정부의일원이기 때문에 법원과는 다른 점을 감안하더라도, 검찰이 스스로 준사법기관으로 자부한다면 검사들을 국정원 같은 수사기관에 파견하는 것은 안 된다고 생각합니다.

최강욱 수사·기소 시스템하고도 안 맞는 거죠.

이광철 기소기관으로서 수사기관과 정서적으로 유착되는 것은 스스로가 마다해야 할 일인데 말이죠. 인간의 욕망을 제어하지 못한 제도 설계의 문제였다고 생각합니다. 뭐 멋있잖습니까. 검사들이 국정원에 가서 법률특보니 파견검사니 해서 국정원장과 직접 일하고 국정원의 많은 특활비 사용하고요. 문재인정부 때 국정원 특활비가 획기적으로 투명하게 운영되기 전까지는 특활비가 그야말로 쌈짓돈이었단 말이죠. 검사들이 그런 돈으로 폼 나게 어디 가서 원장이랑 밥 먹고 하면서 유착이 되고 욕망을 극대화해온 겁니다. 그러다보면 이제는 본연의 통제 역할보다는 오히려 여기서 애국하시는 분들을 어떻게 하면 기소단계에서 뒷받침해줄까 하는 생각만 남는 거죠.

그리고 국정원 문서는 보통 통일전선전술부터 시작해요. 북한은 맑스레닌주의에 입각해서… 북한 노동당 규약에 의하면… 한반도 전체의 적화통일을 위하여… 통일전선전술을 위해서… 서로 동조된 이념을 갖지 않더라도 진보적인 생각을 갖고 있는 사람들을 규합해서…… 이 논리부터 시작하거든요. 그러니까 고무·찬양 혐의가 논리적으로 모순 없이 이 사람들에게 이해가 되는 거죠. 국정원 댓글 여론조작 사건과 관련해 국정원 직원 김하영 씨를 제가 법정에서 8시간 동안 증인신문 했었어요. 강기정·이종걸·문병호·김현 의원 등이 감금죄로 기소됐을 때요. 검찰이 약식기소를 했길래 정식재판을 청구해서 무죄판결을 확정받았죠. 그때 신문하면서 궁금했습니다. 상식적으로 보면 김하영 씨는 고려대를 졸업하고 어려운 공무원 시험을 통과해 국정원 7급 공채로 들어간 사람인데, 이런 사람이 어떻게 '안철수 원숭이'같이 낮 뜨

최강욱 X 이광철

겁고 유치한 댓글을 달게 됐을까? 물론 이분이 직접 댓글을 달았다고 단정할 수 없지만 이분의 컴퓨터에서 발견된 말들이에요. 제 머리로는 이해가 안 가더라고요. 그런 활동을 하면서 마음속에 모순은 없었을까? 이런 점이 궁금해서 긴 시간 증인신문을 하면서 유심히 살폈습니다. 아마 철저히 교육받고 나와서 그랬겠지만 정말 한점 흔들림 없이 경찰과 검찰에 진술했던 것과 토씨 하나 틀리지 않게 암기해서 얘기하더라고요. 법정에서 어떻게 물어도 답변이 그 범주를 벗어나지 않고요. 제가 내린 결론은 이 기관에서 직원들에게 통일전선전술을 아주 주입식으로 교육시키는 것 같다는 것입니다. 통일전선전술 대응 논리에 의하면 북한을 욕하지 않는 사람은 전부 적이거든요. 통합진보당 해산청구 사건 때 안창호 재판관이 별개의견으로 쓴 '쓸모있는 바보들' 같은 말이 그런 인식을 드러내잖아요. 적어도 대한민국에서 북한과의 화해와 협력을 추구하는 정치집단은 통일전선전술에 화답하는 이들이라는 생각이 확고한 겁니다. 그렇게 생각하게 되면 적어도 국민의힘 계열의 정당과 태극기 부대를 제외하고는 전부 다 국정원의 심리전 대상이 되는 거죠. 그러니까 직원들의 마음속에 모순이 없게 되는 거죠. 만약 그런 생각을 가질 수 있다고 쳐도 그들은 대한민국 헌법에 충성하는 공무원이고, 우리 헌법이 평화적 통일 책무를 대한민국과 대통령에게 부여하고 있으며, 그 평화적 통일 조항과 영토 조항에 대해 헌법재판소와 대법원이 북한의 이중적 지위를 얘기했단 말이죠. 북한은 안보에 위해가 되는 반국가단체임과 동시에 평화통일의 대화·협력 대상이라고요. 국가보안법과 남북교류협력법은 그래서 공존할 수 있는 것입니다. 그렇다면 국정원도 북한을 이중적으로 바라볼 수 있는 시각을 길러야 하는 것 아니겠습니까? 그러지 않고 국정원 직원들 머릿속에는 오직 북한을 반국가단체로 보는 시각만 자리 잡고 있는 거예요. 북한의 반인권적인 체제를 규탄하지 않으면 전부 대한민국 안보의 위협이 된다는 식의 사고가 국정원 안에 팽배해 있다는 거죠. 그렇다보니까 민주당 정부가 집권하면 국정원 기능을 이용해서 남북 간 소통이 이뤄지고, 정권이 바뀌면 그게 보복의 대상이 되는 일이 반복돼왔습니다. 제가 민정비서관으로 일하면서 그걸 고쳐보려고 국정원 구성원들에게 얘기도 많이 했어요. 공감은 얻었는데 제도 변화로 이어지진 못했습니다. 딱히 제도로 고치기도 어렵더라고요. 핵심은 이런 국정원의 논리와 우리 사회의 반북 정서가 결국은 기득권의 논리와 닿아 있고, '빨갱이' 프레임의 저변에 깔린 정서이며, 무엇보다 명백히 헌법에 반하는 생각이라는 점입니다.

최강욱 너무나 퇴행적인 사고잖아요. 우리 정보기관은 어떤 시각에서 나라를 지키기 위해서 존재하는가 하는 인식이 애초에 부족했던 것 같아요. 태생적으로 정권의 보위를 위해 만들어졌잖아요. 중앙정보부도 그렇고, 보안사를 거친 기무사도 그렇고요. 제가 기무사 개혁위원으로 활동하다가 청와대에 들어갔는데, 그때 기무사 대령급 실무 중간 간부들 몇명이 저를 찾아와서 고민을 토로한 적이 있어요. 지금 생각해보면 민간인을 사찰하고 감시하고 댓글 다는 게 맞다고 생각하고 일해온 세월이 너무나 잘못됐고 한스럽다는 거예요. 그런데 본인들은 장교로 임관하고 기무학교에서 교육받으면서 계속 절대적인 충성을 요구받았고 그것이 가장 중요한 본분이자 신념이라고 알고 살아왔다는 거죠. 그래서 민간인 사찰하고 정치 개입 행위를 한 당시에도 그게 대통령한테 보고하는 내용이고 대통령으로부터 하달된 지시라고 알고 있었기 때문에 이행하는 것이 곧 나라에 대한 충성이라고 생각하고 열심히 일했다는 겁니다. 그 사람들에게는 굉장히 진실된 마음인 거예요. 그런데 이제 바뀌어야 한다면 우리는 무엇을 신념으로 삼고 어디에 충성하며 살아야 합니까 묻더라고요. 제가 전에 법무관으로 군에 있을 때도 비슷한 얘길 많이 들었는데, 군인의 충성은 직속상관에 대한 충성이라고들 얘기해요. 그것이 올라가고 올라가면 나라에 대한 충성이 되는 것이라고요. 미군의 경우에 주요 장성들은 다 청문회를 거치잖아요. 트럼프가 임명한 합참의장의 청문회를 할 때 '트럼프가 부당한 지시를 할 때 어떻게 할 거냐'는 질문이 있었어요. 그때 그 합참의장이 군의 임무는 대통령을 보위하는 게 아니라 미국 헌법이 표방하는 민주적 기본질서를 지키는 것이라고 얘기하면서 딱 끊어내거든요. 당시 법무부장관도 마찬가지였고요. 그런데 우리 군은 그렇게 접근하지 않고 충성을 바쳐야 할 대상이 누구고 그 사람이 표방하는 가치가 뭐고 하면서 시작된 조직이다보니까 지금 말씀하신 모순과 악순환이 해소되지 않는 게 아닌가 하는 안타까움이 있습니다. 그때 그 간부들한테 이런 얘길 했어요. 국군의 사명이 헌법의 앞쪽 총강에 나오는 이유는 헌법 질서를 수호하는 것이 군의 사명이기 때문이다, 그런 면에서 앞으로 이런 훨씬 더 막중한 방향에서 당신들의 할 일이 정립될 필요가 있다, 이런 얘기하니까 너무 놀란 표정으로 들으면서 사관학교에 들어간 이후로 그때까지 몇십년 군생활 하는 동안 처음 들어보는 얘기라는 거예요. 군대가 그걸 지켜야 된다는 얘긴 처음 들어본다는 거죠. 너무 슬픈 일이에요.

아무튼 다음 주제로 넘어가겠습니다. 민정수석비서관실 선임행정관으로 청와대 생활을 시작하셨어요. 앞서도 얘기를 좀 해주셨지만, 청와대에 들어가서 권력기관을 담당하시면서 제도적으로 잘 완성시켜보고자 했던 개혁의 핵심은 뭐였나요?

문재인정부 권력기관 개혁의 과정

이광철 질문 취지와는 좀 어긋날 수 있는데, 저는 제가 뭘 적극적으로 주도하고자 했던 건 아닙니다. 국민이 있고 대통령이 선거에 나가서 국민들께 약속한 바가 있고, 그동안 부당한 전횡들로 인해서 국민들이 겪은 고통이 있고, 그것을 집약한 공약, 또 대통령 취임 이후 국정기획자문위원회가 내놓은 국정과제도 있었고요. 그런 것들을 바탕으로 대통령, 민정수석, 민정비서관 같은 분들을 도와서 맡겨진 일을 한다는 생각을 했습니다. 물론 제 개인적인 생각도 있었지만 가급적 내려놓으려고 했어요.

최강욱 민정비서관실에서 처음에 부여받은 담당업무는 뭐였어요?

이광철 문재인정부가 인수위 없이 시작했다보니까 직무를 개시하면서 민정비서관실의 소임과 역할을 동시에 익혀가야 하는 상황이었어요. 가자마자 국방부의 사드 관련 허위, 누락 보고 문제가 있었습니다. 대통령께서 그 부분을 조사하라고 하셔서 많지 않은 민정수석실 전체 인원이 거기에 매진했었어요. 그밖에도 문제가 터지면 거기 달라붙어 처리하면서 차차 진용을 갖춰가는 단계를 거쳐야 했습니다.

최강욱 현안이 너무 많았죠. 캐비닛 정리하는데 갑자기 서랍 뒤에서 문건이 튀어나오기도 했고요.

이광철 처음 청와대에 들어간 과정을 떠올려보면, 조국 민정수석께서 선거 직후에 전화하셔서 같이 일해보자는 제안을 주셨어요. 제가 민변 활동 과정에서 소셜미디어 등에 써온 글을 유심히 보셨다고 하더라고요. 함께 검찰개혁, 권력기관 개혁을 해보자고 말씀하셨죠. 그리고 그다음 해에 있을 지방선거 때까지가 활동 시한일 것이다, 나도 그것만 마치면 학교로 돌아가겠다고 말씀하신 게 기억이 나요. 조수석이 나중에 고초를 겪으시는 걸 지켜볼 때 그 생각이 특히 많이 나더라고요. 처음에는 추상적이고 포괄적으로 권력기관 개혁을 하자고 보니 권력기관이 어디일까부터 생각해봤어요. 가령 국세청 같은 곳은 저한테는 낯설었던 거죠. 그래서 당장에 연구부터 시작을 했습니다. 권력기관이 왜 권력기관인지, 수사와 조사를 통해 법을 적용하는 과정에서 국민의 인권도 침해하고 위세도 과시하는 기관들이 어디인지요. 그리고 그때그때 필요한 일에 속도를 냈습니다. 먼저 2017년 5월 정부 출범하자마자 기관 출입 IO 제도를 폐지하고 8월경 관련 규칙도 다 정비했습니다. 10월 경찰의 날에 대통령께서 검경 수사권 조정을 책임있는 기관들의 대화를 통해서 해나가겠다고 밝혔고, 한편으론 그달부터 국정원 개혁발전위원회가 가동되면서 점검 업무를 맡았습니다. 또 11월부터는 검찰과거사위원회가 가동되는 데 맞춰 경찰개혁위원회도 꾸리고 했죠.

최강욱 내부 개혁위원회가 출범하고 작동하는 과정이군요.

이광철 또 24개 정부 부처의 적폐청산 태스크포스(Task Force, TF)들을 제가 주관했어요. 문재인정부 국정과제 1번이 적폐청산이었고 13번이 권력기관 개혁이었는데, 그 두가지를 민정수석실에서 제가 전담해서 맡게 됐습니다.

최강욱 당시 시민들의 관심사는 권력기관이 제자리를 찾게 하는 거였죠. 정말 일이 많았을 것 같아요, 24개라니.

이광철 TF에서 논의하는 내용에 저희가 간섭하는 것은 불가하다고 생각했고, 대신에 저희는 내·외부의 인사들로 균형있게 위원들을 구성하고 부처의 오래된 관행에 문제 제기를 할 만한 분들이 외부위원에 포함되었으면 한다고 부처와 소통했습니다. 그분들이 자율적으로 의제들을 설정하고 저희는 TF의 논의를 사후적으로 받아보는 기조를 가지고 운영을 했죠.

최강욱 지원은 하지만 간섭하지 않는다는 거였죠. 그 수많은 개혁위원회 중에 검찰과거사위원회도 있었는데, 검찰과거사위에서 김학의 차관과 관련된 여러가지 비위를 밝혀내기도 했습니다. 나중에는 비서관님이 마치 불법적인 절차를 통해서 김학의 차관의 인권을 침해한 사람처럼 돼서 지금까지 재판받는 상황이 이어지고 있기도 합니다. 당시 김학의 사건의 파장은 깊었고 국민들의 개탄을 많이 자아냈는데, 검찰과거사위는 어떻게 활동했습니까? 거기에도 지원 역할로 파견 나온 검사가 당연히 있었을 텐데요.

검찰과거사위원회는 어떻게 움직였는가

이광철 말씀하신 사건은 우리 사회의 발전이라는 측면에서 상세히 짚어볼 값어치가 있다고 생각합니다. 검찰과거사위원회를 구성하는 단계에서 있었던 논쟁 중 하나가 뭐였냐면, 수사기록을 봐야 하지 않습니까? 그런데 수사기록을 외부에 제공하고 이를 외부인이 본다는 데 검찰이 예민했던 겁니다. 위원회 조사 대상 사건 선정 과정에서부터 모든 검사들의 관심이 집중됐던 거죠. 혹시 내가 처리한 사건이 들어가나 하고요. 대상이 되는 것만으로도 검사 인생에서 치명적일 수 있잖아요. 사실 박종철 고문사건, 김근태 고문사건, 형제복지원 사건 같은 사건들은 이미 뇌관이 다 제거된 사건들입니다. 이미 수사검사들은 다 현역을 떠났고 지금 있는 사람들이 다칠 일은 없는 거죠. 그래서 이런 사건들을 반성하는 건 부담이 훨씬 적습니다. 사실 법원도 그렇잖습니까? 가끔 판사들이 과거사 재심사건 선고할 때 법원을 대신해서 사과하고 하잖아요. 저는 사실 그런 것도 좋게 안 보이더라고요. 현재 벌어지는 법원의 인권침해에는 침묵하고 안전한 사건에만 반성하는 건 반성하는 사람만 돋보이게 하는 거죠. 문제는 현역에 남아 있는 사람들과 관련이 된 사건들입니다. 김학의 사건이 대표적이죠. 그리고 '남산 3억원 사건' 등이 있었어요. 지금 검찰총장인 이원석 당시 검사가 그 사건 관련해서 진상 조사하는 검사한테 연락했다가 언론 보도가 나기도 할 만큼 민감했죠. 아무튼 수사기록을 외부인이 보게 할 것이냐 하는 쟁점이 있었는데, 비교하자면 국정원 개혁발전위원회 같은 경우 국정원 안에 설치하고 그 안에서 팩트파인딩(fact-finding) 파트를 두고 조사를 시킨 후 위원회가 보고를 받고 조치를 취했어요. 수사 의뢰도 하고 제도 개혁을 약속하기도 하고요. 그런데 검찰과거사위는 관할 기관인 법무부에 설치를 하게 됐습니다. 그러면 기록이 검찰의 손을 떠나서 법무부로 가야 하는데, 이는 개인정보보호법 등에 따라서 어렵다는 의견이 있었던 거죠. 한편으론 일리가 있고 한편으론 검찰의 민감성을 드러내는 것이기도 했습니다. 그래서 법무부가

최강욱 X 이광철

관장하되 팩트파인딩을 하는 진상조사 조직은 대검찰청에 두기로 했습니다. 대신 대검은 이 조직의 독립성을 보장해주기로 한 겁니다.

저는 진상조사단을 검찰에 두는 것까지는 공감이 되더라고요. 기록을 법무부로 뺐을 때 위법사항이 있을 수 있겠다고 보고, 그 대신 저는 민정수석께 진상조사단 조직의 지휘자가 있어야 한다고 건의드렸어요. 그래서 민정수석 재가를 받아 법무부 쪽에 진상조사 조직의 책임자와 체계를 갖추라는 의견을 전달했습니다. 그래야 혹시나 나중에 문제가 되면 조사를 하든 평가를 하든 할 수 있다고 봤습니다. 법원 정도를 제외하면 어떤 조직이든 구성원의 독립을 보장하는 경우는 없잖아요. 법관의 독립은 헌법이 정해놓은 거니까요. 그러니 진상조사 조직의 독립이라는 것도 조사단원의 독립이 아니라 기구의 독립을 보장하는 것이죠. 그리고 그 조직을 책임지는 사람의 독립성을 보장하는 것이고요. 그렇게 책임자를 두라고 권고했지만, 그쪽에서 안 했습니다. 조사 활동의 독립을 보장하겠다는 게 명분이었어요. 그렇다고 위원회가 진상조사단을 꼼꼼히 지휘·감독하는 것도 아니었거든요. 그래서 제가 볼 때는 진상조사 조직이 제대로 굴러갈 수가 없는 거예요.

최강욱 체계를 갖추라는 요구를 검찰은 어떻게 거부했나요? 안 하면서 시간 끌고 나중에 핑계를 댄 건지, 아니면 처음부터 못 한다고 한 건지요.

이광철 그건 다른 맥락하고도 연결되는데요. 저는 검찰의 소통방식도 이해할 수가 없었어요. 제가 대검하고 직접 소통하면 안 된다는 거예요. 왜죠? 대검의 담당 부서는 엄연한 정책 부서이고, 일선에서 수사를 담당하는 기관이 아니라 제가 부당한 압력을 행사할 것도 아닌데요. 수사가 아닌 정책에 관한 한 대통령실 비서가 대통령을 보좌하면서 충분히 소통할 수 있는 건데, 검찰 내에서는 그게 무슨 불문율처럼 돼 있더라고요. 물론 소통이 개입이 되고 지시가 되고 영향력을 미치게 되는 것이 어느 선부터냐를 판단하기 쉽지 않다는 걸 알기 때문에 저도 수사하는 분들하고는 소통을 전혀 하지 않았지만, 그 경우도 아니었단 말이죠. 그러면서 검찰이 내세우는 이유가 준사법기관이기 때문이라는 거예요. 나중에 검찰개혁 단계에서 제가 준사법기관의 지위를 가질 거면 수사권을 반납하겠다고 해야 맞는 것 아니냐는 말도 했어요.

최강욱 수사를 하는 준사법기관은 없어요. 그게 어떻게 가능한가요.

이광철 어떡하겠습니까. 연락은 해야겠고 해서 법무부를 통해서 했고 답이 좀 늦게 오고 했죠.

그리고 문무일 당시 검찰총장이 검찰과거사위에 남겨놓은 또다른 결정적인 잘못 하나가 조사단원을 구성하는 문제였어요. 일단 검사 단원과 함께 변호사 한명, 교수 한명씩을 팀에 포함시키기로 했어요. 저는 구성원 수는 중요하지 않다고 봤고 대신 변호사가 들어가는 것이 중요하다고 했습니다. 두꺼운 기록을 보고 그 안에서 문제를 찾아내는 건 경험해보지 않으면 못 하거든요. 그래서 김용민 변호사 같은 단원을 제가 추천했어요. 그때 문총장 얘기는 현업에 종사하는 변호사는 안 된다는 거예요. 왜냐고 물었더니 현업에 있기 때문에 사건을 볼 때 객관적 중립성을 지키지 않을 수 있다는 거예요. 말도 안 된다고 생각했습니다. 그걸로 대검과 법무부 관계자들과 의견을 많이 나눴어요. 저는 현업에서 형사사건을 다룬 변호사가 있어야 한다, 그렇지 않으면 두꺼운 기록을 처음 받아보고 기록 순서대로 주욱 읽고서 그냥 수사 잘했네, 불기소 맞네 하고 넘기기 십상이다, 그게 기록의 속성이다 하고 주장했죠. 기록 안으로 파고들어가서 기록에 빠진 사실과 증거를 찾는 게 이 작업의 목적인데 경험 없는 사람 안 된다고 했습니다. 하지만 끝내 안 된다는 답을 받았습니다. 그래서 제가 마지막에 물어봤어요. 총장의 뜻이냐고요. 대검 관계자들이 답을 안 했지만 그걸 보면 문총장의 뜻임을 알 수 있죠. 그렇게 진행되니까 변호사 단원은 형사사건을 제대로 맡아본 적 없는 변호사들이 들어오게 됐어요. 그러니 과거사 사건의 그 두꺼운 기록을 못 따라간 거죠.

개혁을 맞닥뜨린 검찰의 태도

최강욱 적폐청산이 외부의 강제에 의해서 이뤄지기보다는 해당 기관 당사자들이 자발적으로 성찰하고 대안을 마련하고 같은 과오를 범하지 않겠다는 다짐을 하는 것이 역진이 발생하지 않는 가장 좋은 방법이라는 일종의 신뢰가 있었잖아요. 대통령을 비롯해서요. 그렇지만 정작 구성원들 입장에선 이런 역사적인 책무보다는 당장 내가 책임을 추궁당할 상황이 본능적으로 더 걱정이었던 것이고, 그런 데서 오는 저항까지 고려한 설계를 인수위도 없이 출범한 정부가 제대로 하지는 못했던 것 같아요. 문재인정부가 인수위를 거치지 않았다는 것이 지금 보면 여러가지 면에서 아쉽습니다. 과거 정부가 위헌적이고 위법적인 월권을 통해서 범죄적 행위를 저질러놓고 탄핵당해 사라지고 나니까 그 뒤를 이은 정부는 이걸 치워야 하는데 청소 도구도 제대로 챙기지 못한 셈이었던 거죠. 그걸 국민들이 지켜보는 상황에서 깔끔하게 치워야 되는 과제가 있었는데 그렇다보니 지금에 와서는 왜 그때 깔끔하게 못 치웠어 하는 비판이 나오게 되고, 과거의 기득권을 지키고 싶은 쪽에서는 본인들이 숨겨놓고선 봐라, 털어봤자 나오는 게 없지 않냐는 변명으로만 활용하려고 드는 상황이 만들어지고요. 이런 부분은 분명히 짚어야 할 문제라고 생각합니다.

이광철 그 지점에서 추가로 말씀드리고 싶은데, 대조적인 경우가 국정원이었습니다. 국정원도 검찰 못지않게 적폐가 쌓여 있었어요. 다 해서 20여개 사건을 국정원 내부에서 선정해서 조사했는데, 물론 그 조사 결과가 만족스럽냐 하면 또 여러 불만족스러운 점은 있습니다만, 제가 느끼기에 국정원 직원이 대놓고 반발하거나 그것에 역진하려는 시도가 적어도 국정원 바깥으로 불거지진 않았습니다. 국정원 문제도 본질은 검찰과 똑같지 않습니까? 과거 권한 오남용의 진상을 조사하고 그에 대한 수사 의뢰와 제도 개혁으로 가는 일련의 프로세스는 똑같았거든요. 물론 국정원 내부에서 이렇게 하면 정치적인 보복 아니냐는 문제 제기는 일부 있었지만, 조직 자체가 검찰처럼 선출된 정부의 간을 보거나 하진 않았거든요.

최강욱 사실 참여정부 때도 일련의 과거사 반성 내지는 확인 작업이 있었는데 그때도 유일하게 반성하고 사과하지 않았던 조직이 검찰이잖아요? 그만큼 카르텔이 강고하고 뿌리가 깊고 또 권한이 집중돼 있다보니 본인들이 문제가 있는 상태라는 것도 가리지를 못하는 것 같아요.

그 뒤에 검경 수사권 조정 업무에서도 실무총괄 책임을 맡으셨잖아요. 그때 저는 경찰개혁위원으로 활동했었고, 이후에 청와대에 들어가기도 했는데, 당시에 말하자면 링 위에 올라가 있는 상대들과 함께 조정을 하는 과정이 만만치 않으셨을 것 같아요. 그때 느끼셨던 문제점에 대해서도 말씀 부탁드립니다.

이광철 2018년 1월 14일 박종철 열사 31주기에 맞춰 역사적으로도 엄중한 마음을 갖고 민정수석께서 권력기관 개혁안을 발표하셨어요. 그걸 밑그림으로 해서 수사권 조정도 검경의 관계를 중심으로 보아 일단은 검찰이 수사지휘권을 내려놓고 기존의 수사지휘를 검경의 상호 수평적 협력관계로 전환한다, 경찰도 수사의 전문성과 독자성을 위해서 행정경찰과 사법경찰을 분리해 국가수사본부를 설립한다, 그리고 자치경찰제를 실시해 경찰의 권한을 국가경찰과 자치경찰로 나눈다, 이렇게 검찰뿐 아니라 경찰도 권한을 분리·분산·견제하는 걸로 했어요. 또 수사권과 기소권 분리를 위해 우선 검찰의 직접수사를 가급적 필요한 최소한도로 줄인다, 검찰은 공소유지와 국가 수사 전체의 적법성 통제 역할에 집중한다, 이렇게 검찰 형사부서도 경찰의 자율성을 존중해나가는 방향으로 가기로 했습니다. 국정원의 대공수사도 경찰로 이관해 국정원은 순수 해외정보 기관으로 거듭나게 하기로 했고요. 그리고 고위공직자범죄수사처를 설치해서 검찰의 기소독점을 완화하고 분리해서 견제·감시하도록 했습니다. 이 방침들이 골자가 됐어요. 그러고 나서 바로 2018년 2월부터 민정수석 주도로 당시 법무부 박상기 장관과 행정안전부 김부겸 장관이 수사권 조정 테이블을 직접 열었죠. 이건 아마도 검경을 테이블에 바로 올리면 되는 게 없다는 참여정부 당시의 경험에 따른 것 같은데, 저도 해보니까 알겠더라고요. 정말 끈질기게 싸웁니다. 특히 검찰이요. 어쨌든 그해 6월 21일 이낙연 총리가 양 장관이 합의한 수사권 조정 정부 합의문을 발표하고 조국 민정수석이 기자들을 상대로 상세한 설명을 하는 절차로 진행이 됐습니다. 저희에게는 대선 공약, 국정기획자문위원회의 국정과제와 함께 이 정부 합의문이 일종의 바이블이 됐습니다. 이 틀 안에서 형사소송법과 검찰청법 개정, 공수처법, 자치경찰법, 국가수사본부 설립 입법 같은 일이 추진됐습니다. 저로서는 법무부·행안부와 합의가 되어야 의원입법이든 정부입법이든 가능하니까 그쪽과 많이 작업하게 됐는데, 그때는 전혀 문제가 없었습니다. 박상기 장관은 저명하신 형사법 학자시고 김부겸 장관도 워낙 정치 경험이 많은 분이셔서요. 다만 대검과 법무부 사이의 긴장감이 컸습니다. 법무부에서 이뤄지는 일을 대검은 몰랐던 겁니다. 그러니까 대검에서는 왜 자신들을 빼고 일하느냐는 불만이 생긴 거죠. 나중에 발표됐을 때 좀 긴장이 있었습니다. 원래 6월 18일 월요일에 발표하려고 했는데 검찰이 반발했고, 그러는 과정에서 박형철 반부패비서관이 서울중앙지검장이라도 우리 편으로 만들어야 된다고 해서 설명한다고 발표 날짜도 목요일로 바뀌게 되었던 거죠.

최강욱 누가 설명했어요?

이광철 박형철 비서관이 직접 했을 텐데, 제가 나중에 들은 얘기로는 수사 하나도 모르는 것들이 청와대 앉아서 이런 거 만들고 있다고 당시 윤석열 검사장이 그랬다고 하더라고요. 설득하느라 힘들었다고요.

최강욱 당시에 중앙지검장은 이 과정에 대해 동의하고 협력하기로 했다는 거였잖아요.

이광철 글쎄요. 아무튼 그러고 나서 8월이었을 겁니다. 법무부에서 첫 실행안을 가지고 왔어요. 나름대로 검찰국 안에 TF도 만들어서 세차례나 회의를 했다면서요. 제가 지금은 구체적으로 어떤 조문인지 기억을 못 합니다만 내용이 상당히 당황스러웠어요. 그래도 장관이 합의한 문서가 있는데 그 취지와는 달랐거든요. 정부 합의문을 그래도 비교적 법조문과 유사하게 만들었잖아요. 추상적인 문구로 만들어놓으면 나중에 문언적인 의미를 다 바꿔버릴 테니까요. 제가 합의안 문구를 하나하나 장관, 수석 논의에 들어가서 메모하고 법리 등을 검토하여 문장으로 다듬어 만들었으니까 그게 눈에 보였죠. 예를 들면 이런 거였어요. 합의안 만들 당시에도 검경의 수사가 경합할 때, 그러니까 양 기관이 각자 동일한 사건을 수사했을 때 생기는 경합을 어떻게 해소할 거냐는 문제가 있었어요. 영장과 관련해 생각하기가 쉬운 문제잖아요. 검찰이 영장청구권을 가지고 있으니까 경찰 입장에서는 영장 신청 시점을 기준으로 수사 권한을 정하고 싶어했어요. 청구 기준으로 하면 검찰이 청구를 안 해버릴 수도 있으니까요. 그래서 합의안 만들 때 '영장을 신청한다'고까지 쓰는 게 맞나, 조금 더 포괄적인 용어를 써야 하는 건 아닌가 하는 고민이 있었습니다. 그래서 '영장에 의한 강제처분에 착수'라고 했던 거예요. 영장뿐 아니라 통신제한 조치 같은 것들을 포괄하고, 조금 더 문언적으로 정부 합의문의 격에 맞는 표현을 찾으려고 한 거죠. 너무 구체적으로 가지 않고요. 그래서 '착수'라고 했고 그 의도는 영장 신청부터인데, 법무부에서는 착수는 영장을 발부받아서 집행하는 것 아니냐고 나온 거죠.

최강욱 착수는 집행을 시작하는 과정이다?

이광철 영장 신청은 아니라는 거예요. 또다른 예는, 정부 합의문 총칙을 보면 "검사와 사법경찰관은 수사와 공소제기, 공소유지의 원활한 수행을 위하여 서로 협력하여야 한다" 그리고 "법무부장관은 검찰총장·경찰청장과 협의하여 수사에 관한 일반적 준칙을 정할 수 있다"고 돼 있단 말이죠. 이렇게 되려면 당연히 대통령령의 형식이 담보되어야 하는데, 법무부는 나중에 그건 법무부령이어야 한다, 주어가 법무부장관 아니냐, 협의만 하면 된다고 나왔어요. 영장심의위원회 위원 구성 문제도 생각납니다. 경찰이 영장을 신청했는데 검사가 까닭 없이 청구를 안 한다든지 하는 일을 영장심의위원회에서 점검하도록 한 건데, 합의문에는 위원회 구성을 '중립적 외부인사'로 하라고 썼거든요. 그런데 법무부는 거기서 '중립적'이란 말을 빼버린다든가 해서 실행안을 만들어놓은 거예요. 법무부 담당자가 안을 들고 왔는데 대여섯가지가 바로 눈에 들어올 정도로 합의문 취지를 비틀어 가져왔더라고요. 우리가 법률을 적용할 때 그 문안이 일의적이면 그대로 가는 거고, 해석의 여지가 있으면 정책적으로나 사회상규에 맞도록 해석을 해야 하지 않습니까?

최강욱 무엇보다 그걸 쓴 사람이 제일 잘 알겠죠.

이광철 제가 법무부 담당자한테 그랬어요. 이게 만약에 수사권 조정과 관련된 첫 문서라면 굉장히 훌륭하다, 법무부가 처음 이런 안을 가져왔다면 정말 놀라울 정도로 진보적인 안이라고 하겠다, 그런데 우리는 공무원이고 우리가 무슨 개인적인 견해를 갖고 여기 앉아 있는 게 아니지 않느냐, 우리한테는 무엇보다도 상관인 장관과 수석비서관, 그리고 내각을 책임지는 국무총리가 발표한 정부 합의문이 있지 않느냐, 우리가 거기에 기속(羈屬)하는 거 아니냐, 우리가 법률로 배운 기속의 원리라는 게 해석의 여지가 있다면 여러 안 중에서 상급 문서의 취지에 맞는 안을 선택하는 것이 장관을 보좌하는 실무자의 의무 아니겠느냐, 다시 만드셔야겠다는 얘기를 했어요.

최강욱 뭐라고 답하던가요?

이광철 별말 없이 알겠다고 하고 갔어요. 그랬더니 나중에 이광철이 장관이 재가해서 청와대에 보낸 문서를 안 받겠다고 돌려보냈다며 와전이 됐더라고요. 민정수석께서 저를 불러서 어떻게 된 거냐 물으셔서 알게 됐어요. 그래서 그 법무부 담당자에게 법무부에 어떻게 말씀을 드렸길래 이런 얘기가 나오느냐 물었는데, 그 담당자는 자기는 공무원이다, 저와 나눈 얘기 그대로 보고했을 뿐이다 하더라고요. 그분은 충분히 그러셨을 것 같고요. 여러 가지 요인이 작용한 것 같았습니다. 제가 민정수석과 이 일을 하고 있는 것 자체에 대한 못마땅함도 좀 있었던 것 같고요, 법무부가 나름대로 주도권을 가지고 수사권 관련 합의안 내용을 완화하

검찰은 기득권 수호를 위해
개혁 과정의 합리적 조정 절차를
방해했습니다.

는 소위 '마사지'를 하려고 했는데 제 선에서 막히니까 불만도 가졌겠죠. 그런데 검찰 조직은 참 이견을 해소하는 방식이 폭력적이더라고요. 어쨌든 저는 상급기관에 근무하는 사람이잖아요. 사법연수원 기수를 떠나서 제 직급이나 역할은 제가 상대했던 분들보다 웬만하면 높거나 같았어요. 더군다나 정책적 판단에 있어서 대통령의 직무를 보좌하는 청와대 비서잖아요. 그런데 검찰은 그런 저조차도 쉽게 배제를 시켜요. 바보를 만들고요. 장관의 문서를 돌려보냈다느니 하는 식으로요. 그게 검찰 조직 안에 싹 퍼져서 제가 그때부터 완전히 이상한 놈이 됐죠. 아니 이견이 있으면, 하다못해 아직 실무에서 경찰의 직접수사 역량을 믿을 수 없다거나 검찰이 이런 정도의 권한 확보가 필요하다는 합리적인 논거를 들면서 저와 토론하려고 하지 않고, 장관들이 합의한 문서를, 그것도 공연히 일의적으로 돼 있는 문안조차 뒤집어버리고, 해석의 여지가 있는 건 자기들한테 가장 유리하게 바꿔서 법안을 통과시키려고 시도하고요.

최강욱 만약에 법무부나 검찰이 그런 항변이나 대응을 하려면 최소한 그 과정에서, 이견을 실무 부서에서 다시 검토해보겠지만 이건 장관이 서명해서 가져온 문서니 이것대로 접수해서 보고는 드리고 반려는 수석님 통해서 해주시면 좋겠다는 식의 얘길 했다거나 해야지 않았을까요?

이광철 저는 당연히 보고했죠. 제가 그 보고를 받겠다 말겠다 할 수는 없는 거잖아요.

최강욱 제 말은 법무부에서 그렇게 했는데도 불구하고 비서관님이 이거 필요 없어, 가져가, 이랬다면 그들도 항변할 수 있겠는데 그런 것도 아니었다는 거죠.

이광철 제가 만약 민정수석 대신 호가호위했다면 비판받는 게 맞겠죠. 예를 들어 박근혜정부에서 우병우가 그랬다는 거 아닙니까. 김영한 당시 민정수석이 그 때문에 스트레스를 많이 받았다는 보도도 있지 않았습니까. 제가 정말 그랬다면 아마 그런 언론 보도를 즐겼겠죠. 청와대 안에서 권력투쟁을 하거나요. 그런데 의원님이 보셨다시피 저희는 그런 분위기가 아니었잖아요. 법무부 담당자가 문서를 들고 왔는데 제가 이렇게 말씀을 드렸다고 당연히 보고하는 거고, 문서도 수석께 보고가 되는 거죠. 수석께서 거기다 대고 왜 그랬냐, 법무부 문건대로 하자, 그랬겠습니까?

최강욱 그런 식으로 호도하는 게 검찰 재래의 수법이란 말씀을 드리고 싶었습니다.

강고한 검찰 조직논리의 폐해

이광철 네, 맞습니다. 제가 민변 활동을 하면서 그런 것까지는 못

봤는데, 공직에 와보니 그게 저뿐 아니라 임은정 검사, 서지현 검사 등 검찰 조직 안에서 조금이라도 이견을 표현하는 검사들을 검찰이 다루는 방식이었더라고요. 아주 바보를 만들어요. 저는 정말 임은정 검사가 존경스러웠습니다. 조직의 그런 집단 따돌림을 버티고 감당해가는 게. 저는 그분만큼은 아니지만 조금 당해보니 이 조직의 건강성에 대해 굉장한 의문을 갖게 됐어요. 또 한가지 검찰 조직과 관련해서 느낀 건, 제가 민변 활동할 때도 모르진 않았지만 생각보다 훨씬 더 '사실 투쟁'에 충실한 집단이라는 거예요. 우리가 '해석 투쟁'이란 말을 하잖아요. 저는 해석 투쟁은 필요하다고 생각합니다, 공무원 조직에도. 문제는 그 해석의 전제가 되는 사실관계들이 객관적이고 균형있게, 사건의 실체를 왜곡하지 않고 모두에게 제공되는 거죠. 그래야 해석 투쟁이 공정할 거 아닙니까. 그런 점에서 보면 검찰은 아예 해석의 여지가 없는 사실관계들을 만들어내는 데 주력하는 것 같아요. 사실 자체를 입구에서부터 틀어막는 겁니다. 우리가 보통 허위라고 하면 A라는 사실을 B로 바꾸는 거잖아요. 그런데 제가 정부에서 일하면서 특히 언론이 이런 행태를 보이는 걸 많이 봤는데, 사실 A, B, C가 있고 그걸 다 알아야 일의 전모가 파악된다고 하면, B와 C에 대해서는 침묵해버리는 거예요. A만 덜렁 제시하고 우리가 봤더니 이건 이거야 해버리면, 그에 대한 반박에는 힘이 안 실리게 되는 거죠. 이런 식으로 검찰이 해석 투쟁에서 공정하게 싸움을 하는 게 아니라 사실관계를 틀어막고 자신들이 원하는 사실관계만을 내보낸단 말입니다. 소극적인 허위죠.

최강욱 X 이광철

최강욱 검언유착을 권언유착이라고 바꿔 말한다거나 불법출국을 불법출금으로 되치기하고 바꿔버리는 것이 검찰 재래의 수법이고, 담당자를 바보 만드는 방식도 지금까지 검찰이 조직 내에서조차 반복적으로 벌여온 일이에요. 과거 한상대 검찰총장과 최재경 대검 중앙수사부장 사이에서 있었던 일이 대표적이잖아요. 언론하고 결탁한 중수부 출신들이, 거기 윤석열 전 검사도 총무 같은 역할을 했는데, 한상대 총장조차 바보로 만들어서 거의 쫓겨나듯 검찰을 떠나게 한 일이 있었죠.

유관부서와 이견을 조율하는 과정이 폭력적이라는 말씀에도 공감합니다. 검찰은 유관부서 생각이 자신들의 이해관계와 어긋나고 자기들 방식하고 안 맞으면 겉으론 조율하는 척하면서 뒤로 가서는 언론 플레이를 해서 어느 부처 누가 뇌물 먹고 있다는 식으로 협상 상대방을 골탕 먹여버리잖아요. 대한민국 다른 공조직 중에는 이런 행태를 보이는 데가 없단 말이에요. 언급하신 국정원조차도요. 검찰은 계속 그런 식으로 행동해왔고 그걸 마치 뭔가 중요한 가치를 지키기 위해서 어쩔 수 없이 쓰는 수단인 것처럼 언론을 통해 호도합니다.

이광철 그렇습니다. 다시 수사권 조정으로 돌아가보면, 그런 과정을 거쳐서 결국 2018년 11월에 의원입법으로 고위공직자범죄수사처설치법안(민주당 송기헌 의원안), 검찰청법 및 형사소송법 개정안(민주당 백혜련 의원안)이 국회에 발의되었습니다. 당·정·청

협의를 거친 안이었기 때문에 사실상 정부안의 성격을 갖는 것이었습니다. 그사이에 많은 협의를 했습니다. 법무부 입장에서 일부 내용이 수정되어 다시 올라온 걸 보니 어쨌든 저로서는 욕먹은 보람은 있더라고요.

검경 수사권 조정 과정

최강욱 검찰하고 경찰 사이에서 협의한 과정도 궁금해요.

이광철 어쨌든 형소법과 검찰청법 주관부처가 법무부다보니까 주로 법무부 검찰국과 협의했어요. 2019년 4월에 국회 사법개혁특위가 패스트트랙에 상정하고 2020년 1월 13일에 본회의에 상정돼서 통과된 일련의 검찰개혁 법령의 시행일이 2021년 1월이었습니다. 시행일을 2021년으로 한 건, 검경의 수평적 관계 전환에 따른 수사준칙도 새로 만들어야 되고, 검사 직접수사 개시 규정도 만들어야 하며, 영장심의위원회 기준도 만들어야 하는 등 과제가 많았지만, 더 중요하게는 권력기관 개혁 입법을 동시에 시행하자는 의도가 있었습니다. 국정원법 개정안은 여러 이유로 패스트트랙에는 못 올라갔고 나중에 20대 국회에서 우여곡절 끝에 2020년 12월 경찰관집무집행법, 자치경찰제 입법 등 경찰개혁법들과 함께 통과됐어요. 그래서 시행 한달을 앞두고 국정원 보안업무규정을 만들고 그랬습니다. 자치경찰제 시행에 따른 대통령령 등도 2020년 한해 동안 쭉 준비해서 1월 1일에 동시 시행하려고 했었고요. 공수처장 임명도 2021년 1월입니다. 그래서 저희로서는 2021년을 권력기관 개혁 입법을 마무리하고 대통령이 국민들께 약속했던, 오직 국민에게만 충성하는 권력기관 시행 원년으로 만든다는 목표를 위해 일했습니다.

이때 검찰과 경찰 사이에서 시행령 등을 조율한 과정을 저는 꼭 나쁘게 보지는 않아요. 법률가들이기 때문에 가능한 토론이었다고 생각하고요. 저희한테는 무엇보다 국회가 정한 법이 있었잖아요. 당연히 시행령이 법률의 위임 취지를 벗어날 수 없는 거고요. 다만 수사준칙이나 검사 직접수사 개시 규정을 만드는 건 험난한 과정이리라 생각하고 국무총리 국무조정실에서 주관하는 것으로 조율을 했습니다. 총리·법무부장관·행안부장관·민정수석이 고위급 협의 주체가 되고, 중간 그룹으로 정책협의체를 만들어서 저하고 법무비서관, 법무부 검찰국장 그리고 행안부 실장급이 참여했습니다. 지금같이 경찰국이 있었다면 경찰국장이 왔겠지만 당시에는 경찰청 소속을 직접 부르면 대검에서 반발하니까 행안부에서는 장관이 지명하는 실장급이 한명 왔어요. 그리고 전문 워킹(실무)그룹으로 청와대 행정관들과 법무부 검찰국 검사들, 행안부에 파견 형식으로 나온 경찰들, 그리고 해경도 참여했고, 국세청이나 금융감독원 등에 있는 특별사법경찰은 계속해서 검사의 수사지휘를 받기로 했지만 바뀐 형소법에 따른 규정도 만들어야 하니까 대표해서 금융감독원 특사경들이 합류했습니다. 이렇게 세 단계로 운영했어요. 실무선에서 한번 거르고, 실질적인 법안 합의는 정책협의체에서 하는 식으로요. 거의 1~2주일에 한 번은 정책협의체 회의를 열었죠. 제가 선임비서관이자 민정비서관이고 권력기관 개혁 업무를 주로 했으니까 제가 전체적으로 회의를 진행하면서 논점을 잡고, 양쪽 의견 듣고요. 하나도 그냥 넘어가는 게 없었어요. 심지어 협력관계와 관련된 협의체, 기억하시겠지만 수사권 조정 입법 이전에 기존 협의체가 있었잖아요. 검경 협의체라고요. 이게 제도만 논의했었잖습니까. 그런데 경찰은 바뀐 형소법 체계에서는 사건과 관련해 현장에서 협의가 제대로 안 되면 각 기관 수뇌들이 타결하는 걸로 사건과 관련된 논의가 있길 원했어요. 이걸 법무부는 죽어도 못 받겠다는 거예요. 내심 수사의 파트너로 대우하기 싫은 거죠. 검찰총장이 경찰청장하고 앉아서 영장을 청구하네 마네 하는 건 아무리 생각해도 본인들로선 받기가 어려웠던 거죠.

최강욱 쉽게 말하면 영장 청구는 원칙적으로 검사 마음인데 왜 협의를 하냐는 거겠죠.

이광철 그렇죠. 수사개시 등 바뀐 형소법에 나와 있는 건 따르겠지만 대등하게 협의하는 일은 없다는 입장인 거죠. 그래서 법이 바뀌었어도 모든 협력 사안에서 검찰은 그들의 우위성을 관철하려고 들고 주요 사건에 대해선 의무적으로 수사 협의를 요청하도록 강제하려고 했습니다. 경찰은 그건 사실상 수사지휘의 변형이라고 받아쳤죠. 진짜 문구 하나하나 그냥 넘어가는 법이 없었어요.

그래서 때때로 청와대라는 상급기관의 권위로 설득을 해야 할 때도 있었습니다. 그럼 이건 우리에게 맡겨달라, 대통령 의지다, 이렇게 해가면서 하나하나 논의를 했습니다. 마지막까지 타결 안 된 것 중 하나가 대통령령 수사준칙의 최종적인 유권해석과 개정의 권한이 어디에 있느냐였는데, 무조건 법무부장관이 해야 한다는 입장과 행안부장관과 법무부장관이 합의해서 하자는 입장이 초반부터 전혀 안 좁혀졌어요.

최강욱 추미애 법무부장관도 그 부분은 고집했죠.

이광철 이 문제를 포함해 끝까지 합의가 안 된 사안들을 모아서 처음으로 고위급 회의를 열었어요. 당시 진용이 달라져서 김조원 민정수석, 추미애 법무부장관, 진영 행안부장관 세분이 모이고 제가 배석해서 논의했습니다. 이 문제에 대해서 진영 장관님은, 바뀐 법의 취지를 보면 검경을 협력관계로 규정하는데 최종 해석과 개정 권한을 검찰을 감독하는 법무부장관이 가지는 건 바뀐 법에 안 맞는다고, 또 우리 법체계의 대통령령 중에는 중복 부처가 소관인 법령도 꽤 있거든요. 그런 예에 비춰보면 형사법 관련 법안이라고 해서 반드시 법무부 단독 소관으로 하는 건 입법례로도 안 맞는다고 하셨죠. 타당하신 말씀이었어요. 나중엔 '합의' 대신 '협의'라는 문구를 쓰게 돼서 어쩔 수 없이 경찰을 설득했습니다. 대통령실이 이렇게까지 했고 진영 장관님도 애쓰셨는데 이번엔 이 정도 하고 추후 더 나아가보자, 이거 하나 때문에 밥상을 엎을

순 없는 거 아니냐고요.

최강욱 그쯤 됐으면 대통령께 보고드려서 정리를 해야 되는 거 아니에요? 왜 안 한 건가요?

이광철 그때 심지어 당·정·청 협의도 해서 당에도 말씀드렸어요. 그 문제로 이낙연 당시 민주당 대표도 찾아뵈었습니다. 이낙연 대표께서 총리로 계실 때 수사권 조정 정부 합의문을 발표하셨으니 이 문제에 대해서 발언권이랄까 하는 게 있는 거잖아요. 그리고 추미애 장관님도 민주당 활동을 하셨으니 역할을 좀 해주십사 하고 부탁하려고요. 저희가 논점들에 대해서 추장관님을 설득하려고 전방위적으로 노력했지만 어려웠거든요. 추장관님이 마이크 딱 잡고 형소법은 어떤 경우에도 법무부 소관에서 벗어날 수 없다 말씀하셨을 때 뒤에서 검찰국 간부들이 쾌재를 부르는 게 제 눈엔 보이는 것 같았어요. 어쨌든 꼭 나쁘게만 볼 일은 아니지만, 이건 꼭 말씀드리고 싶어요. 치열하게 토론을 거쳤잖아요, 어쨌든. 그래서 서로 양보할 것도 많이 양보하지 않았습니까. 제가 그런 부분들을 돌아보고 곱씹게 되는데, 우리가 불가역적인 진전을 하려고 했잖아요. 한번에 열 걸음 못 간다, 한 걸음이라도 튼튼하지 않으면 다시 후퇴한다는 게 대통령 지론이었고요. 본인 경험 말씀하시면서 물길을 헤치고 많이 온 것 같았는데 돌아보니 물 한가운데 있더라는 말씀도 하셨고요. 그래서 저도 처음부터 한 걸음을 가더라도 결국 후퇴하지 않도록 하자고 다짐했었어요.

그러려면 입법이 되어야 한다고 봤고요.

많은 사람들이 그래요. 문재인정부의 검찰개혁과 권력기관 개혁은 실패했다, 서슴없이 얘기해요. 저는 죄송한 말씀이지만, 전문가들로 한정한다면 그렇게 말씀하시는 건 게으르다고 생각합니다. 불가역적 개혁을 어떻게 이뤄낼 것인지, 국회 환경은 어땠는지, 국회선진화법을 헤치고 패스트트랙에 태우기까지 그 지난한 과정을 과연 얼마큼 보셨는지 묻고 싶어요. 당시 문무일 총장이 만든 검찰개혁위원회 책자가 지금도 제 방에 꽂혀 있어요. 그걸 읽어보면 화려한 말들 많이 써 있습니다. 지금 누가 그 말을 지킵니까? 남아 있는 건 개정된 형소법, 검찰청법, 국정원법이죠. 그걸 관철하기 위해 권은희와 오신환을 설득하고 심상정을 설득하려고 정개특위와 사개특위를 연동해서 패스트트랙에 태우고 한 거였어요. 문재인정부가 잘했다고 평가해달라는 게 아니라 공개된 사실들을 보시고 불가역적 입법이라는 개혁 조치의 튼튼함, 그리고 그것을 이루기 위해서 어떤 조건을 갖춰야 했는가를 들여다보시고 평가하셨으면 좋겠다는 말씀을 드리고 싶습니다.

최강욱 사실은 국민들 중에도 그런 시선을 가진 분들이 계시죠. 뭘 하겠다고 하더니 한 게 뭐냐고요. 제가 이광철 변호사님을 꼭 모시고 말씀을 들어야 되겠다 생각했던 이유가 그런 지점 때문이에요. 실제 일을 진행하고 풀어가는 과정에서 생기는 장애나 극복해야 할 과제가 얼마나 많은지, 그리고 결국 사람이 하는 일이기 때문에 군데군데 지점에 있는 사람들의 역할 하나하나가 어떻게 작동하는지를 이번 일과 관련해서 제일 많이 겪으신 분이라서요.

민주사회의 검찰로 거듭나려면

이광철 아까 이 얘길 드리려다가 옆길로 샜는데, 저는 한동훈 현 법무부장관이 국회에서 '문재인정부의 법무부' 이런 말을 하는 걸 대단히 공무원답지 않은 발언이라고 생각해요. 국가는 연속적 인 것이지 문재인의 대한민국이 있고 박근혜의 대한민국이 따로 있는 게 아니잖아요. 선출된 대통령과 국회의원이 제도를 만들었 다면 그 제도는 연속적인 것이어야죠. 자기들과 철학이 다른 제 도라면 국민과 국회를 설득해서 다시 바꿔야 하는 것이지 과거에 이루어졌다고 아무런 설득의 노력도 없이 선을 그어버리는 것은 문제가 있다고 봅니다.

최강욱 이완규 법제처장 같은 이도 공공연하게 하는 말이죠.

이광철 대단히 반헌법적인 발언입니다. 그렇게 치열하게 1년 동안 고민해서 성안(成案)을 해놓은 것이라면 지켜야 됩니다. 그분들 당시에도 다 법무부에 소속된 공무원이었잖아요. 그런데 이번에 바꾼 수사준칙이나 직접수사 개시 규정을 보면 그때 고집했던 법 무부·검찰 안이 고스란히 들어와 있어요. 대표적으로 경찰의 불 송치 결정문이 유명무실화됐습니다. 검찰은 그때도 경찰이 검사 마음에 안 드는 결과를 가져왔을 때 검사가 재수사 요구를 하면서 시정 조치까지 할 수 있게 해 불송치 결정 사건도 송치받을 수 있게 하겠다고 주장했거든요. 그러면 불송치 결정이 뭐가 됩니까. 그래서 저희는 안 된다 했는데, 이번에 검찰은 법률을 못 바꾸니까 결국 하위 규정을 바꿨단 말이죠. 약속을 하고 치열하게 토론해서 결정이 됐고 법이 바뀌지 않으면 지켜야죠.

최강욱 검찰은 법을 대하는 자세가 다른 것 같아요. 공직자로서, 법률가로서 법률이 정해지면 지켜야 되고 어떻게든 입법자의 취지를 감안해서 작동하게 만들어야 한다고 우리가 교과서에서 배우는데, 이 사람들은 워낙 큰 권한을 손에 쥐고 있으니 법은 자신이 적용하기 나름이라는 생각을 하는 것 같아요. 예를 들면 과거 이명박정부 때 있었던 미네르바 사건에서 40여년 동안 누구도 관심 갖지 않았던 전기통신기본법(분리 전 전기통신법) 조항을 찾아내서 갖다 붙이잖아요. 법이라는 게 자신이 필요할 때 쓰는 도구이자 수단일 뿐이지 공직자로서 그 틀 안에서 움직여야 한다고 생각하지 않을뿐더러 심지어 그건 검사의 독립성을 침해하는 거라는 잘못된 사고방식을 갖고 있다는 걸 너무 많이 느껴요. 국회 법사위에 나온 이완규 법제처장은 아예 의원들을 가르치려고 들었잖아요. 의원님들이 잘 몰라서 그러는데 입법자들은 입법의 틀 안에서 룰을 만드는 것이고 그걸 집행하는 행정부 입장에서는 대통령이 누구냐에 따라서 대통령령을 바꿈으로써 얼마든지 그 범위를 설정하고 넘어갈 수 있는 거란 취지의 얘기를 했단 말이죠.

한동훈 장관이나 이완규 처장이나 결국 검사의 사고방식을 가진 거고, 그게 검사 출신 대통령의 사고방식이겠죠.

입법부가 법률을 제정·개정·공표했다면 행정부의 구성원으로서 검찰의 역할은 그걸 집행하는 거잖아요. 지난 대선 이후에 있었던 검찰개혁 입법 국면에서 검찰 쪽이 무슨 소리를 하고 다녔냐면, 우리 검사 한명이 나갈 테니 국회의원 한명이 나와서 방송 토론을 하자는 거예요. 기본적으로 시스템 자체를 무시하는 태도라고 볼 수밖에 없고요. 한편으로 사법부의 판결에 대해서는 견해가 다르다, 입장이 다르다, 이러면서 언론 플레이를 하고 사법부를 압박하는 태도를 취하는 것까지 생각하면 검사들은 정말 세상에 검찰밖에 없다는 생각을 하고 있는 것 같습니다.

이광철 그에 대한 생생한 사례를 두가지 말씀드리고 싶은데요. 먼저 2019년 5월경으로 기억합니다. 지금은 국회의원인 김웅 검사가 당시 대검에 미래기획·형사정책단장으로 있었어요. 수사권 조정이 막 발표됐을 땐데 JTBC 「밤샘토론」에서 수사권 조정을 주제로 토론을 기획하고 법학자 두명과 검찰, 경찰 양측 공무원을 섭외했어요. 그 사실을 청와대에서 알게 됐죠. 아마 경찰이 물어왔던 것 같습니다. 나가도 되냐고요. 그래서 안 된다고 했어요. 공무원 조직에서 그렇게 하는 게 어딨습니까? 국민들이 어떤 식으로든 표현하는 건 정부가 경청해야겠지만 공무원 조직은 그렇게 움직이지 않잖아요. 그래서 공무원은 나가지 않는 걸로 방침을 정하고 그 연락을 경찰 쪽은 제가 맡고 검찰 쪽은 박형철 반부패

비서관이 맡았어요. 경찰은 당연히 알았다고 답했는데 검찰에서 답이 없는 거예요. 나간다 안 나간다 끝까지 말이 없어요. 그러다 가 김웅 단장이 나간다고 한다는 거예요. 그 얘길 들은 경찰은 어 떻게 해야 되냐고 묻고요. 그래서 경찰은 끝까지 나가지 말라고 했죠. 결국 그날 김웅과 검찰 입장 쪽 학자 대 반대 입장 학자 한 명으로 2 대 1 토론이 진행됐어요. 검찰이 얼마나 시스템을 무시 하고 언론 플레이를 중시하는지 알 수 있었던 사례입니다. 또 김 웅은 MBC 라디오「시선집중」에도 나가서 정부 수사권 조정안이 불편, 불안, 부당한 '3불'이라고 하기도 했어요. 국민들도 신뢰하 지 않고 경찰은 중국의 공안처럼 될 것이라고도 했고요. 저는 그 런 게 이해가 안 됐어요. 그러려면 옷 벗고 나가서 시민의 이름으 로 해야죠.

　두번째 사례는 2018년 5월 검사 인사규정을 만들 때였어요. 제 가 법무부와 협력해서 대통령령으로 인사규정을 만들었는데, 그 때 참고하기 위해 검찰에 인사평정을 어떻게 하느냐고 물어봤어 요. 통상의 인사평정을 법무부 검찰과에서 한다고 해요. 그래서 제가 무죄 사건 평정은 어떻게 하느냐고 물으니 얘길 잘 안 하려 고 해요. 대검에서 한다고 했는데 아마 감찰과에서 하는 모양이 었어요. 인사에 반영이 되는지 물었더니 안 된다고 하더라고요. 제가 무죄평정이 왜 반영이 안 되냐, 기소가 된 국민이 그 험난한 과정을 거쳐 법원의 판단에 따라 무죄를 받았다면 검찰권 행사에 문제가 있었음을 추단해볼 수 있는 것 아니냐 했죠. 그런 경우를 수사와 기소를 책임졌던 담당자에 대한 평가에 반영하는 게 당연하지 않습니까? 그렇게 접근했는데 검찰은 끝까지 반영을 안 했습니다. 비위나 근무행태 등은 다 고과에 반영이 되는데도요. 검찰 무오류 인식이 여기서도 반영이 됐던 거죠. 검사동일체원칙이 노무현정부에서 폐지됐지만 여전히 실제로는 검사동일체로 움직이지 않습니까? 결정은 조직이 한 것이고 담당자는 시킨 역할을 했을 뿐이라는 생각인 거죠. 무죄 결과에 책임을 물으면 조직에 책임을 묻는 형태가 되어버리는 딜레마가 생기는 겁니다. 그때도 제가 이렇게 문제 제기를 했지만 검찰은 요지부동이었습니다.

최강욱 다른 부처는 아예 그런 생각조차 하지 않고, 그런 태도를 보이면 그 자체로 조직에서 굉장히 문제가 있는 공무원이 되기 십상인데, 검사들은 그게 일상이다보니까 그런 반응이 나오는 것 같아요. 백번 양보해서 검찰의 그런 태도를 정말 부정하고 불법적인 권력에 저항하는 과정에서 일관되게 보여준다면 일견 양해해줄 수도 있겠죠. 그런데 철저하게 조직과 집단의 이익에 반하느냐 아니냐가 기준이 되니 개혁의 대상이 될 수밖에 없습니다.

　오늘 실질적인 얘길 많이 해주셔서 우리가 향후에도 개혁을 추진하는 과정에서 무엇을 감안하고 어떤 실수를 반복하지 않을 것인지를 생각하는 데 중요한 증언이 될 것 같습니다. 마무리하는 차원에서, 어쨌든 문재인정부가 주춧돌을 놓았고 나아가 국민들 보시기에 아름다운 탑으로 만들고자 했으나 지금 그 주춧돌마저 빠져버리는 상황으로 가고 있단 말이죠. 이런 시국을 바라보시는 소회, 우리가 검찰개혁이라는 과제에 단계적으로 접근하면 검찰 스스로 역량을 축적하고 새로운 문화와 관행을 만들어갈 수 있을 것이라는 생각이 헛된 기대였다는 게 드러나버린 지금 상황에 대한 소회는 어떠실까 싶어요.

이광철 개인적으로 지난 대선 때부터 굉장히 괴로웠습니다. 제가 2021년 7월 1일 김학의 건으로 기소가 되어 7월 마지막 날 직을 그만두고 민간인이 되었는데, 단 하루도 마음 편한 날이 없었어요. 특히 수사가 시작되고 나서요. 공직 기간 동안 성취도 있었고 영광과 자부할 만한 시간의 연속이었지만, 울산시장 선거 개입 의혹에 대한 검찰 수사로 압박을 받던 전 민정수석실 행정요원 백재영 수사관도 그렇게 유명을 달리하셨고, 무엇보다도 괴로웠던 건, 조국 전 장관에 대해서는 여러가지 평가가 있을 수 있겠죠. 혹평하시는 분도 계실 테고 일관되게 잘하셨다는 평가도 있을 테지만 적어도 저는 법치주의라는 것, 비례의 원칙이라는 걸 금과옥조처럼 경계하고 살아왔는데, 과연 지금까지 밝혀진 정도의 허물을 가지고 조국 일가를 그렇게 만들고 수사·기소·재판 절차에서 그걸 다 유죄로 인정해준 우리 사법체계와 법관들에 대해선 이게 맞는 건가 하는 괴로움이 컸습니다. 또 그 수사를 했던 분이 대통령에 오르는 과정은 단지 현실을 받아들일 수 없다는 느낌이 아니라 그런 현실을 만드는 데 내가 일조한 게 아닌가 하는 자괴감이 들 정도였어요. 견디기 어려운 시간이었습니다. 또 최근 대통령이 공무상 비밀누설죄로 유죄판결을 확정받은 지 3개월도 안 된 김태우 씨를 사면하고 공천하는 그런 막장 같은 상황을 보면서 퇴임 직전 사면에 관한 여럿의 건의를 끝내 물리친 문재인 대통령의 모습이 대비되어 보였고, 누구보다 공화주의에 철저했던 대통령이 누구보다도 반공화주의적인 후임자를 만들어냈다는 정치적인 책임에서 자유로울 수 없다는 괴로움도 굉장히 컸습니다. 다만 시간이 지나면서 이런 생각은 들었어요. 아, 내가 조금 더 차분하고 냉정하게 상황을 봐야겠다, 국민들께서 윤석열이라는 존재로 문재인정부의 검찰개혁과 권력기관 개혁에 대해 혹독한 평가를 하는 건 어찌 보면 불가피한 일이라고요. 하지만 그럼에도 불구하고 제도는 남았습니다. 입법이 불가역적인 건 아니지만 적어도 반대 세력에 압도적인 차이로 의석을 내주지 않는다면 제도는 남아 있는 겁니다. 이걸 바탕으로 또 어떻게 우리 사회를 발전시켜나갈 것이냐는 당시 대통령을 보필했던 우리의 책무라는 생각을 최근에 하게 되고요. 그런 점에서 보면 대통령령 같은 부분은 행정부가 교체되면 용이하게 바꿀 수 있는 것이고, 뭔가 더 고쳐야 될 점들을 차분히 짚고 성찰하려는 생각을 하고 있습니다.

아무튼 문재인정부의 여러 성과들이 뒤집히는 과정을 보면 이런 게 역사의 반동이구나 하는 생각을 하게 됩니다. 특히 제가 기함을 했던 건 작년(2022) 이상민 장관이 행안부장관으로서 경찰에 대해 수사지휘를 하겠다고 했을 때예요. 도대체 국가수사본부의 수사체계를 한번이라도 읽어봤나 싶었습니다. 저명한 판사 출신 법률가인데 수사지휘가 현행 법령상 어떻게 이뤄지게 되어 있는지도 보지 않은 건가요? 한쪽에서는 법무부장관의 검찰총장을

216   최강욱 X 이광철

통한 수사지휘권 발동조차도 안 하겠다고 국정과제니 어쩌니 하더니, 이쪽에서는 검찰총장조차도 국가수사본부장에 대한 수사지휘가 엄격하게 통제되어 있는데 아무 권한도 없는 장관이, 정부조직법상 치안사무의 관장 권한도 삭제된 장관이 수사지휘를 하겠다고요? 이런 완전히 무지하고 막장 같은 상황들을 보면서 정말 기가 찼습니다. 그래도 최근에 강서구청장 보궐선거를 통해서 국민들께서 따끔하게 심판해주신 데서 위안을 얻었고요, 앞으로 그런 점을 저도 기록하고 성찰하는 일들을 해보려고 합니다. 다만 제가 경찰 수사 실무를 보면서 한 생각은, 권한을 주면 잘할 거라고 하는 믿음은 원점에서부터 다시 생각해봐야 하는 거 아닌가였습니다. 검찰처럼 연수원 기수니 변호사시험이니 따지는 순혈주의적이고 위계적인 조직을 소수 지도자 중심으로 똘똘 뭉쳐서 보위하지는 않겠지만, 경찰과 같은 조직에 수사와 관련된 자율성과 독자적인 권한을 줘도 정치 상황에 따라서 혹은 내부의 이해관계에 따라서 그 취지가 발현되지 못하는 상황들을 보게 됐는데, 제도가 취지에 맞게 안착되기 위해서는 뭔가 좀 다른 유인책이라든지 장치들을 마련해야 하는 거 아닌가 하는 생각을 하게 된 겁니다. 그렇다고 승진 같은 걸로 하기는 좀 그렇고요. 답은 아직 없습니다.

최강욱 쉽게 말하면 경찰 입장에선 이런 거잖아요. 일만 많아졌지 좋아진 게 뭐야?

이광철 그런다는 거죠. 경찰사무는 국가사무, 수사사무, 자치사무 등으로 나누어져 있잖아요. 그중에 수사사무 담당 경찰관 외에는 6시 정시 퇴근을 할 수 있다는 거예요. 퇴근 시간까지 주취자 몇 명이고 누가 유치장에 있고 하는 식으로 정리하면 끝이라는 거죠. 수사가 필요하면 수사 분과로 넘기면 되고요. 연속되는 사항을 관리만 하면 되지 계속 붙들고 뭔가를 할 필요는 없는 거죠. 수사는 안 그렇잖아요. 6시에 퇴근한다고 수사 안 해도 되는 게 아니지 않습니까? 그래서 다들 안 한다는 거예요. 국가수사본부가 만들어져 치안감이 늘어난 데엔 환호하지만 그 취지에 맞도록 책임감 있게 제도를 끌고 나가고 고민하는 내부의 구심점과 그걸 지지해주는 세력과 문화가 뒷받침되지 않으면 결국 권력기관 개혁이라는 과제들도 지속 가능하지 않다는 거죠. 그러기 위해 어떤 장치들을 어떻게 만들고 보완해낼지 답을 찾는 일이 굉장히 필요하다는 생각을 갖고 있습니다.

최강욱 끊임없이 보완하며 이뤄나가야 할 숙제인 것 같습니다. 국민들께 진심이 전달될 수 있기를 바랍니다. 오늘 말씀하신 얘기들을 통해서 막연하게 문재인정부가 왜 저렇게 무능할까, 제대로 못해서 정권 넘겨주고 국민을 고통에 빠뜨린 것 아닌가 비판하셨던 분들께서도 분명히 생각할 거리를 하나 얻게 되지 않았을까 생각하고요. 오늘 너무 감사합니다.

이광철 고맙습니다.

최강욱 X 이광철

사법개혁과 검찰개혁

최강욱 × 이탄희

이탄희 李誕熙

11년간 판사로 근무했다. 2017년 법원행정처 기획조정실 심의관으로 발령받았으나, 부적절한 판사 사찰 업무를 거부하고 사직서를 제출했다. 이를 계기로 대법원 주도의 사법농단 사건이 드러나 큰 파장이 있었다. 판사 사직 후 공익변호사와 국회의원으로 활동하며 사법구조 개혁, 정치개혁, 비위 법관 탄핵 논의에 앞장섰다.

* 이 대담은 2023년 12월 6일
창비서교빌딩 촬영장에서 이뤄졌습니다.

최강욱 검찰의 미래, 사법의 미래를 설계하는 자리입니다. 이번 시간에는 이탄희 의원 모셨습니다. 안녕하세요.

이탄희 네, 반갑습니다.

최강욱 아시는 것처럼 이탄희 의원은 법관 생활을 했고요, 국회 들어온 이유도 사법개혁을 중요하게 생각했기 때문이고 지금은 정치개혁을 위해 매진하고 있습니다. 너무 몰두하는 거 아니냐는 얘길 들을 정도로 열심히 하고 있습니다. 오늘 주제는 사법개혁·검찰개혁인데, 검찰개혁과 사법개혁을 동일시하는 분들이 계시지만 사실은 그렇지 않죠. 사법개혁의 요체, 그리고 지금 정부·여당에서 주장하고 있는 재판 지연 문제에 대해 말씀해주시면 좋겠습니다. 김명수 대법원장 부임 이래로 판사들이 소위 '웰빙 판사'

들이 됨에 따라 재판이 지연되면서 국민들이 피해를 본다는 말을
정부·여당에서 하고 있잖아요. 어떻게 생각하세요?

재판의 개혁이라는 더 큰 과제

이탄희 제가 생각하는 사법개혁은 검찰개혁과 법원개혁이라는 두
축으로 가는 거예요. 법원은 법원대로 검찰은 검찰대로 개혁해야
할 과제들이 있는데, 사법제도 전체로 보자면 역시나 그 두가지
를 합친 공정하고 투명한 재판과 수사가 저희가 핵심적으로 지향
해야 할 이념이라고 생각하고요. 법원과 검찰의 문제점은 놀랍게
도 닮아 있습니다. 요즘 보수언론에서 재판 지연 문제를 거론하
면서 그게 마치 판사들의 승진제도가 없어지고 그에 따라 직업적
인 윤리가 사라져서 나타난 것처럼 이야기하는데 전혀 그렇지 않
거든요. 구조적인 모순이 있어서 그런 겁니다. 예를 들면 판사의
정원이 너무 적죠. 국민들 입장에서 재판을 받아보면 제일 답답
한 점이 판사나 검사가 말을 자꾸 끊는 거잖아요. 예 아니면 아니
요로 답하라고 하고요. 그래서 민사재판의 경우 소액재판은 '3분
재판' '5분재판' 이런 별칭이 생겼고, 형사재판도 '서류재판'이라
는 악명이 있지 않습니까. 법원에서 재판받는 이들에게 관련 내
용을 다 써서 내라 하고, 법정에선 그들의 얘기를 잘 안 들어주죠.
그런 게 왜 생겼냐면 첫째로는 판사 수가 적기 때문이고요. 둘째
로는 예전 일제강점기부터 지속되어온 잘못된 재판 관행 때문입

최강욱 X 이탄희

니다. 일제강점기 때 재판받는 사람은 조선인이고 재판하는 사람은 일본인이므로 서로 말이 달라서 어차피 법정에서의 의사소통은 요식행위니까 빨리빨리 서류로 처리하자 하던 걸 지켜본 법원 서기와 검찰 서기들이 해방 이후에 판·검사가 되어서 예전과 똑같이 하는 바람에 여기까지 온 것인데요. 이것이 바뀌려면 재판 구조의 변화가 필요하고, 둘째로는 판사의 증원이 필요합니다. 판사의 증원과 관련해서 법원행정처는 최근 다행히 입장이 바뀌긴 했으나 전통적으로는 판사 증원에 반대해왔어요. 그 이유는 의사 증원에 의사가 반대하는 것과 비슷한 거죠. 희소가치를 위해서. 그런데 의사 수가 적으면 한 의사가 봐야 할 환자 수는 늘어나는 것이고 이는 환자의 입장인 우리 국민들이 제대로 된 진료를 받지 못하게 되는 셈이잖아요. 진료 시간이 짧아질수록 의사가 환자에게 몸이 어디가 아픈지 제대로 설명할 수 없고 체온계로 온도 재고 청진기 대보고 약 처방하고 끝낼 수밖에 없게 되잖아요. 재판도 그런 식으로 진행될 수 있는 거죠. 그런 걸 지칭하는 용어로 '3분재판' '5분재판'이라는 용어까지 만들어진 상황이었던 거고요. 그래서 의사 증원에 의사가 반대하듯이 과거 사법부가 판사 증원에 반대했는데 법원개혁을 위해서는 판사의 증원이 필요합니다. 그다음에 법원의 재판 방식이 바뀌어야 하는데요, 판사들이 숫자가 적은 상황에서 너무 많은 사건을 받으면 비유컨대 재판을 저글링처럼 하게 될 수 있거든요. 수십개 사건을 저글링처럼 돌릴 수 있다는 표현입니다. 실제로 판사들이 재판을 '돌린다'는 표현을 하거든요. 국민들 입장에서는 법정에 가서 충분히 얘기하고 재판을 제대로 받고 싶은데 저글링의 공처럼 돌려진다고 하면 속상하죠.

최강욱 그러다보니 법정에서 검찰이 어떤 무리한 주장을 하는지, 무슨 꼼수를 쓰는지 돌아볼 시간이 없죠. 그런데 아까 법원행정처에서 판사 수를 늘리지 않으려던 것에는 이런 의문이 생겨요. 어차피 판사는 공직자이고 자기 업무량이 많으면 사람을 늘려서 양을 줄이는 걸 당연한 결론으로 받아들일 것 같은데, 행정처가 굳이 앞장서서 그걸 막아야 될 이유는 무엇이며, 그에 대한 내부 반발은 없었나요.

이탄희 법원 내부에서도 납득하기 어려워했죠. 판사 수를 늘려서 업무량을 줄여야 한다는 것은 상식적인 생각이니까요. 그리고 앞선 제 얘기를 마무리하자면, 판사들이 저글링처럼 사건을 돌려야 하는 구조라는 건, 사건 하나하나는 그냥 터치만 하고 지나가게 되는 구조인 거예요. 극단적으로는 3분, 5분 법정 열어서 그냥 잠깐 원고와 피고 얘기 듣기만 한 다음 3~4주 뒤로 재판 기일 잡을 테니까 그때 다시 의견 내라, 이렇게 몇번 터치만 하다가 재판 종료되면 그때 가서 서류 보고 판단해야 하는 상황이 될 수 있는 거죠. 이러한 형사재판에 대해서는 특히 '서류재판'이라는 용어가 만들어졌습니다.

서류재판의 반대는 공판중심주의 재판입니다. 평범한 시민들 입장의 언어로 말하자면 그냥 '법정 중심 재판'이라고 보면 됩니

다. 법정에서, 공개된 상태에서, 집중해서 재판이 이루어져야 하는 거죠. 법조인들은 그걸 집중심리라고 부르고요. 그러려면 저글링 하는 식이 아니라 한건 한건 집중하는 방식이 되기 때문에 판사당 사건 수가 줄어야 하고 그런 점에서 재판 방식도 바뀌어야 하는 거죠. 판사들이 잠깐씩 터치하는 방식이 아니라 한번에 오랜 시간을 투여해서 집중심리를 하고 결과를 빨리 내주는 거죠. 시작은 늦어질 수 있으나 일단 시작되면 법정에서 집중해서 연달아 재판이 이루어져서 어쨌든 결론이 난다는 것입니다. 이를 위해서는 판사 수가 늘어나는 게 필요하죠. 재판 방식을 바꾸는 것도 필요하고요. 두가지가 다 필요합니다. 공장에 비유하면 공장의 생산 라인도 늘려야 하고 각 라인이 제조물을 생산하는 방식도 현대화해야 하는 것이죠.

그리고 이게 검찰개혁과 어떻게 연결되는지도 중요합니다. 첫째로 검사 입장에선 서류재판 방식이 단순하게 일하기에는 편해요. 반대로 피고인 입장에선 서류재판이면 압도적으로 불리합니다. 법정 중심 재판의 반대말인 서류재판에서 그 서류를 생산하는 사람이 검사입니다. 검사가 생산한 서류를 가지고 판결이 이뤄지면 아무래도 그 서류가 만들어낸 틀 속에 판사들의 사고가 머물 가능성이 커지기 때문에, 검사 입장에서는 원하는 유죄판결을 받아낼 가능성이 더 높아지는 거죠, 구조적으로. 요즘 특수수사에서 검사들이 쏟아내는 서류의 양이 10만~20만 페이지일 때가 많은데, 거칠게 말해서 피고인이 그와 같이 많은 양의 서류에 대한 반박 서류를 생산하려면 돈이 얼마나 많이 들겠습니까. 변호사를 얼마나 많이 필요로 하고요. 그런 서류재판 방식이 유죄 추정이라는 결과를 낳는 겁니다. 검사 입장에서는 재판이 지연돼도 나쁠 게 없습니다. 어쨌든 수사 과정에서 검사와 일부 언론이 만들어낸 프레임에 의해 피고인이 사실상 유죄로 낙인이 찍힌 상황이라면 재판이 지연돼서 사람들의 기억 속에 사건이 잊혀버리는 게 검사에게 가장 유리하죠. 반대로 공판중심주의, 법정 중심 재판으로 사람들의 관심이 집중되는 가운데 피고인이 방어권을 행사하여 무죄판결이 나면서 검사의 애초 주장이 잘못되었다고 폭로되는 경우와 비교해보면, 서류재판을 하면서 재판 결과가 지연되는 게 검사 입장에서 나을 수 있죠. 오래 지나고 나면 무죄판결이 나도 사람들 인식은 이미 확고하게 자리 잡았기 때문

최강욱 X 이탄희

에 바뀌기 어려운 거죠. 서류재판은 판사의 잘못된 관행적 업무 편의와 검사의 이해관계가 딱 맞아떨어지는 방식입니다. 헌법은 그 둘을 견제하고 불편한 관계로 설정했는데 서류재판 방식은 서로를 편한 관계로 바꿔버리는 거예요. 이런 이해관계는 구조적인 것입니다. 구조로 묶여 있다고 하겠습니다. 그래서 법원개혁과 검찰개혁은 항상 같이 갈 수밖에 없어요, 양쪽의 구조를 모두 바꿔줘야 해요.

또 요즘 새롭게 부각되고 있는 수사 지연 문제도 심각한 거 같아요. 도이치모터스 사건에 김건희 여사가 연루되었는지에 대한 판단이 곧 내려질 거라고 작년(2022) 7월 25일에 한동훈 장관이 국회에 와서 말했거든요. 1년 5개월이 지났는데 아무 소식이 없잖아요.

최강욱 그 구조적으로 얽힌 것들의 바닥을 찾아가다보면, 검찰의 문제도 일제강점기에 비롯된 걸 알 수 있어요. 일본인 검사와 한국인 순사가 독립운동가를 탄압하던 때인데, 믿지 못할 나쁜 놈인 순사한테 수사받을 바에야 검사가 수사하는 게 낫다는 관념이 우리 제헌헌법 때부터 반영됐어요. 그게 불행의 시작이 됐고, 그에 따라 검찰이 법률가로 구성된 기소기관이 아니라 기본적으로 수사기관이라는 인식을 우리가 갖게 된 거죠.

이탄희 일시적으로 그렇게 해보자고 했던 건데 그게 70년이 가고 있는 상황이죠.

최강욱 70년 전에도 이미 국회에서 그런 얘기를 했다고 하잖아요. 그런데 지금은 검찰이 헌법재판소에다가 수사권이 자신들의 헌법적 권리라고 주장했다가 깨지는 상황에까지 이르렀는데, 그것도 어찌 보면 카르텔을 유지하려는 노력의 일환이죠. 법원행정처 문제를 다시 짚자면, 판사들은 너무 힘든데도 행정처는 뭐가 좋아서 기존의 관행을 고집하고 판사 수 늘리는 걸 반대해왔을까요? 판사들을 장악하기 위한 수단인가요?

이탄희 앞서 이야기한 판사의 희소성 유지가 한 이유이고, 또다른 측면도 있었다고 생각합니다. 참여정부에서 시작된 사법개혁, 특히 법조일원화의 효과를 반감시키려는 측면이 있었습니다. 판사를 매년 소수로 뽑아야 속칭 엘리트만 선발되는 방식이 유지되고, 일부의 표현으로는 '법원에 들어와서 사고 칠 가능성이 없는 사람'으로만 법원을 구성할 수 있겠죠. 판사 숫자를 늘리면 판사들의 다양성이 늘어나요. 그것을 원하지 않는 겁니다. 획일성을 원하는 거예요. 그런데 저는 그건 헌법에 반하는 논리라고 생각해요. 조직의 이익과 헌법적인 가치는 서로 다른 것이거든요.

판사들의 획일성과 희소성을 높이는 것이 조직의 이익이라면, 우리 주권자인 국민의 이익을 담지한 헌법에 법원은 원래 수평적 재판기관의 연합체로 설계돼 있어요. 단일한 위계조직이 아니에요. 판사들이 3천명이든 5천명이든, 3천개나 5천개의 사법기관이 흩어져 있는 것이거든요. 그렇게 보면 판사들이 늘어나서 양질의 사법 서비스를 제공하는 게 국민들에게 좋은 것이죠. 과거의 법원행정처 주장은 이런 헌법적인 사고가 아니라 조직의 이익에 매몰된 주장입니다. 그나마 다행인 것은 최근 법원이 전향적인 태도를 보여서 법관 증원에 동의했고, 저도 그렇고 민주당의 최기상 의원도 판사가 지금 3,200명인데 4,200명까지 1천명을 증원해보자고 했어요. 그 이후의 얘기를 잠깐 드리면, 검찰에서도 검사를 증원하자고 주장하면서, 묘하게 판·검사 합쳐서 6백명 정도 늘리되, 그중 60퍼센트는 판사, 40퍼센트는 검사에 할당하기로 법원행정처와 법무부가 타협해 지금 정부입법으로 두가지 법안이 올라와 있는 상태입니다. 정확하게는 판사 370명, 검사 220명.

판검사 동류의식의 구심력과 원심력

최강욱 법무부가 반대한다는 이유로 야당 법사위원장이 법안을 상정하지 않았고, 그러면 법원행정처는 법무부에 끌려다니면서 사정해야 했죠. 그래서 얼마 줄 테니까 타협하자는 식의 행태가 반복돼왔어요. 결국 저는 동류의식의 문제를 얘기해보고 싶은데요. 예전부터 우리 국민의 인식에 법원과 검찰은 항상 한 울타리 안에 있었는데, 이는 세계적으로 특이한 현상이잖아요. 그리고 그 구성원이 모두 사법연수원이라는 동일한 양성기관을 통해 배출되어왔고요. 국민들도 판사나 검사나 당연히 똑같은 사람들이라고 생각하는 경우가 많았고, 당사자들은 더더욱 동류의식이 강했지요. 지금은 많이 없어졌다고 하지만 형사사법 분야에서 드러난 그 대표적인 모습이 공판검사가 자기 부의 재판장인 판사와 정기적으로 회식을 한 것이죠.

이탄희 제가 신입 판사이던 시절에 그런 경험들을 꽤 했습니다.

최강욱 그때 어땠어요? 처음에는 당연하다고 생각하지 않았어요?

이탄희 그때는 부장님이 가자고 해서 갔더니 검사가 앉아 있었죠.

최강욱 거기 가서도 재판의 한쪽 당사자인데 이 사람과 밥을 먹어도 되는 건가 하는 생각이 있었어요?

이탄희 처음에는 그런 생각을 못 했던 거 같아요. 그냥 거기 안 간다고 하면 성격 나쁜 사람으로 보는 문화였던 듯해요. 자연스럽게 시간이 지나면서 지금은 많이 약화되었다는 얘기는 듣고 있습니다.

최강욱 나아지긴 했는데 그래도 여전히 불식되지 않는 건 판사가 갖는, 검사와 우리는 같은 법조인이고 전문적인 훈련을 받은 사람들이고 엘리트라는 동류의식이죠. 그렇다보니 판사들이 무죄추정의 원칙이 있는 형사재판을 하는 과정에서도 검사가 왜 거짓말을 해서 법원을 속이겠어, 피고인이야 당연히 그럴 욕구가 있지만 검사는 상대적으로 그런 게 없거나 적은 거 아니냐는 선입견을 가진단 말이에요.

이탄희 거기에 추가해서 요즘의 추세라고 해야 할까요, 젊은 판사들 사이에 이런 변화는 있는 것 같아요. 검사도 같은 법조인이긴 하고 판사와 검사가 다른 건 아닌데, 좀 나쁘게 표현하면 판사들이 우월하다는 생각이 더 있는 듯합니다. 그게 기능적으로 검사가 재판의 일방 당사자고 판사가 심판자라는 점의 영향도 있겠지만, 지금 법조일원화가 됨으로써 일정 정도의 법조 경력을 가진 사람만 판사가 될 수 있잖아요. 그래서 검사 경력을 쌓은 사람 중에서 나중에 선택된 사람이 판사가 되는 경우가 늘고 있어요. 그러니까 검사보다는 우리가 더 우위에 있다, 첫번째 관문을 통과한 이들이 검사라면 우리는 두번째 관문까지 통과한 사람들이다, 이렇게 여기는 문화가 있는 거죠. 그리고 또 한편으론 너무 검사들이 정치화되어서 검사 출신이 대통령이 되고 법무부장관이 정치인이랑 말싸움하며 정치적 편향성을 드러내다보니까, 요즘 판사들한테는 검사들이, 특히 인지사건에서는 정치적 편향성을 갖는 경우들이 많다는 생각이 꽤 퍼져 있는 것 같아요. 그런데 문제는 업무 편의를 위해서는 검사를 믿는 게 일하기 편하다는 것이죠. 그래서 유죄추정을 해버리는 구조가 유지되는 겁니다. 서류재판을 하면 사건도 한꺼번에 많이 처리할 수 있고, 법정에서 시간을 많이 투여하지 않아도 되고, 판결문 쓰기도 편하고요. 검사들이 만들어놓은 논리를 따라가면 되니까요. 그리고 인지사건 중에는 다수 언론과 검찰이 한 방향일 경우가 많기 때문에 언론의 공격을 안 받아도 된다는 것이죠. 이해관계에서 검사를 믿어버리는 게 편한 측면이 있는 거예요. 거기서 오는 인지부조화가 있는 거 같고요. 심정적으론 더이상 우리가 동류가 아니라는 원심력이 작용하는데, 구조적으로 이해관계 때문에 다시 구심력이 작동하는 거죠. 그래서 저는 역사적으로 지금이 참 중요한 때라고 봐요. 나중에 뒤돌아보면 이때가 갈림길이었다고 평가할 수 있을 듯하거든요. 우리가 어떻게 해서든지 둘 간의 구조적 이해관계를 떼내줘야 해요. 판사가 검사의 무리한 주장을 기각하고 무죄를 판결하는 게 오히려 판사 자신의 헌법적 구조에 더 충실한 것으로 여겨지며, 일하기도 편하고, 사회적인 존경도 받는 시스템을 만드는 게 너무너무 중요하죠.

최강욱 각자의 전문성을 가지고 전문화되는 게 사실 서로 좋거든요. 검사 입장에서도, 출세욕에 빠져서 얼마든지 정치적인 수사를 감행하는 이들이라는 판사들의 인식을 벗어나는 것이 필요하단 말이죠. 법률가로서 재판에 집중해서 정말로 증거관계를 명확하게 세워 인권을 보호하면서도 법적 정의를 수립한다는 자부심을 가지고 일하는 검사들이 말하자면 검사의 본령이 돼야 하는데, 그렇지 못하다보니까 지금 과도기를 겪고 있는 겁니다. 판사와 검사의 이해가 반하면서도 일치하는 이상한 관계가 생기는 건데요. 제가 과거 변호사 시절에 가장 속상했던 게 이런 거예요. 검사가 말도 안 되게 앞뒤가 안 맞는 증거를 제시한다거나 주장을 하

최강욱 X 이탄희

는 경우가 있는데, 그때 판사가 법정에서 '아니, 검사가 일부러 이렇게 앞뒤 안 맞는 말을 만들었겠습니까? 뭔가 실수했겠죠.' 이렇게 얘기해요. 언젠가는 영장실질심사를 하는 과정에서 심사 서류의 주민등록번호와 이름이 달라서 피의자가 특정이 되지 않는 거예요. 다른 사람 파일 위에 덮어 쓰면서 작업을 하다가 이전 것 중 어떤 내용이 안 고쳐진 거예요. 최강욱을 심사해야 하는데 이탄희 것이 쓰여 있는 거죠. 이런 건 무조건 판사가 문제 삼아야 하잖아요. 그런데 검사한테 시간 줄 테니까 그걸 바꿔 오라고 하는데, 정말 너무 어이없었거든요. 그래서 저들이 한편이구나 하고 피의자가 느끼게 되는 거예요.

이탄희 지금도 그런 판사가 있을 거 같아요.

'신성가족'의 선민의식

최강욱 한편으론 질 낮은 변호인들, 소위 전관예우 같은 걸 과시하고자 하는 변호인들 중에는 그런 걸 악용하는 사람들이 있죠. 검사 만나서 식사해야 하니까 돈 가져오라고 하고, 판사 만나서 뭐해야 한다며 또 그런 얘길 하는 거죠. 의뢰인들 입장에서도 검사나 판사와 얼마나 친한가가 중요하니까요. 요새 로스쿨 시스템 이후로 임용 방식이 달라지긴 했지만, 전에 김두식 선생이 『불멸의 신성가족』(개정판 창비 2019)이라는 책을 통해서 적나라하게 고발한 현실이 아직 강고한데, 저들의 선민의식이 깨지고 있다고 보세요, 더 강화되고 있다고 보세요?

이탄희 선민의식 부분은 제가 깨지고 있다고 확신을 가지고 얘기하긴 어려울 거 같아요. 한편으로는 강화 요소도 있다고 생각하거든요. 왜냐면 경제적 배경을 보면 판사들의 구성 비율 중에서 강남3구 출신이나 '김앤장' 변호사의 비율이 엄청 높아졌어요. 특히 작년까지는 급속도로 높아졌어요. 김앤장 출신 판사의 비율은 2021년에는 신임 판사 전체 가운데 8분의 1이었고 2022년에는 7분의 1이었어요. 올해는 많이 감소했습니다, 다행히. 강남3구 출신 판사는 전체 신임 판사의 30퍼센트가 넘거든요. 그런 것을 보면 이들의 선민의식이 더 강해질 수밖에 없는 상황이죠. 판사들이 단순히 자신이 공부만 잘하는 게 아니고, 나는 아예 태어날 때부터 달랐어, 부모가 다르고 사는 곳이 달라, 이렇게 여기는 측면이 있겠고요.

그런데 한편으로 제가 희망을 찾는 것은, 과거라면 오히려 판사가 되기 어려웠을 수 있는 사람들이 판사가 되는 경우도 비율은 낮더라도 많이 생기고 있기 때문이거든요. 법조일원화가 되고 신임 판사 숫자가 늘어나면서요. 그리고 법조일원화가 된 이후에도 신임 판사가 되려면 요구되는 최소 법조 경력의 수준이 상향되고 있어요. 최강욱 의원님도 국회에 계실 때 저와 함께 이를 위해 싸웠지만, 최소 법조 경력 제도는 신임 판사로 임용되기 위해서 사회 경험을 요구하는 거예요. 최소한의 사회 경험을 요구하기 때문에 다양한 사회 경험을 한 사람들이 법원에 들어오고 있는 것이죠. 예를 들어 지방에서 개인 사무실을 시작해서 정말 어려운 분들 변호하다가, 공익변호사를 하다가, 혹은 기업이나 시민단체에서 사람들과 어울려 일하다가 판사가 되는 경우가 생기는 거죠, 변호사시험 성적과 관계없이요. 나이가 많은 사람이 뒤늦게 법조인이 되었다가 판사가 되는 경우도 생기고, 다른 기관에서 이력을 쌓은 사람이 판사가 되기도 하지요. 이런 경우가 점점 늘어난다는 건 다양성 측면에서 좋은 것이어서 두가지 측면이 다 있는 듯합니다.

저는 여기서 실천 과제를 하나 찾을 수 있다고 생각하는데, 다음 법원행정처는 아마 이걸 바꾸려고 할 거예요. 기준을 다시 낮추려 할 거예요. 퇴행이지요. 그게 판사들에게도 잘 먹히는 논리예요. 많이 뽑고 젊은 애들이 일 많이 하면 판사들이 편해질 수 있다고 설득할 수 있잖아요. 그렇게 되면 동류의식이나 선민의식도 되돌아갈 수 있죠, 다시 과거처럼 강화되는 방향으로. 그렇게 퇴행하는 것을 막아야 합니다.

최강욱 사법연수원이 폐지된 후로 동류의식이 약해진 건 사실인 듯합니다. 예전 저희 때만 생각해봐도 그런 게 있었죠. 그때 저희는 군부독재 시절에 대학을 다녔고, 어려운 환경에서 자라온 사람들이 지금보다 훨씬 많았잖아요. 그렇다보니까 한국사회에서 일반적으로 받아들이는 가장 강력한 출세 수단이 사법시험인데 나는 그걸 통과했고 서울대 법대를 나왔으니 당연히 일반 시민들보다는 우위에 있는 사람이고, 학교에서도 늘 우등생이고 모범생이라는 소리를 들어왔으니까 지금 남들 심판하는 위치에 있는 게 너무 당연하다는 의식들이죠. 제가 사법연수원 다닐 때 동료 연수생에게 들었던 가장 충격적인 얘기는 자신이 연수원 주차장에 주차를 하려는데 주차장이 부족해서 짜증이 났다는 거였어요. 아침에 겨우겨우 주차하고 사법연수원 강의를 듣기 위해 출근하면서 하는 말이 민원인들 주제에 차를 끌고 와서 주차장이 부족하다는 겁니다. 스스로 전혀 민망해하지 않고 너무나 당연한 것처럼 그런 얘기를 해서 제가 화를 내기가 오히려 어색한 상황이었죠. 법조인들에게 있는 전문성을 최대한 존중하면서도 그 직업적 자부심을 어려운 사건을 해결하는 사법 서비스 제공자로서의 만족감으로 바꾸려면, 우리가 아까 말한 것처럼 판사들이 제대로 일할 수 있는 환경을 갖춰주기 위해서 증원을 하고, 다양성을 넓혀서 다양한 견해가 법원 안에서 유통되도록 해야 할 필요가 크다는 얘기죠.

이탄희 중요한 부분이고요. 그래서 저희가 앞으로 계속해나가야 할 것이 판사 수 늘리는 것, 그리고 최소한 요구되는 사회 경험의 정도를 계속 높여나가는 것이겠지요. 법원을 거꾸로 퇴행시키려고 하는 사람들, 과거로 돌리려는 사람들은 판사 증원 속도도 낮추고 판사에게 요구되는 최소한의 사회 경력도 다시 낮추려고 하겠죠.

최강욱 X 이탄희

'서류재판'과 공소권 남용을 어떻게 바꿀 것인가

최강욱 그러면서 명분으로 내세우는 게 이런 거잖아요. 재판이 지연되는 이유는 예전엔 판결문 쓰는 훈련을 철저하게 도제식으로 해서 이른바 대량생산이 가능했는데 그 시스템이 무너진 탓이다, 그래서 말귀를 얼른 알아듣고 젊어서 체력이 있는 사람들을 뽑아서 도제식으로 훈련시켜 빨리빨리 판결문을 생산하게 해야 한다는 주장이죠. 재판이 지연되면 국민이 손해를 본다는 프레임을 만들면서요.

이탄희 그렇죠. 그런데 그건 사기죠. 왜냐면 국민들은 질이 낮은 판결을 빨리 받기를 원하는 게 아니기 때문이죠. 맑은 물을 먹고 싶은 거지, 구정물이라도 빨리 뽑아내라거나 오판을 내리는 판결문을 빨리 받고 싶다는 게 아니잖아요. 진실을 밝힐 수 있는 공정하고 투명한 재판의 결과로서 판결을 받고 싶은데, 그걸 빨리 받고 싶은 거죠. 속칭 3분재판, 5분재판 저글링처럼 하면서 뒤늦게 1년 뒤에나 판결을 내던 걸 9개월로 줄인다고 해서 국민들에게 질적으로 달라진 판결을 제공하는 건 아니거든요. 비유를 하자면, 지금은 스마트폰 시대라서 소비자들이 스마트폰을 원하는데 옛날 다이얼 전화기 열대를 빨리 주는 방향으로 돌아가자고 얘기하는 것이기 때문에 절대 답이 될 수 없고요. 판사 수는 늘리되 재판 방식을 바꿔야죠. 한건 한건의 사례에 집중해서 재판하는 방식, 서류재판이 아닌 공개재판 방식으로 바꿔나가야 합니다.

최강욱 그것도 입법의 영역이에요. 그리고 서류재판에 매몰돼 있기 때문에 나오는, 정말 말도 안 되는 소리가 있잖아요. 판사의 수준이 떨어지고 있다는 소리인데, 근거가 뭐냐는 물음에 성적을 운운한다는 거죠. 예전에 비해 요즘 젊은 판사들이 기록을 파악하지도 못하고 엉뚱한 소리나 한다는 거예요. 팬데믹 때 공공의대 얘기가 나오자 의사들이 파업하면서 낸 홍보자료가 국민적으로 지탄받지 않았습니까? '여러분 1등에게 진료받겠습니까, 아니면 반에서 20등 하던 사람에게 진료받겠습니까'였잖아요. 그런 유의 생각을 갖고 있는 사람들이 법원 수뇌부를 구성하고 있는 게 우리의 현실이죠.

이탄희 좋은 비유인 거 같아요. 거꾸로 생각해보면 환자 입장에서는 내 얘기를 충분히 들어주고 상황을 정확하게 진단해서 필요한 처방을 해주는 의사가 필요한 것이지요. 전국 1등 의사라고 해도 30초 동안 내 얘기도 안 들어주고 약 먹고 가세요 하는 의사가 우리에게 무슨 의미가 있어요. 국민이 원하는 판사의 기준도 이와 똑같은 거거든요.

최강욱 '지연된 정의는 정의가 아니다'라는 법언을 아주 금과옥조처럼 써먹고 있던데, 그 말조차 정의가 전제되는 것임에도 지연만 강조하는 거죠.

이탄희 그렇죠. 신속한 부정의는 의미가 없죠. 근데 퇴행시키려는 쪽에서 자꾸 좋은 재판이 아니라 부실한 재판을 전제로 해서 빠른 판결만 요구하고 있다는 걸 우리가 간파해야 한다고 생각해요. 과거의 구조를 유지하고 싶은 거예요. 과거의 구조는 아까 말씀드렸듯이 서류재판 구조입니다. 서류재판은 유죄추정의 논리가 우세해서 검사가 유리하고 언론이 만든 프레임에 의해 피고가 유죄로 낙인찍히면 나중에 시간이 지나서 무죄로 판명되어도 그 낙인을 벗어나기 힘들어요.

최강욱 지금은 형사재판에서 재판장이 하느님이 되는 구조예요. 어떤 전관 출신 변호사가 후배한테 이런 얘길 한 적이 있대요. 지금 우리나라 형사재판 구조가 뭔지 아냐, 재판장이 하느님의 뜻을 밝히지 않고 계속 귀 기울여 듣고 있다, 당사자는 열심히 기도를 한다, 그런데 중간에서 변호사들은 성직자 역할을 하면서 그 기도가 하느님에게 신속 정확하게 전달되도록 하는 거다, 그런데 그 기도의 결과는 아무도 모른다, 이런 식의 자조 섞인 말을 했다는 겁니다. 지금 얘기하신 서류재판의 구조, 소수 법관이 이런 환경 속에서 쳇바퀴처럼 돌아가는 구조가 판사들의 기득권이 유지되는 데 굉장히 효율적인 건 사실이죠. 또 하나 판사들이 들먹이는 게 법원의 판결을 비판하는 건 삼권분립의 정신에 반한다는 얘기입니다.

이탄희 쉬운 재판을 유지하는 방법이죠. 제가 요즘 정치개혁을 주장하면서 정치인이 쉬운 정치를 하는 것, 남 깎아내리기만 하고 자기 본업은 하지 않는다는 것을 비판하고 있는데요. 재판도 마찬가지입니다. 쉬운 재판, 판사가 서류에만 의존하고 법정에서는 실질적으로 진행을 하기보다 앉아서 듣는 요식행위만을 하는 재판은 비판받아야 합니다.

최강욱 재판의 실체와도 연결되는 부분이 압수수색영장의 남발입니다. 기각이 거의 없을 정도지요.

이탄희 발부가 99퍼센트죠. 일부 기각은 일부 발부입니다. 일부라도 영장이 발부되었다는 건 검사가 그걸 갖고 나가서 물건을 압수수색하게 된다는 것이거든요. 법원에선 그걸 일부 기각이라고 해서 기각률에 포함시키는데, 그것도 판사 중심적 관점이죠. 시민 입장에선 압수된 거잖아요. 그걸 발부로 합치면 99퍼센트예요.

최강욱 또 기소 전 단계에서 검사가 공소권을 남용하여 불기소 처분을 하는 문제가 벌어지면 고소인은 재정신청을 통해 구제받을 수밖에 없는데 법원에서 재정신청을 인용하는 비율이 극히 낮아요. 그리고 재판이 이루어지는 과정에서도 당사자가 수사 과정의 불법성과 기소 과정의 '꼼수'들에 대해 공소권 남용을 아무리 주장해봤자 판사들은 그것을 그냥 일종의 본안 전 항변에 불과하다고 보고 본인은 실체 문제에 들어가서 공소장의 내용만 판단하면

될 뿐이라는 태도를 취하는 게 일반적인데, 이것도 정말 쉬운 재판을 하는 거잖아요. 내가 왜 굳이 검찰에서 벌어진 일까지 신경 써가면서 재판해야 하느냐, 검찰이 산출해낸 결과물만 보고 판단하기에도 바쁘다는 식인 판사들의 생각이 현실적으로 바뀔 수 있을까요?

이탄희 바뀌야죠. 우리가 구조 바꾸는 것에 집중하면 저는 할 수 있다고 생각해요. 과제가 딱딱 나오거든요. 일단 판사 증원. 그다음에 판사의 재판 방식을 현대화하는 것. 법정에서 집중해서 심리하고 선고하도록 하는 법정 중심의 공개재판. 그다음에 신임 판사들한테 요구되는 최소 법조 경력, 사회 경력을 예정대로 늘려가는 것. 지금 5년인데 조금 있으면 7년이 되거든요. 7년이 되도록 만드는 것. 이걸 다시 5년이 되도록 하려고 일부 언론이라든가 내부에서 시도가 있을 텐데 그것을 막아내는 것.

　재판을 바꿀 수 있는 방법에는 여러가지 있어요. 최근에 법원이 압수수색영장 발부 전 심문제도 이야기를 먼저 했는데, 저는 그것이 좋은 제도라고 생각하거든요. 법무부 반대로 그에 대한 논의가 잘 이루어지지 않아서 아직 시행되지 않고 있습니다만, 결정권은 사실 법원에 있어요. 대법원이 그 규칙을 만들면 되는데 그러지 않아서 아직 시행되지 못하고 있는 상황인데요. 지금은 판사가 압수수색영장을 발부할지 여부를 서류만 보고 판단하니까 99퍼센트를 발부하게 되잖아요. 영장 청구를 통으로 반려하기가 찝찝하니까 몇개 지우는 건데, 압수수색영장이 다섯건 청구되면 두 건 빼는 식으로 처리하는 거죠. 제가 검사라면 일부러 더 많이 청구하겠어요. 그래서 압수수색영장 사전 심문을 하게 되면 판사가 당사자 불러서 얘기 듣고 직접 판단을 할 수 있기 때문에 아무리 영장청구가 많이 들어와도 하나하나 보면서 제거해나가게 되면 아무래도 영장 발부율이 줄어들 수밖에 없거든요. 사례가 하나 있습니다. 우리나라가 1997년에 구속영장 실질심사제도를 도입했잖아요. 그 전해에 영장 발부율이 90퍼센트가 넘어갔는데 딱 그 이후부터 80퍼센트대로 떨어졌어요. 10퍼센트 떨어진 게 별거 아닌 듯해도 엄청난 거예요. 풀려난 사람이 두 배가 됐잖아요.

최강욱 그것뿐만 아니라 영장을 청구하는 것 자체가 신중해졌죠. 그걸 따지면 더 줄어든 거죠.

이탄희 압수수색영장 사전심문도 하기 시작하면 영장 발부율이 확 떨어질 수 있습니다. 꼭 도입되어야 한다고 봐요.

최강욱 영장 실질심사제에 대한 반대 논리도 지금 압수수색영장 사전심문의 경우와 똑같았는데, 근본적인 문제는 이런 점이라고 봅니다. 구속적부심 인용률이 보석 허가율에 비해서 현저하게 떨어지잖아요. 법원은 구속적부심에 소극적이고 재정신청에 소극적이며 공소권 남용도 잘 인정 안 하죠. 그런데 이런 제도가 애초에 있는 이유는 헌법정신에 기초해 볼 때 필요하기 때문입니다.

법원이 해야 할 일이 소수자와 약자의 인권 보호라면 그 인권보호관으로서의 판사의 관점에서 이것은 아주 중요한 문제가 되어야 되는데, 지금 판사들이 그냥 사법관료로서 하나의 부품처럼 돌아가고 있다보니까, 그건 나한테 부수적인 일이잖아, 굴러가고 있는 사건 처리하기도 바쁜데, 이렇게 생각한단 말이죠.

이탄희 판사들이 재정신청을 안 받는 이유의 많은 부분은 일이 많아지는 게 싫기 때문이죠. 재정신청을 받게 되면 검사가 불기소한 사람이 기소가 돼서 형사재판이 개시되잖아요. 의사 입장에서 환자가 느는 셈인 거죠. 싫은 거예요.

최강욱 판사들이 법과 양심에 따라서 독립해서 재판하는 게 아니라 판례와 선례에 따라, 관행에 따라, 또 부장의 지시에 따라, 아니면 언론의 눈치를 보고서 재판을 하는 것이 진짜 사법 불신을 가중시키고 있습니다.

법원개혁과 검찰개혁은 함께 나아가야 한다

이탄희 여기서 저는 그런 모습이 법원개혁과 검찰개혁이 왜 같이 가야 하는지, 왜 그러지 않으면 실패할 수밖에 없는지와 연결된다고 생각해요. 검찰개혁의 핵심은 일단 수사·기소 분리잖아요. 수사·기소 분리를 통해 검사의 상을 바꾸는 거예요. 검사는 칼잡이 수사관이 아니라 법률가이므로, 수사는 경찰이, 또는 다른 수사기관이 하고 검찰로 사건이 넘어오면 법률가의 입장에서 실제로 기소를 할 가치가 있는지 판단해서 거를 것은 거르고, 기소를 하면 책임을 지라는 겁니다. 검사는 책임지고 법정에서 유죄판결을 받기 위해서 법률가로서 역할을 다하고 만약에 무죄가 나오면 그에 따른 책임을 져야 하는 거죠. 그렇게 만드는 게 검찰개혁의 핵심이잖아요. 그게 같이 가야 법원개혁도 수월해져요. 우선 그러면 검사들도 공소유지에 최선을 다해야 합니다. 그래야 기소 이유를 스스로 알고 그것으로 법정에서 변호사와 일대일로 싸우면서 판사를 설득해가는 과정을 주도해갈 수 있는 거죠. 그리고 서류재판이 아니라 법정 중심 재판을 하는 판사라면 그 검사가 자신에게 너무 도움이 되는 검사인 거예요, 판단하는 데 있어서. 법정 중심 재판이라서 검사가 법정에서 신문하는데 아무것도 몰라서 증인신문도 하지 못하면 판사도 못 해먹을 노릇이거든요. 몇 번 그러다보면 판사는 혹시 저 사람 진범인데 풀어주게 되는 거 아닌지 불안해서 그냥 서류재판 해야겠다고 생각하게 될 수도 있어요. 검찰개혁이 잘되어서 검사상이 바뀌어야 법원개혁도 이루어질 수 있는 거죠. 거꾸로 검찰개혁이 아예 이루어지지 않아서 검사가 여전히 수사관으로서 수사하고 한번 수사하기 시작한 사람은 아무리 무죄라는 의심이 들어도 그냥 유죄로 기소해버리고 기소한 다음에는 무죄가 나와도 자기 책임이 아니니까 그냥 손 털어버리면 법원개혁도 힘들어지는 거예요. 법원개혁이 성공하려면 검찰개혁이 이루어져야 하고 검찰개혁이 안 되면 법원개혁도 안 되는 관계를 여기서 확인할 수 있다고 봐요.

최강욱 사람이 좀더 편하고 싶고 좀더 빨리 위로 올라가고 싶고 좀더 유명해지고 싶은 것은 인지상정이라고 봐야 하는데요. 판사들이 보이는 성향 중 하나는 언론을 지나치게 의식한다는 거예요. 자신이 재판하는 사건이 언론에서 다뤄지면 그 자체로 중요 사건이 돼버리니까 이를 의식하면서 다른 재판에서 하지 않는 행동들을 하고, 언론이 그동안 몰아간 방향과 다르게 결론을 내렸다가 포화가 자기에게 집중되는 거 아닐까 하는 걱정을 많이들 합니다. 그러다보니까 형사재판은 안 하려고 한다거나, 구속 사건의 경우 재판 기일에 쫓길 뿐 아니라, 언제 어떻게 욕먹을지 모른다는 불안감을 갖기 때문에 생기는 부작용도 있잖아요. 이런 것은 어느 정도 심각하게 느꼈나요, 형사재판을 할 때.

이탄희 판사들로서는 재판을 서류재판 방식으로 하면 할수록 그런 점들이 더 심해집니다. 두가지 측면이 있어요. 첫번째, 판사 본인이 서류재판을 통해서는 확신을 얻기가 어려워요. 글자가 살아 숨 쉬는 게 아니기 때문에 한쪽에서 논리를 잘 맞춰서 오면 그게 아닌 것 같아도 틀렸다고 판결문을 쓰기가 참 어렵고요. 그다음에 둘 다 논리가 갖춰져 있으면 헷갈려요, 글자만 봤을 때. 만약에 법정에서 두 사람 얘기를 동시에 듣고 한 사람 얘기가 맞는 것 같을 때 반복해서 반론을 던지게 하면 거짓말하는 사람은 어느정도 모순이 드러나게 되니까 확신을 갖게 될 수 있죠. 그런데 서류재판을 하면 확신이 약해요. 확신이 약할수록 언론과 주변 사람들이 이미 가지고 있는 선입견에 동조하고 싶어지는 거예요. 그와 다른 판결을 내렸을 때는 공격을 당할 수 있으니까요. 두번째로, 언론은 일단 검찰발 기사를 많이 쓰잖아요. 법원발로도 기사가 나갈 수 있으면 훨씬 나을 텐데, 공개재판이 이루어져야 뭔가 나갈 기사가 있잖아요. 법원에서 법정 재판을 연이어 열어야 매번 기자들이 와서 보고, 전날의 증언은 검찰이 얘기한 것과 좀 다르고 다음 날 또다른 증인이 어제 증인의 얘기와 똑같은 얘길 하는 걸 보니 검찰에서 공소장을 완전 잘못 쓴 거네 하며 보도할 수 있으며, 이를 통해 국민들도 다른 생각을 할 수 있는 여지가 생기는데, 서류재판으로 진행되면 일단 언론에서 보도할 게 없어요. 선량한 기자가 있다고 치고 이 사람이 보기에 검찰이 너무 한쪽으로 몰고 갔어도 쓸 게 없어요, 지금은. 법정에서 서류가 오고 갈 뿐이지 기자가 그 서류를 보는 게 아니잖아요. 또 서류재판은 띄엄띄엄 있거든요. 그래서 잊혀요. 그런데 공개재판으로 집중적으로 진행되는 재판은 연이어 열리거든요. 그러니까 국민들에 대한 전달력도 훨씬 높죠. 오늘 한번 보도되고 2주쯤 지나서 다시 보도되면 사람들이 바쁜데 언제 다 그걸 보고 듣고 있겠어요. 그런데 3일 연속으로 중요한 사건에 대해서 오전 오후에 계속 사실은 이런 내용이 있다고 보도된다면, 사람들은 거기에 몰입해서 기존에 자신이 가지고 있던 선입견과 다른 부분이 많구나 하는 생각을 할 수 있는 거죠.

최강욱 X 이탄희

최강욱 재판이 길어지고 서류재판으로 갈수록 검찰은 좋다는 말씀에는 이런 점도 있지요. 검찰이 수사기록의 양을 엄청 늘려서 판사를 질리게 만든 다음에 증인과 참고인을 많이 등장시키면 당연히 재판은 늘어날 수밖에 없잖아요? 판사는 얼른 그 사건을 떼어내서 그로부터 벗어나고 싶다는 생각을 가질 수밖에 없고요. 또 아까 얘기한 것처럼 집중심리가 이루어지지 않다보니까 이를 취재한 기자가 검찰의 프레임 속에 빠지게 되고, 그게 기사로 나타나는 결과물을 보면, 법정에서는 당연히 검사가 얘기한 뒤에 피고인 측 변호인이 이를 논박하는 형식으로 재판이 이루어지는데도 기사에는 피고인이 이런 식으로 얘기했지만 검사는 이렇게 반박했다는 식으로 나와버린단 말이죠, 순서가 바뀌어서.

이탄희 맞습니다. 그리고 지금의 서류재판 구조에서는 언론의 영향력에 판사가 굉장히 취약하죠.

최강욱 저희들 입장에선 너무 안타까운 일이죠. 근데 아까 검찰개혁이 법원개혁과 분리될 수 없다는 말씀을 했는데, 법원에 있을 때는 어떻게 느끼셨어요? 법원행정처는 법원개혁이나 사법개혁 이슈가 제기될 때마다 어떤 시각에서 바라보는 것 같아요? 검찰은 그런 상황이 오면 똘똘 뭉쳐서 하나도 안 뺏기기 위해 저항하잖아요. 정치권에 로비도 하고요. 근데 제가 변호사로서 사법개혁에 임하는 법원행정처 간부들이나 심의관들의 모습을 일단 기본적으로 한탄을 했어요. 검찰은 저렇게 똘똘 뭉쳐서 자기 걸 지키려고 하는데 판사는 각자 생각에 빠져 있다고요. 그다음에 이게 우리 업무량이 늘어나는 걸로 귀결되면 안 된다는 생각을 하는 것 같아요. 그리고 여론전에서 밀리고 있으니 적절히 타협하고 넘어가자는 식의 포기도 많이 하는 듯하고요. 법원 안에서 볼 때는 이와 좀 달랐나요?

이탄희 행정처와 일선 판사의 인식 차이는 분명 있는 것 같아요. 굳이 따지자면 행정처는 검찰이 경쟁자인 거고요, 일선 판사들은 법정에서 보는 검사는 나보다는 어떻게 보면 기능적으로는 낮은 사람이니까 경쟁자는 아니고 문제가 많이 있는 집단이라고 여기죠. 그래서 판사들 입장에선 검찰이 바뀌어야 한다고 생각하고 검찰개혁 이슈가 사회적으로 주목을 받으면 이에 심정적으로 동조하는 면은 많이 있었어요. 특히 형사재판을 하는 판사들은 검찰이 문제가 많다고 보는 편이었어요. 그런데 요즘 느끼는 건 젊은 판사일수록 무관심해요, 검찰개혁 이슈에. 저는 아까 말씀드렸듯이 검찰개혁이 잘 이루어져서 검찰이 법률가로서의 기능을 잘 수행하면 할수록 법정 중심의 재판, 공개재판을 하려는 판사에게는 도움이 된다고 보기 때문에 많이 아쉬워요. 판사는 검찰개혁을 강하게 지지하는 그룹이 돼야 하는데, 그런 입장은 약해지는 거 같아요, 제가 법원에 있을 때보다.

최강욱 X 이탄희

❝

법원개혁과 검찰개혁으로
우리 삶의 불안을
덜어내야 합니다.

❞

한국 형사재판의 문제점

최강욱 광주지원에서 형사 단독판사를 처음 하실 때 재판장으로서 피고인석과 변호인석에 안내문을 붙여놓으신 사례가 아주 인상 깊었어요. 그때 그걸 해야겠다고 생각하신 이유가 뭐였나요?

이탄희 다른 나라에서는 형사재판을 어떻게 하는지에 대해서 우연히 접할 기회가 있었어요, 영상이나 이런 걸 통해서. 그런데 대한민국과 일본 두 나라를 뺀 대부분의 나라들은, 아니 둘 빼고 모든 나라들은 법정 중심 재판을 해요. 다 집중심리를 하고요. 그런데 우리나라와 일본만 서류재판을 합니다. 더 기가 막힌 건 우리가 일본보다 더 나빠요. 일본은 서류재판인데 그 서류를 재판에서 다 읽어요. 쓸데없는 짓일 수도 있겠지만 요식행위라도 하는 거예요. 우리는 요식행위도 안 해요. 정말 그런 면에선 형사재판 방식은 대한민국이 정말 최고로 구식이고요. 저도 법정 중심 재판을 하고 싶었어요. 실제 법정에서 해보니까 그 재판이 훨씬 좋다는 걸 제가 체감했죠. 당사자들이 훨씬 만족스러워하고 결과에 대한 승복도가 매우 높고요. 그래서 확신을 가졌죠.

최강욱 피고인 측 안내문에는 핵심을 말할 기회를 충분히 보장받을 테니 판사가 핵심을 빨리 파악할 수 있게 해달라는 내용이 있었잖아요.

이탄희 두가지 안내문이었어요. 저희는 환자 치료하듯이, 암환자라서 며칠날에 입원하고 며칠 금식하고 며칠날 수술하고 나간다는 식으로 재판 계획을 잡아서 하니까 계획에 맞춰 준비해 오시라고 했고, 법정에 왔는데 2분, 3분 얘기하라 하고 3주 뒤에 보자고 한 후 3주 뒤에 또 서류 내라고 하고 다시 3주 뒤에 보는 식으로 하지 않는다고 했어요. 그런데 그렇게 설명을 하고 변호사들에게 언제 시작해서 며칠 연속으로 재판할 건데 삼사일 동안 시간 되십니까 물으면 변호사들은 회사에 가서 상의해봐야 한다고 하거든요. 그래서 그걸 미리 준비해 오시라는 안내를 했습니다. 그리고 한번 재판을 열면 법정에서 이야기하실 시간을 제가 충분히 드리니까 피고인 측에서는 충분히 이야기하실 수 있다는 것도 안내했죠. 마지막으로 많이 기다릴 수 있다, 이렇게 재판을 하다 보니 한건 한건 시간이 오래 걸려서 재판이 길어질 수 있고 그러다 저녁 늦게 끝날 수도 있으며 모든 재판이 점심시간을 넘어갈 수 있으니까 양해해달라, 이런 것들을 세 번째로 썼던 기억이 납니다.

최강욱 그런 재판을 한다는 게 알려졌을 때 다른 판사들 반응은 어땠어요?

이탄희 선배들은 크게 안 좋아했던 것 같고요. 젊은 판사들 가운데는 '형 멋있는 것 같아요'라고 얘기해주는 판사도 있었고요. 제가 그와 관련해서 「형사단독분투기」라는 이름으로 글을 써서 법원 내 인트라넷인 '코트넷'에 올려놨어요. 그게 한 40~50페이지 된 것 같은데, 적나라하게 아침 몇시에 출근해서 어떻게 했고 직원들과 어떻게 실랑이했으며 어떤 검사한테서 어떻게 태클이 들어왔고 법원장에게는 어떻게 눈칫밥을 먹었다는 시시콜콜한 얘기들까지 썼죠. 그게 10년이 넘었는데, 판사들이 아직도 그 얘기를 한다고 하더라고요.

최강욱 거기 댓글 반응은 어땠어요?

이탄희 좋은 댓글이 많았어요. 욕하고 싶은 사람은 굳이 댓글 안 달잖아요.

최강욱 당신이 그런 상황에서 그렇게 겪었던 것에 공감이 된다, 그렇지만 우리가 결국 그런 모습으로 바뀌어야 되지 않겠냐, 그런 댓글이 있었다는 거죠?

이탄희 많았죠.

최강욱 그렇게 할 마음이 있는 사람들한테 그런 여건을 만들어주는 게 정치가 해야 할 일인데요. 그런데 아까 검찰개혁이라는 이슈에 대해서 지금 법원의 젊은 판사들이 관심이 없는 것 같다고 하셨는데, 이것이 사법농단 사건 수사를 거치면서 형성된 이미지나 의식 같은 데 영향을 받았다고 보세요?

이탄희 그 영향이 고위법관들 내에서는 있는 것 같아요. 고위법관들 경우엔 말하자면 검찰에 대한 적개심이 있죠. 그런데 잘 아시겠지만 고위법관 중에는 정치적인 성향으로는 보수정당을 지지하는 이들이 많잖아요. 그런데 그 보수정당이 현재는 검찰정권의 정당이잖아요. 그러니까 혼란스러워하는 것 같아요.

최강욱 혼란스러워하나요? 혼란을 쉽게 극복하는 것 같던데요? 이건 문재인 대통령 책임이라고 하면서요.

이탄희 그런 식으로 심리적 탈출구를 만들고 있죠.

공익 수호자로서의 판사와 검사

최강욱 그 바탕엔 동류의식이 있는 거죠. 검찰총장이나 검사장은 우리처럼 출세한 재조 법률가들인데, 김명수 대법원장은 족보도 없던 사람이 대법관도 안 거치고 대법원장 됐고, 대통령은 서울대도 못 나온 재야 변호사 출신인데 이 사람이 감히 우리를 쳐, 이러는 거죠.

이탄희 그런데 저는 그런 상황에서 김명수 대법원장이 보여준 행보에 아쉬운 게 참 많아요. 특별한 개혁의 시기에는 타협이 없어야 한다고 저는 생각하거든요. 역사적으로 그런 시기가 있어요. 그런 시기에 권한을 갖게 된 사람은 어중간한 행보가 없어야 합니다. 아니면 대법원장 안 하면 되는 거예요. 역사적인 시기에 권한을 가져간 사람은 개혁의 성과를 만들어야 하는데 그렇게 하지 못하면 나중에는 개혁에 저항했던 사람들이 결국 다 되돌리는 거죠.

최강욱 어느 쪽 욕도 듣기 싫어서 대충 하다가 모두에게 욕먹는 상황이 되어버렸죠.

이탄희 모두에게 비판받고 모두에게 아무 의미가 없는 대법원장으로 임기를 마치는 것 같아서 안타깝습니다. 저는 화가 납니다.

최강욱 그런데 이런 점은 있었잖아요. 판사들이 검찰에서 참고인 진술을 하고 나와서 너무 분하고 억울해서 구토를 했다, 눈물을 한 바가지 흘렸다, 압수수색영장 발부 다시 생각해보게 됐다, 이런 얘길 했는데, 지금 보면 검찰이 당시 참고인으로 소환했던 사람들을 입건해놓고 결정 없이 몇년간 그들의 목줄을 쥐고 있잖아요. 이런 것에 대한 법원 내부의 불안감과 두려움이 밑바닥에 있는 게 사실 같아요. 당사자들이 얼마나 답답하겠어요. 그에 대해서 사법부 수장이나 행정처가 이게 뭐하는 짓이냐며 항의할 수 있어야 했는데 정작 그러는 걸 우리는 못 봤거든요. 왜 그런 걸까요?

최강욱 X 이탄희

이탄희 지금은 정권의 눈치를 볼 가능성이 높죠.

최강욱 눈치를 보는 이유는 뭘까요?

이탄희 눈치 볼 이유는 사실 없죠.

최강욱 심리적 위축일 뿐이지요. 한홍구 교수님이 말씀하셨는데, 유신 같은 황당한 시기에도 법관에게 직접적으로 물리적 폭력이 행사된 적은 없다는 거예요. 군부독재 시절에도요. 그런데 판사들이 '쫄아서' 스스로 알아서 기는 판결을 하더라며, 역사학자로서 그게 너무 안타까웠다는 말씀을 제가 들은 적이 있었는데, 그게 곱고 귀하게 자라서, 아니면 곱고 귀하게 살기 위해 이 자리에 왔는데 굳이 구설에 오르거나 다퉈서 내 몸에 상처 나는 일은 안 하겠다는 일종의 보신 아닌가 싶어요.

이탄희 과거의 고위법관 양성 코스에서는 순치된 사람들이 더 승진할 수 있었다고 평가합니다. 우리나라에서 대법관 후보가 된 경우 중에 국민들한테 크게 칭송받는 판결을 했기 때문이었던 사람은 거의 없거든요. 재판을 잘해서 후보가 된 사람도 거의 없고요. 대법관 후보가 될 수 있는 좋은 경력을 갖췄기 때문에 후보가 되는 경우가 거의 100퍼센트였어요. 나중에 법원행정처에서 그 사람이 담당했던 수백수천건의 판결 중에서 뭔가 약자를 구제했던 판결을 찾아내서 홍보하는데, 그 사람이 대법관 후보가 된 건 그 판결을 해서가 아니고 지방법원장과 고등법원장을 지내고 대법원에서 무슨 연구관을 해서인데 사후적으로 그렇게 홍보하는 경우가 많거든요. 그럼 그 코스를 어떻게 밟았느냐 하면 내부의 기존 관행에 잘 순응해서인 경우가 아무래도 많았단 말이에요. 이런 인사 구조가 판사들이 정권 눈치도 보고 언론 눈치도 보고 검찰 눈치도 볼 수밖에 없는 문화적 배경인 것 같아요.

최강욱 어느정도 레벨이 올라간 판사가 기자들 관리한다는 얘기도 충격적이었어요. 검사보단 덜하겠지만 예를 들면 기자 아이의 백일잔치, 돌잔치에 꼬박꼬박 참석해 축사를 한다는 거죠. 예전에 신영철 같은 사람이 하마평에 자신을 왜 안 써주냐고 하면서 자신을 '중부권 대표주자'라고 써달라고 했다는 건 유명한 얘기잖아요. 모 헌법재판관은 얼마나 열심히 기자들을 챙기는지 제가 후배 기자들 경조사 갈 때마다 그 사람을 봤어요. 대단하더라고요. 그런 걸 바라보면서 법관으로서 품이 넓고, 샌님이 아니고, 더 나은 삶을 사는 거라고 보는 사람들도 많이 있었죠.

이탄희 법관상 자체가 바뀌어야 해요. 관료 법관에서 사법기관으로서 잘하는, 재판기관으로서 존경받는 사람으로 바뀌어야 해요.

최강욱 법관에게는 수호자의 이미지가 있어야 하거든요. 무슨 일이 있어도 이 선을 내가 지킨다, 이게 법관으로서 내 최소한의 도리다, 그런 걸 보여준 법관이 과연 몇이나 있었나요.

이탄희 수호자 좋네요. 관료 법관이 아니라 수호 법관.

최강욱 김병로 대법원장이 계속 회자되는 대표적인 이유가, 이승만 대통령이 정치인 판결에 불만을 토로하니까 억울하면 항소하시라고 얘기했다는 거잖아요. 그런데 그런 대법원장이 사법부에 속했었다는 걸 자랑할 줄은 알면서 현실의 재판이나 업무에서 이를 구현할 생각은 하지 못하는 것이 법원의 현실이죠.

검찰개혁과 정치의 역할

최강욱 검찰개혁 과정에서 항상 검찰이 누리고 있는 특권의 문제가 제기됩니다. 예를 들어서 일반적으로 국가공무원법의 적용을 받게 되어 있는 보수 규정이나 수당 규정이나 출장비, 여비 등을 법무부가 별도로 정한단 말이죠. 법무부를 장악한 게 결국 검사들이기 때문에 그들 편의대로 정하는 거죠. 그다음에 국회에 와서 어떤 논의를 할 때는 무조건 법원의 기준에 준하고, 검찰총장을 대법원장 기준에 맞추려고 하죠. 사실 총장은 일반 대법관보다도 낮은 급인데도요. 수당이나 여비도 판사에게 맞춰야 된다, 우리를 왜 행정고시 출신 공무원들과 같이 취급하냐, 우리는 다르다는 인식이 있단 말이죠.

이탄희 그래도 그런 점은 좀 약해져가는 거 같아요, 다행스럽게. 예전 참여정부 때 입안되어서 나중에 여야 합의로 처리된 법조일원화의 성과로 참 많이 약해지고 있다고 생각합니다. 저는 로스쿨 제도에 대해서도 사법시험보다 더 나쁘다고 생각하진 않거든요. 로스쿨 제도가 여러가지 보완해야 할 점은 있지만 그것을 잘 살려서 사회적 약자가 더 많이 들어갈 수 있도록 해야 한다는 정도로 생각하고, 로스쿨로 바꾼 것 자체는 긍정적인 효과들이 많이 나타나고 있다는 생각입니다.

최강욱 로스쿨 제도가 독점의 틀을 깼다는 것만으로도 법조에 굉장히 많은 영향을 끼쳤죠. 요새는 법조인들끼리 몇 기야, 이런 얘기 안 하잖아요. 예전엔 법조인들이 만나면 몇 기인지 물어보고 대학 학번 따지고 그랬는데요.

　이의원님은 공익인권법재단 '공감'에도 좀 계셨잖아요. 그때도 검찰개혁 이슈는 살아 있었는데, 당시 공감 소속 변호사들이나 다른 시민단체 관계자들이 검찰개혁을 바라보는 시각은 어떻다고 느끼셨어요?

이탄희 검찰개혁 자체에 대한 동의 수준은 낮지 않았는데, 시간이 지체되고 성과가 명확하지 않은 과정에서 많이 약화된 것 같았어요. 그게 좀 안타깝습니다.

최강욱 동의 수준이 약해진 것은 왜 빨리빨리 못 해내느냐는 생각

때문인 건가요?

이탄희 저도 거기에 대해서는 자기비판을 해야 되는데, 민주당의 리더십에 대한 불신이 많이 생긴 것 같아요. 우리가 설득력이 부족해서 그들을 설득해내지 못하는 거예요. 예를 들면, 수사와 기소를 원천적으로 분리하는 법안을 한번에 통과시키지 못한다 하더라도 이번 단계에선 이만큼 이루고 그다음에는 2단계가 있고 그다음에는 3단계가 있어서 어떻게 갈 거라는 마스터플랜을 가지고 설명해나가면서 지금은 1단계이고 나중에 3단계로 갈 거라고 설명하는 게 필요했는데, 그걸 잘 못했죠. 그러다보니까 2단계 3단계로 가는 게 아니라 보는 사람에 따라서는 1단계 다음에 0단계로 갔다가 마이너스 1단계로 가는 거 아니냐고 생각할 수도 있고, 그렇게 생각하는 사람들 가운데서는 오히려 이를 막아야 한다고 생각하는 변호사들도 나오는 거죠. 민주당이라는 주체가 신뢰를 잃었던 게 시민사회 활동이나 공익 활동을 하는 젊은 법조인들의 검찰개혁 이슈에 대한 동의도가 떨어진 결정적인 이유였다고 봐요. 저도 민주당 소속 국회의원이고 사법개혁 관련해서는 큰 기대를 받았기 때문에 안타까운 걸 넘어서서 죄송하다는 말씀을 드려야 되는 상황이 됐어요.

최강욱 시민사회 활동가들도 그렇고 민변 변호사들도 그렇고, 시위하는 사람들이 갑자기 체포돼서 영장이 문제가 되면 당직 변호사라 해서 출동하고 그러잖아요. 이들이 현장에서 맞부딪치고 현장에서 겪는 사람은 검사보다 경찰관이 훨씬 많은데, 그 과정에서 겪는 부당한 처우, 경찰이 불법적으로 전횡하는 모습을 보면서 생긴 불신도 상당히 작용하는 것 같아요. 뭘 믿고 저 사람들에게 맡긴다고 하냐는 거죠.

이탄희 동의하고요. 제가 얘기한 이슈와 같은 건데요. 지금 수사권 조정은 이렇게 하지만 우리가 결국 하려는 건 검사를 수사로부터 분리해내는 것이다, 수사기관은 어떻게 구성을 할 것인데, 경찰도 하나의 수사기관이고 그 수사기관도 하나의 문제가 있으니 경찰개혁은 어떻게 할 것이다, 자치경찰제는 어떻게 시행할 것이다, 그리고 사회적 약자인 피해자들이 수사기관으로부터 제대로 된 서비스를 받지 못할 때를 대비해 어떻게 보완할 것이다, 이렇게 민주당이 마스터플랜을 들고 설명했어야 했습니다. 그랬으면 경찰에 대해서 문제의식을 가지고 있는 현장의 변호사들도 이 검찰개혁의 방향이 우리가 처음에 생각한 방향과 같고 경찰개혁 문제는 그에 발맞추어 풀려나갈 것이라고 생각하면서 같은 대오를 유지할 수 있었을 텐데, 그게 이루어지지 못한 거죠. 그게 사실은 정치 리더십인데, 민주당이 그걸 발휘하지 못한 거예요. 저희가 특히 여당일 때 한 2년 동안 복지부동하면서 시간을 낭비해버린 게 너무너무 한탄스럽습니다.

최강욱 민주당은 왜 이걸 미적거리며 제대로 이뤄내지 못하고 이렇게 왔을까요? 자기 문제라고 생각하는 의원들이 그렇게 많지 않다고 느끼지는 않으셨나요?

이탄희 의원들 각자는 다양한 이유로 소극적이었겠죠. 실제로 내용을 잘 모르는 사람도 있었을 것이고, 극단적으로는 검찰과 가까운 의원도 있겠고, 무관심한 의원도 있었을 테고, 또 언론이 시끄러우니까 시끄러운 것 자체가 싫은 의원도 있는 등 다양했을 텐데요. 제가 의원 생활을 3년 반 하면서 느낀 건 어차피 모든 사람들이 동일한 수준으로 열정을 가지긴 어렵고 일이 이루어지려면 소수의 열정적인 그룹과 그것을 지지해주는 지도부의 의지 이 두가지가 있으면 되거든요. 그런데 소수의 열정적인 의원이 없진 않았던 것 같은데 지도부는 소극적이었죠. 우리가 여당일 때 지도부가 소극적이었던 것이 첫번째고요. 또 정치 구조적인 문제도 있어요. 이 얘긴 정치개혁과 연결됩니다. 우리가 위성정당을 만들고 합당해서 180석을 했던 것이 오히려 검찰개혁을 민주당 중심으로 추진하는 것에 대한 지지를 약화시키는 독이 되었어요. 단독 180석을 하니까 정치권에 몸담고 있는 모든 사람들의 촉각이 민주당이 너무 독주하지 않을까 하는 것으로 집중돼버렸어요. 민주당 독주 프레임, 힘 자랑 프레임이 먹히면서 진보언론에서도 민주당을 견제하는 기사들을 많이 썼고, 그다음에 정치권에 몸담고 있는 분들 중 중간층이라는 사람들, 적어도 국민의힘보다는 민주당에 가까웠던 많은 사람들이 민주당에 대해서 한발 떨어져서 보는 상황이 연출된 거죠. 그리고 위성정당으로 인해서 의석이 줄어든 다른 정당들과 민주당 간에는 사실 정서적인 갈등도 많이 생겼고요. 민주당 중심 검찰개혁의 지지 기반이 흔들리는 상황이 되니까 당내에서 목소리들이 갈라지기 시작하는 거예요. 이렇게 견제받는 상황이니 우리가 치고 나가면 안 된다, 그러면 우리는 진짜 고립된다는 의견도 나오고, 아니다 뚫고 나가야 된다, 어차피 이렇게 된 마당에는 성과를 내야 된다는 견해도 존재하는 등 내부에서 분열이 생기고 힘은 더 결집이 안 되어버린 거죠. 저는 위성정당 만든 것도 잘못이고 합당한 것도 잘못이라고 생각해요. 우리가 지역구에서만 163석을 했으니 그것에 만족하고 비례대표 의석만큼이라도 발을 빼서 공간을 만들어줬으면 진보야당들이 존재했을 것이고, 거기서 선명하게 이슈를 끌고 갈 때 따라가는 식으로만 했어도 민주당이 독주 프레임에 걸리지 않고 성과를 많이 낼 수 있었을 텐데요. 검찰개혁 법안이 그 하나의 예고요, 며칠 전에 윤석열 대통령이 결국 거부권을 행사한 언론개혁 법안이라 든가 노란봉투법도 마찬가지죠. 우리가 여당일 때 그것들을 힘있 게 추진했으면 좋았을 텐데요.

최강욱 사실 검찰개혁은 탄핵 이후 대선에서 모든 후보들의 공약 이었어요. 양당의 증오 프레임, 힘 자랑 프레임에 민주당이 빠지 지 않았으면 분명히 해낼 수 있는 과제였죠. 앞으로 검찰개혁을 마무리해야 하고 사법개혁의 동력도 계속 살려나가야 하는데 지 금 돌아보면 그런 점이 있죠. 기존의 사법개혁 이슈들이 김명수 대법원장 체제를 겪고 나서 많이 힘이 빠져버린 면도 있고요.

최강욱 X 이탄희

우리의 삶을 바꾸는 사법개혁과 정치개혁

이탄희 결국은 실천적으로 어떻게 할 거냐는 문제로 귀결될 수밖에 없는데, 저는 검찰개혁과 사법개혁, 정치개혁을 하나로 꿸 수 있다고 생각합니다. 공통 공약을 만들면 좋겠어요. 수사·기소 분리 법안은 22대 국회가 구성되면 첫번째 과제로 추진하자, 그다음에 법원개혁과 법관 증원은 계속 추진하고, 판사에게 요구되는 사회 경력을 최소 7년으로 하고 판사 다양성을 늘리며 재판도 공개재판으로 하자, 이걸 공통 공약으로 걸어서 여러 정당들이 지지하게 만들고 그렇게 실제로 해나가면 하나의 연합정치의 토대가 되거든요. 민주당이 그중 맏이 노릇을 하고 소수정당들도 그 공통 공약을 채택한다고 하면 22대 국회가 개원되었을 때 어떻겠어요. 기존에 정의당이 어땠고 다른 당이 어땠는지를 넘어서서 그러한 공통 공약을 채택하는 모든 정당들이 국민 앞에 약속하고 연합정치의 새 모습을 보여주면서 앞으로 내년(2024) 총선까지 정치개혁의 국면을 만들어나갔으면 좋겠어요. 그것이 국민들한테 21대 국회에서는 그렇게 하지 못한 것에 대해 사과하는 최소한의 의미도 있는 것이고 22대 국회에서 희망을 찾자는 것이죠.

최강욱 검찰개혁과 사법개혁, 정치개혁 같은 것들은 너희들의 주제지 우리의 삶과 무슨 관련이 있냐며 외면하시는 분들도 상당수 있거든요. 이런 문제가 우리의 삶, 시민의 삶과 왜 무관하지 않은 것일까요.

이탄희 사실 시민들도 수사 한번 당해보고 재판 한번 받아보시면 금방 느낄 문제입니다. 특히 판사 수가 적어서 재판이 서류재판으로 진행되면 힘이 없는 사회적 약자들이 가장 큰 피해를 봅니다. 예를 들어 불법 파견으로 불이익을 받다가 근로자 지위를 인정받고 싶은 분이 있었는데 그분의 판결이 10년 넘게 대법원에 방치되어 있었어요. 그분이 어떤 회사에서 일을 하고 있었는데, 중간에 사장이 교체되더니 그분에게 내일부터 오지 말라며 셔터도 내리고 월급도 안 주는 거예요. 그러자 그분이 나는 원래 여기서 일했고 회사는 그대로인데 계속 일하겠으니 월급을 달라며 소송을 냈는데, 법원은 10년 동안 월급 못 받는 채로 그냥 버티라고 하면서 판결을 안 해주면 어떻게 될까요? 당사자가 있는 집 사람이고 부모가 잘살면 10년 지연돼도 버티겠죠, 다른 사업을 하면서. 재판에 이기면 덤으로 돈 받는 거고, 그렇게 살 수 있겠죠. 그런데 사회적으로 힘이 없는 사람은 그렇게 하지 못하잖아요. 그리고 전관 변호사를 살 수 없는 사람들은 검찰이 10만 페이지, 20만 페이지 기록을 내면 어떻게 그걸 상대하겠어요. 판사가 법정에서 자신의 말은 안 들어주고 서류를 내라고 하는데, 10만 페이지, 20만 페이지의 서류를 내려면 변호사를 사야 하잖아요. 큰 돈을 써야 하잖아요. 그래서 저는 사회적 약자, 그리고 중산층을 대변하는 정치인이라면 사법개혁과 정치개혁에 매진해야 된다고 생각하고요. 그리고 힘이 없는 국민들께서는 그런 정치인들 통해

최강욱 X 이탄희

서 이 개혁 과제를 지지해주셔야 한다고 생각해요.

최강욱 말씀대로 우리가 해결해야 할 문제들이 다 따로 떨어진 것들이 아니라 모두 얽혀 있고, 또 전부 반드시 해결해내야 된다고 봅니다. 오늘 법원의 입장과 시민단체의 입장에서 본 검찰개혁 문제에 대해서 의미있는 얘기들이 많이 나온 것 같아서 반갑게 생각합니다.

이탄희 마지막으로 하고 싶은 얘기는, 요즘 이럴 때일수록 법원이 자기 기능을 명확하게 해주면서 검찰과 법원이 어떻게 다른지를 국민들한테 명확하게 보여줬으면 좋겠어요. 엊그제 대법원장 후보자도 수사는 일회성으로 단기간에 끝나야 하는 게 원칙이라고 얘기하더라고요. 이건 도이치모터스 주가조작 사건에 대한 김건희 여사의 연루 여부에 관한 결론이 곧 나올 거라고 작년 7월 25일에 장관이 말했는데도 1년 반 동안 결론이 안 나오고 있는 건 말이 안 된단 얘길 하는 거죠. 압수수색도 너무 많아져서 작년에 거의 40만건에 다다랐거든요. 전년 대비 10퍼센트 폭증했습니다. 압수수색영장 사전심문제를 시행하는 것은 바람직하다고 대법원장 후보자도 말하고 있습니다. 앞으로 사법부가 어떻게 구성되더라도 법원이 기본적인 역할을 명확하게 해줘서 지금 일부 검사들, 그리고 법무부의 잘못된 행태가 견제될 수 있다는 점이 국민들에게 더 많이 전달될 수 있으면 좋겠습니다.

최강욱 법원 구성원들이 이런 얘길 했어요. 검찰이 자꾸 자신들이 법원과 같은 것처럼 행세하는 바람에 국민들이 검찰이 행정부 소속이 아니라 사법부 소속인 줄 착각하신다고요. 그 근본적인 이유가 어디에 있는지를 이탄희 의원님 말씀을 듣고 성찰했으면 좋겠습니다.

이탄희 그리고 하나 더. 법원이 잘하지 못하면 국민이 불안해해요. 판사들이 이걸 잘 알아야 해요. 대한민국 국민들이 불안해합니다. 지금 시대의 키워드가 불안이거든요. '묻지마' 범죄로 인한 불안, 민생 불안, 식비·월세 다 오르는데 소득은 그대로고 회사는 사원들을 잘 안 뽑는 데 따르는 불안, 기후위기로 인해서 진짜 지구가 멸망하는 거 아닌가 하는 불안, 저출생으로 인해서 우리를 나중에 먹여 살릴 연금 같은 제도가 유지되지 못하고 붕괴되는 것 아닌가 하는 불안에 검찰에 언제든지 압수수색 당할 수 있다는 불안까지 겹쳐져서 국민들이 너무 불안하거든요. 법원이 그 불안을 조금이라도 덜어내야 해요. 법원이 그 기능을 해주면 좋겠습니다.

최강욱 말로만 최후의 보루라고 하지 말고 진짜 수호자로서의 역할을 법원이 해줬으면 합니다. 전에 어떤 대법관이 한 표현이 저는 참 마음에 들었어요. '법원이 있어서 참 다행이라는 생각을 시민들이 했으면 좋겠다' 그 말로 집약되지 않을까 싶습니다. 관료화된 법원 말고 정의와 인권과 시민을 지키는 수호자로서의 법원을 기대하고, 또 그런 법원의 모습이 있어야지만 검찰도 제자리

를 찾는다는 걸 사법부 구성원들이 명심해주었으면 좋겠다는 말
씀으로 이 자리를 마무리하겠습니다. 고맙습니다.

경찰이 바라본 검찰

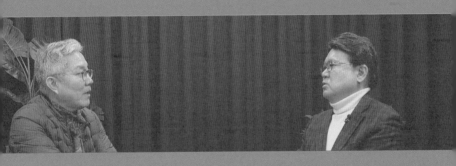

최강욱 ✕ 황운하

황운하 黃雲夏

경찰대학을 졸업하고 34년간 경찰관으로 재직하며 경찰청 수사기획관, 경찰수사연수원장, 수사구조개
혁단장, 울산지방경찰청장, 대전지방경찰청장 등을 역임했다. 현재 국회의원으로 활동하고 있다.

* 이 대담은 2023년 11월 17일
창비서교빌딩 촬영장에서 이뤄졌습니다.

최강욱 안녕하십니까. 검찰의 진면목을 다시 한번 확인하고, 앞으로 검찰개혁을 할 때 놓치지 말아야 할 점, 과거를 돌아보고 앞으로 해야 할 일을 살펴보는 시간인데요. 오늘 누구보다도 현장에서 그 문제를 직접 경험하시고 국회 오셔서도 시대적 과제를 해결하기 위해 온몸을 던지고 계신 황운하 의원님 모셨습니다.

황운하 안녕하세요.

최강욱 의원님, 오늘 사전에 말씀 나눴습니다만, 대담 시점으로 어제 김건희 씨 어머니 최은순 씨의 실형이 징역 1년으로 확정됐는데, 죄명이 사문서 위조예요. 근데 사문서 위조는 동 행사 사기죄가 기본 세트로 이어지는 거잖아요. 이게 떨어질 수 없거든요. 사문서 위조만 했다면 그냥 장난으로 위조해봤다는 것밖에 안 되잖아요. 사문서 행사가 떨어져 나갔으니까요. 그걸 행사하는 순간 사기죄가 성립하니까 사기죄로 기소를 하지 않으려면 그 행사를 빼야 하고요. 제가 최은순에 대해서도 고발인이고 김건희 주가조작에 대해서도 고발인인데 너무 기가 막히고 어이가 없어요. 게다가 장모는 10원 한장 손해를 끼친 적이 없다고 한 사람이 대통령이 돼 있네요. 그 사람이 검사로 재직할 때 있었던 일들을 의원님께서 누구보다 많이 겪으셨잖아요. 지난번 다른 대담 때 고래고기 사건 얘기도 잠깐 나왔는데, 윤우진 사건도 있었잖습니까.

윤우진 사건의 전말과 수사

황운하 그 얘기 좀 해볼까요? 윤우진 사건에 대한 경찰의 압수수색영장 신청 시점에 윤석열 검사는 대검 중수1과장에서 서울중앙지검 특수1부장으로 영전했습니다. 윤석열 1부장이 그 사건을 일컬어서 이런 표현을 했습니다. "대진이(윤우진의 동생 윤대진 검사)가 이철규(전 경기경찰청장)를 집어넣었다고 애들(경찰)이 지금 형을 걸은 거구나." 뉴스타파 기자와의 인터뷰 녹취록이 있습니다. 본인이 그런 식으로 검찰권을 사유화해서 보복수사에 활용해오니까 경찰도 그런 줄 알고 넘겨짚은 거 같은데, 사실 그 수사는 윤우진을 타깃으로 한 것이 아니었어요. 애초에는 한국예술종합학교 교수들이 입학 실기시험에서 부정 채점을 하는 댓가로 금품을 받았다는 첩보 때문에 시작됐거든요.

최강욱 X 황운하

최강욱 그때 의원님은 어디 계셨나요?

황운하 경찰청 수사기획과요. 그 첩보가 들어왔는데 한예종 교수가 돈 받은 것까지 경찰청에서 수사할 순 없어서 서울청으로 보냈습니다. 서울청에서 광역수사대로 보내자 광수대에서 수사를 했는데, 돈 준 사람 중 하나가 육류 수입·가공업자였습니다. 한예종 콘트라베이스 전공 교수로 기억하는데, 그 업자가 딸을 부정 입학 시켜준 댓가로 그 교수한테 돈을 준 것으로 밝혀져 둘 다 구속이 됐습니다. 경찰이 그 업자의 계좌를 추적하는 과정에서 윤우진이 등장한 거죠. 윤우진한테도 돈이 흘러간 정황이 드러나 경찰이 수사를 진행해보니까 윤우진에 대한 스폰서 역할을 육류업자가 쭉 해온 거죠. 윤우진은 연말이 되면 갈비 세트 수백개를 준비해서 막 돌렸고요. 제가 나중에 국세청 감사관한테 물어봤습니다. 우리 같으면 그 정도 첩보면 잘렸는데, 그 사람은 어떻게 버티고 있느냐고 하니까 감사관이 우리는 그 사람 못 자릅니다 하길래 제가 무슨 소리냐고 했더니 그 사람 뒤에 특수부 검사들이 즐비하다는 거예요. 동생 윤대진 얘기를 하는 거냐니까 그게 아니라 윤석열도 있다며 윤우진이 동생 윤대진의 덕을 본 게 아니라 윤대진이 오히려 윤우진의 덕을 봤다고 평하더라고요. 윤우진의 인맥이 워낙 넓고 화려한 겁니다. 그렇다보니까 잘나가는 특수부 검사들에게 우리 대진이 잘 챙겨달라고 했던 거죠.

최강욱 국세청 감사관도 윤석열이란 이름을 알고 있었어요?

황운하 알고 있더라고요. 그 당시 제가 그분한테 전화할 때 이미 윤우진이 강원도에 별장이 있느니 첩을 두고 있느니 하는 첩보들이 많아서 너무 황당했죠. 공직자가 그럴 순 없는 거니까요. 윤석열도 특수부장 또는 대검 중수과장으로 있으면서 윤우진과 함께 골프장을 다닌 정황이 톨게이트 출입 차량 조회와 휴대폰 위치 추적으로 확인된 상황이었거든요. 기록에 등장해서 그건 기정사실화할 수 있었는데, 윤석열 본인도 인정했다고 들었어요. 내가 골프 칠 수 있는 거지, 내가 윤우진이 무슨 돈으로 쳤는지 그것까지 어떻게 아냐, 이렇게 말했거든요. 윤우진과 윤석열의 관계를 알 만한 사람은 이미 알고 있었죠. 어쨌든 윤우진은 타깃이 아니었고 한예종 교수였는데 윤우진한테 번졌죠. 윤우진을 수사하려다보니까 경찰에도 윤우진과 친분이 있던 이들이 많은 거예요. 그래서 당시 조현오 경찰청장이 저한테 전화해서 그 윤우진이라는 사람을 경찰이 강압적이고 인권침해적으로 수사한다는데 무리하게 하지 말라더라고요. 제가 조현오 청장과는 허심탄회하게 직설적으로 얘기할 수 있는 관계였기 때문에, 이건 제가 알아서 할 테니까 청장님은 아무 걱정 마시고 제가 하는 대로 놔두세요 했더니, 청장이 그럼 손 안 대겠다고 해서, 경찰 내부에서는 그게 무산된 거죠. 그리고 나니까 윤우진이 본격적으로 윤석열에게 매달린 거 같아요.

경찰이 하는 수사는 아주 명백하게 한계가 있습니다. 잘 아시

겠지만 강제수사가 진행되면 압수수색을 통해서 증거가 확보되어야 수사가 진행되는데, 압수수색 단계에서 소명자료가 부족하다는 이유로 검찰에서 영장 청구를 반려해버리면 수사 진행이 안 돼요. 소명자료가 부족한지 부족하지 않은지는 기록을 세밀하게 검토한 사람만 알지 수사라인 밖에 있는 사람은 모르는데다, 검사가 요구하는 소명자료라는 게 택도 없는 경우가 많기 때문에, 반려 사유를 보면 이 사람들의 목적이 수사 방해인지 아닌지를 한눈에 알 수 있어요. 이 사건도 그렇게 영장이 기각되었는데, 윤석열이 변호사를 소개시켜준 건 당시에는 잘 몰랐고 한참 지나서 알았어요. 당시 서울경찰청 광수대에서 수사를 했는데 수사 진행 상황은 경찰청 범죄정보과를 통해 저에게 보고됐거든요. 애초에

범죄정보과에서 첩보를 낸 것이라서 법정에 잘 챙겨서 진행상황을 보고하라고 했었죠. 그런데 수사가 잘 진행되지 않아서 중간중간 광수대장도 불러 왜 이렇게 진도가 안 나가냐 물었더니, 첫째 검찰이 너무 비협조적이고 그다음에 경찰 내부의 사정도 여의치 않다고 하더라고요. 그 당시에 윤우진이 서울경찰청장이나 수사부장 쪽에도 뭔가 손을 써놓은 거 같다는 느낌이 들었어요. 광수대장이 굉장히 어려움을 토로하면서도 하는 데까지 최대한 해보겠다 했어요. 그런 과정에서도 어쨌든 경찰 수사가 계속 진행되니까 윤우진이 결국은 도망을 갔죠. 사표도 안 내고 베트남으로 도망을 갔는데, 사표가 제출됐더라도 수리되지 않았겠지만요. 사실 그 정도면 국세청에서 징계해서 파면 내지 해임해야 하지 않습니까? 그런데 윤우진은 징계도 없이 몇개월 있다가 잡혀 왔어요. 인터폴 적색수배로 잡혀서 왔는데, 그랬으면 경찰에서 그를 곧바로 체포하고 48시간 이내에 구속영장이 발부되는 걸로 처리돼야 하지만 윤우진은 입국 후 곧바로 풀려났습니다. 황당한 일이 벌어진 거죠. 해외로 도피했다가 잡혀 들어오고 혐의가 중해 보이며 증거도 뒷받침되니까 경찰에서 사전구속영장 방식으로 영장을 신청했는데도요. 그때는 제가 경찰청을 떠났을 때입니다. 이 사건 말고 김광준 검사 사건 때문에 청장과 알력을 빚다가 경찰수사연수원으로 밀려나 있었어요.

최강욱 김광준 검사 사건 수사도 수뇌부가 못 하게 한 건가요?

최강욱 X 황운하

황운하 방해했다기보다도 그걸 검찰이 빼앗아 가려고 해서 내가 수사할 테니 막지 말라고 했더니 수뇌부에서 한심하게도 그냥 그쪽에 넘겨주라고 한 겁니다. 충돌이 생기니까 인사 때 저를 다른 곳으로 보내버리더라고요. 그래서 윤우진이 다시 한국에 들어올 때는 제가 경찰청에 없었습니다. 그 뒤로 얘기만 들었는데, 경찰이 신청한 사전구속영장을 이번엔 법원이 기각했습니다. 이를 두고 그때 수사팀들은 검찰이 영장 신청을 반려할 명분이 없으니까 어찌어찌 잘 유도해서 법원이 기각하게 한 거 아니냐, 해외로 도피까지 한 비리 공직자에 대한 구속영장이 기각된다는 게 말이 되냐고 했죠. 수사 전문성과 무관하게 상식을 가지고 판단해봐도 있을 수 없는 일이지만 윤우진은 그렇게 풀려났습니다. 그런데 나중에 보니까 불기소가 돼버렸고 결국은 정년퇴직을 했어요. 그때 검사라는 사람들은 자신이 봐줘야겠다고 생각하면 수단과 방법을 가리지 않고 아주 노골적으로 파렴치하게 돕는구나 생각했죠. 윤우진이 불기소되고 해임도 되지 않고 다시 살아난 건 다 검찰에서 제대로 대응하지 않아서거든요.

최강욱 세상에 그런 일을 저지른 사람은 멀쩡하게 정년퇴임하도록 하고, 그 사건을 수사하면서 분루를 삼킨 의원님은 나중에 사표 처리도 안 해주고 출마를 못 하도록 하네 이러면서 압수수색을 했네요. 결국 조사 한번 없이 기소되시고요.

황운하 이게 연결이 됩니다. 제가 특수1부장 윤석열이란 이름을 처음 접한 게 그때였거든요. 그 전엔 몰랐어요. 나중에 윤석열이 국정원 댓글 사건 수사도 하고 박근혜 탄핵 때 특검 팀에 속하면서 언론에서 그의 소식을 접했는데, 윤우진 사건 때의 그런 행태를 본 저로서는 윤석열이 소신 있는 검사처럼 행세하는 게 참 가소롭더라고요.

검찰개혁 하면 경찰국가가 된다?

최강욱 등장하는 인물들의 면면만 봐도 우리나라의 부패 구조, 기득권 카르텔, 진실을 덮어버리며 범죄자를 선량한 사람으로 만들고 멀쩡한 사람을 범죄자로 만들어내는 검찰의 무소불위의 권력과 그 남용의 행태를 다 살펴볼 수 있어서 이 사건으로 얘길 시작해봤는데요. 사실 저는 그 장면, 장면에서 궁금한 게 여러가지 있어요. 저도 거기 등장하는 분들을 다 아니까요. 일단 검찰은 경찰과의 수사권 조정이나 검찰개혁 이슈가 제기되면 경찰의 권한이 비대화된다고 물고 늘어지지 않습니까? 문재인정부 때는 그렇게 되면 경찰청 정보국이 막강하기 때문에 정말 경찰국가가 되고 경찰이 중국 공안이나 진배없이 된다고 말했는데, 이들이 만들어낸 프레임대로라면 지금 의원님 말씀처럼 당시 경찰청 수사기획관이 윤석열, 윤대진, 윤우진이라는 사람 각각에 대해 잘 모르는 상황이 있을 수 없는 거잖아요. 오히려 지금 대검 범죄정보기획관실(범정)이라는 데가 캐비닛에 온갖 사람들 정보를 다 갖고 있다

　　　　　　　　　　　　　최강욱 X 황운하

가 꺼내 던져주는 역할을 하지 않습니까? 검찰은 모든 것을 자기네 프레임으로 보니까 그런 생각을 한다고 느껴지거든요. 이 사람들 말대로라면 경찰청 정보국은 인력도 많고 전국 조직도 갖고 있으므로 수사기획관에게 정보가 집중돼 있었어야죠. 그래서 허구라는 거죠.

황운하 그렇죠. 근데 저는 경찰청 정보국이 이른바 시국 치안 관련 정보활동을 안 하는 게 맞다고 생각합니다. 그래서 정보국은 해체되어 갈등 현장에서의 조정과 관리 같은, 치안과 관련된 경찰 고유의 업무를 하고 이른바 권력화되는 활동 또는 정권과 연관된 활동은 안 하는 게 맞다고 봅니다. 경찰은 그것 때문에 권력자에게 잘 보일 수 있겠지만 국민들한테는 신뢰를 잃게 되니까 그러면 안 됩니다. 궁극적으로 보면 경찰이 계속 바뀌는 권력자에게 기대서는 어떻게 국민들의 신뢰를 얻겠습니까? 국민들 눈높이에 맞는 활동을 해야 장기적으로 힘을 갖고 위상을 높일 수 있습니다.

그렇긴 한데 지금 말씀하신 것처럼 경찰청 정보국이 정말 검찰 범정처럼 모든 정보를 다 취합해서 그걸 분석하고 가공해서 수사팀에 뿌려주고 어떤 조정 역할을 하느냐면 천만의 말씀입니다. 저와 정보국 사이가 엄청 안 좋았어요. 수사국과 정보국이 안 친해요. 제가 정보국 범죄정보 갖고 수사하면서 제대로 된 게 하나도 없습니다. 내부에서는 그런 정보를 고춧가루 정보라고 부르는데요.

최강욱 정보국과 어떤 갈등이 있으셨는지요?

황운하 주로 이런 거죠. 제가 수사구조개혁단 쪽에 있었잖아요. 거기서 어떤 일을 하려고 하면 경찰청장이 일단 정보국에 검토를 시키는 경우가 많습니다. 이에 따라 예상되는 여론의 반응을 한번 분석해보라는 거거든요. 그때마다 정보국이 부정적으로 얘기하는 거예요. 정권에 부담된다는 거죠. 수사국 쪽에서는 너희들 도대체 맨날 우려된다는데 무슨 우려냐, 너희들은 우려국이지 정보국이 아니다, 너희들 정체성이 뭐냐고 했어요. 정보국은 자기들 나름대로 엘리트라고 여기다보니까 수사국을 우습게 알거든요. 수사국은 엘리트들이 안 모여요. 광(光)이 안 난달까요. 사법시험 통과해서 특채된 인력들도 다 정보 쪽으로 가요. 잘나가는 인원 가운데 수사과에 남아 있는 사람이 거의 없습니다. 현장에 잘 남지 않으려는 이유는 아예 승진에도 불리한 등 여러가지가 있지만, 지금은 조금 나아졌어도 예전에 수사지휘권이 검찰에 있을 때는 검사한테 맨날 지휘받으면서 수사하는 게 자존심도 상하고 소신껏 수사할 수가 없었어요. 예를 들어서 수사과장, 형사과장 하면서 제대로 사건을 파헤쳐서 압수수색영장 치고 수사해보자 하는데 검사가 '어디서 영장을…… 기각' 이러면 힘이 쫙 빠져버리죠. 형사과장이라고 해봤자 백날 해봐야 검사가 기각해버리면 수사가 그냥 가로막혀버리고 괜히 체면만 깎이니까 아예 열심히 일하려 하지 않는 거예요. 그러니까 수사국에는 우수한 사람들이

최강욱 X 황운하

모이질 않습니다. 유일하게 수사구조개혁단은 일선 수사 업무를 하는 것이 아니고, 경찰청장의 관심도에 따라서 힘을 실어주기도 하고, 경찰과 관련된 사안이 대통령 공약사항이라서 정권의 국정 과제가 되면 그때는 빛이 나죠. 거기는 논리로 검찰과 싸워야 하기 때문에 논리가 되는 사람이 와야 하거든요. 우수한 사람들을 차출하기도 하고요. 반면 정보국에는 사람들이 줄을 섰습니다. 그렇게 수사국과 정보국은 늘 갈등을 빚었어요. 다만 저는 정보국이 해체되는 게 맞다고 보지만, 과거 정권이 경찰에 의존해서 권력을 유지하려 할 때는 정보국의 역할이 컸을 수 있는데 민주화 이후에 정보국의 권한이나 역할은 사실 검찰이나 보수언론이 과대 포장해서 경찰을 찍어 누르려고 하는 데 악용된 측면이 있다고 봅니다.

최강욱 저도 경찰개혁위원을 하면서 정보국 문제를 다뤄봤는데, 그 과정에서 정보국에 대한 당시 황운하 치안감님의 의견을 듣고 깜짝 놀란 적도 있습니다. 청와대에서 공직기강비서관 업무를 하면서도 국정원의 국내정보 수집 기능이 폐지되어 어쩔 수 없이 경찰에서 수집한 세평 등의 정보에 의존할 수밖에 없었던 현실이 시스템으로 개편돼야 된다는 생각은 확실히 갖고 있었는데, 지금 얘기처럼 경찰이 정보국과 수사국의 공조로 미운 사람 잡아 족치는 일을 일상적으로 하는 건 아닌 거 같더라고요? 그런데 또 그렇게 될 가능성이 앞으로도 없다고 볼 순 없으니까 아무튼 잘 대비해야 할 것 같긴 합니다.

그리고 또 생각나는 문제적 인물이 이철규 의원이에요. 이분은 검찰의 표적수사를 받아서 두번이나 구속됐다가 두번 무죄판결을 받은 사람으로 제가 알고 있어요. 본인이 사석이나 기자들 만난 자리에서, 아니면 지금 국회의원이 된 후에도 검찰권의 남용이나 전횡에 대해서 굉장히 불만을 토로했던 걸로 알고 있습니다. 그런저런 문제 때문에 과거에는 현재의 여당에 굉장히 비판적이었다고 들었는데, 지금 보면 소위 윤핵관의 핵심으로 대통령의 신임을 가장 많이 받는 사람이 됐어요. 지금 당내 직책이 뭐죠?

황운하 사무총장을 하다가 올해(2023) 10월 강서구청장 보궐선거 패배의 책임을 지고 물러났다가 다시 인재영입위원장을 맡았죠.

최강욱 제 머리로는 이해가 안 가요. 윤석열이 윤우진 수사를 이철규 구속에 대한 보복으로 봤다는 얘기는 과거에도 많이 알려져 있었는데, 그 당사자가 저 밑으로 들어가서 최고의 심복 노릇을 한다? 이게 개인의 문젭니까, 경찰 조직의 속성입니까, 경찰관의 특성입니까?

황운하 저도 너무 이해가 안 갔어요. 이철규 의원은 경찰 내에서 굉장히 발이 넓기로 정평이 나 있었습니다. 대인관계가 엄청 좋았죠. 여야를 넘나들고 본인이 최소 수천명의 전화번호를 가지고 있다고 했죠. 물론 저도 핸드폰에 입력된 번호야 몇만개가 있지만 실제 통화하는 사람은 그렇게 많지 않잖아요. 그분은 통화하는 사람이 너무 많아서 핸드폰 두개를 가지고 쉴 틈 없이 통화를 한다는 얘기를 들었어요, 경찰로 있을 때. 그 정도로 발이 넓은 분이었죠.

최강욱 경찰에서는 치안감까지 했나요?

황운하 치안정감까지 했습니다.

최강욱 행시 출신이에요?

황운하 아니요. 경찰간부생 출신인데, 경찰에 있을 때 개혁적인 면을 보인 것은 전혀 기억나지 않습니다. 저와는 같이 근무하지 않았지만요.

최강욱 그분은 정보 쪽인가요?

황운하 주로 정보죠. 그분과 같은 부서에 있진 않았지만 같이 식사도 몇번 하고 가까이 지냈거든요. 서로 생각하는 게 비슷해서 가까이 지낸 게 아니라, 워낙 그분이 발이 넓으니까 밥 먹자 술 먹자 하는데 제가 굳이 어색하게 지낼 필요 없으니까요. 그분 입장에서 보면 저도 일종의 관리 대상이었겠죠. 상황에 따라서 어떤 때는 순화시켜야 하고 어떤 때는 좀 돌격대로 내세워야 하는 등 활용할 가치가 있다고 생각하는. 그분의 개인적인 정체성을 제가 잘 모르면서 얘기하긴 어렵지만, 그분이 최초에는 무소속으로 출마했었거든요. 강원도라는 지역이 보수 성향이 강해서 그쪽 정당을 택한 것뿐이지 얼마든지 민주당으로도 올 수 있는 분이에요. 왔다 갔다 할 수 있는 분으로 평가되거든요. 그래서 윤석열 대통령과의 관계도 그럴 거 같아요. 과거에 검찰한테 엄청나게 당한 거 아닙니까. 두번 구속되고 두번 무죄판결을 받았는데도 불구하고 그쪽에도 어떻게 선을 댔더라고요. 그 자신이 정치검찰이었던 김진태 강원도지사가 표현한 것처럼 윤석열 대통령은 일종의 최악의 정치검찰이고, 악질적인 특수검사의 표상이랄 수 있는데, 그 수하의 핵심 심복이었던 윤대진한테 수사를 당해서 고초를 겪었으면서도 어떻게 그쪽으로 들어갔는지 저는 도저히 이해가 가지 않더라고요. 그 당시 제가 순진하게 오판했던 건데, 만약에 저쪽에서 윤석열이 후보가 되면 이철규 등 경찰 출신들은 적어도 거기에 적극적으로 협조하지 않을 줄 알았어요.

최강욱 저도 그럴 줄 알았어요. 그런데 지금은 다 핵심이에요. 윤재옥, 이만희, 이철규 다 경찰 출신이고, 의원님과 동기 분들도 있고요.

황운하 같은 당이니까 일단 소극적으로 하고 5년 지나 활동하면 되지 할 수 있었을 텐데, 제 상식으론 이해가 안 되더라고요.

최강욱 서범수 의원만 특이하게 보일 정도예요.

최강욱 X 황운하

황운하 이준석 대표 비서실장을 지냈잖아요?

최강욱 그래서 눈 밖에 난 거죠. 반면에 모 경찰 간부는 이 정권의 표적이 된 사람 같아요. 그 간부가 수사권 조정 국면에서 수사구조개혁팀에 있으면서 법안 관련 내용들이 있을 때마다 국회에 찾아가는 일종의 연락관 역할을 했어요. 그분이 한번 이런 얘길 토로하는 걸 들은 적이 있는데요. 한 경찰 출신 의원 방에 자기 동기가 보좌관으로 있었던 것 같습니다. 그 의원을 찾아가서 이 문제에 대해서 차라리 침묵하는 게 낫지 반대한다거나 너무 엇나가는 말씀은 안 하시는 게 맞지 않냐, 경찰로 있으면서 다 경험을 해보시지 않으셨냐고 얘기했더니, 다 이해하고 있고 절대 그렇게 안 할 거라고 말했지만 실제로는 안 그랬다는 거예요. 그래서 나중에 이 경찰 간부가 항의도 하고 하소연도 할 겸 가서 다시 한번 얘기하니까 결국은 지금 검찰이 얼마나 무서운 줄 알고 지금 나한테 그런 걸 요구하느냐, 택도 없는 소리다 하는 반응이 돌아왔다는 거죠. 이런 얘길 듣고 너무나 쓰라려하는 모습을 본 적이 있거든요.

검찰 권한 집중의 폐해

최강욱 검사들이 검찰 안에서 자기들이 생각하는 조직논리나 이익에 배치되는 행동을 하는 사람에게 얼마나 처절하고 집요하게 보복하는지 직접 보기 때문에 정작 검사들이 검찰 조직을 제일 두려워하지 않습니까? 실제로 자기들 총장도 잡아먹는 조직이니까요. 검찰과의 업무 과정에서 실무를 하며 검찰의 권한 집중에 따른 남용이나 폐해가 얼마나 많은지를 현장에서 겪은 분들이 검찰을 두려워한단 말이죠. 그 현상들에 검찰이 바뀌어야 하는 이유가 담겨 있다고 생각해요.

황운하 한동훈 법무부장관도 과거에 그런 얘기를 했잖습니까. 채널A 검언유착 사건 때 검찰수사심의위원회에서 용케 빠져나왔지만 그 전까지 본인이 구속될 수도 있을 것이라는 취지로 얘기했었죠. 자신이 수사하던 버릇에 따르면 당연히 구속되는 거 아닙니까? 검찰이 프레임을 딱 짜서 넣으면 아무도 못 빠져나오는 거예요. 검사 본인도 그 프레임 안에 들어가면 속수무책이라는 걸 아는 거죠. 그래서 검사들도 수사받다가 자살하고 그러지 않습니까. 못 빠져나온다는 걸 아니까요.

여기서 두가지를 생각해볼 수 있을 것 같은데, 순수하게 형사사법 이론으로 보면 수사와 기소 권한을 한 기관이 가졌을 때 도저히 중립적이고 객관적인 일 처리가 가능하지 않습니다. 수사한 사람이 기소권까지 가지면 생기는 문제가, 누구나 어느정도의 공명심이 있고 유죄 확증편향을 지니며 자신의 의심이 사실이 되길 바라므로 거기에 안 맞는 건 자꾸 버리려고 하고 실체적 진실에 접근하려 하기보다는 자신이 그려놓은 그림에 사건을 맞추려는 성향도 어느정도 있거든요. 검사들은 그게 훨씬 더 강하죠. 경찰은 능력이 안 되거나 힘이 없거나 상상력이 부족하거나 혹은 제도적인 한계가 있어서 하려고 해도 그러지 못해요. 그런데 검찰은 그렇게 해서 먹혔다는 것을 경험적으로 많이 알고 있기 때문에 자신들이 얼마든지 법원도 속일 수 있다는 확신을 가지고 그렇게 하는 거죠. 그게 얼마나 위험한 겁니까. 유죄 확증편향을 가지고 수사한 걸 누군가가 걸러주지 않으면 굉장히 위험해집니다. 수사와 기소가 결합되면 권한이 너무 센 겁니다. 그 센 권한으로 수사권과 기소권을 남용하기 시작하면 진짜 통제 불능입니다. 우리가 그걸 많이 경험했잖습니까. 그 피해자들도 엄청나게 많고요.

최강욱 흑을 백으로 얼마든지 바꿀 수 있는 게 수사권과 기소권인데, 그 둘이 합쳐져 있었으니까요.

황운하 그래서 수사와 기소가 분리되지 않는 검찰개혁은 말짱 도루묵입니다.

최강욱 덧붙여 이 말씀을 드리고 싶어요. 왜 검사가, 서양에서 만들어진 제도인데, 공소관(prosecutor)이라는 이름으로 인류 역사에 제도적으로 등장했을까요. 배경을 따져보면, 황의원 말씀대로 수사하는 사람이 빠질 수 있는 확증편향을 감시하라는 게 기본이죠. 그래서 나중에 검사를 법률가로 구성하게 되는 거 아닙니까. 그런데 저는 그 생각을 했거든요. 검사들이 검찰개혁 관련 입법의 후속 작업에 임하는 과정을 보면 어떻게든 이걸 법무부령으로 만들어 법무부 소관으로 두려고 온갖 수단들을 쓰지 않습니까. 이명박정부 때 수사준칙을 대통령령으로 한다는 것 때문에 검찰총장 김준규가 물러나고 대검찰청 기획조정부장이던 홍만표가 물러난 유명한 일이 있었는데, 홍만표는 나중에 변호사로서 후배들한테 보은을 받아서 떼부자가 되는 걸로 이어지지 않습니까. 인류가 수많은 시행착오를 거치면서 만들어낸 법치주의의 기본 제도가 권력분립인데, 검찰이 수사권과 기소권을 한꺼번에 갖고 있으려고 하는 건 행정과 사법 작용을 동시에 행하겠다는 말밖에 안 되는 거잖아요. 수사는 전형적인 강제 행정작용이고 기소는 검찰들 스스로 준사법기관이라고 얘기하는 근거가 되는 것 아닙니까. 검찰이 그 둘을 갖고 있겠다는 건 행정과 사법을 분리하지 않겠다는 건데, 이게 옛날의 왕이잖아요. 거기다가 지금 법무부를 장악해서 시행령을 가지고 입법까지도 무력화하는 모습을 보이고 있고, 심지어 법제처까지 들어가서 장악하고 있지 않습니까. 권력분립과 법치주의를 완전히 무너뜨리고 있습니다.

황운하 나라를 검사의 나라로 만드는 수준이 도를 넘어서 지금 말씀처럼 시행령으로 입법을 무력화하고 사실상 입법권을 행사해버리잖아요. 지금 검찰이 수사하고 있는 것 대부분이 사실은 지난 국회에서 통과시킨 법에 따르면 하지 말아야 할 수사들이거든요. 한동훈이 그걸 시행령으로 사실상 모든 걸 수사할 수 있게 바꿔놨습니다. 이건 사실 쿠데타 수준이죠. 검사는 가급적 직접수사

최강욱 X 황운하

❝

수사와 기소 권한을 모두 가진 기관은
도저히 중립적이고 객관적인 시각을
가질 수 없습니다.

❞

를 하지 말아라, 그리고 나중엔 직접수사를 안 하도록 할 거니까 점점 더 줄여나가라, 제한적으로 부패범죄와 경제범죄 두개만 하라는 것이 국회의 입법취지인데, 시행령을 바꿔서 다 할 수 있게 해놨잖아요. 학자들은 우리의 재판을 검찰 주도 사법이라고 부르고 있습니다. 재판 과정을 검찰이 주도하듯이, 사법 기능이 사실 검찰에 장악되다시피 했습니다.

최강욱 말로는 규문주의를 벗어나 탄핵주의로 갔다지만, 사실상 규문주의로 가고 있어요. 말이 무죄추정이지 유죄추정이고요.

황운하 검사가 기소하면 법원이 정말 조금이라도 무죄 의심이 있으면 피고인의 이익으로 돌려야 하는데, 그렇게 하지 않고 조금이라도 유죄 의심이 있으면 유죄판결을 해버리거든요. 이러면 검사가 짜놓은 틀에 법원이 종속될 수밖에 없죠.

최강욱 실제로 대법원 판례를 봐도 공소권 남용 판결에 대단히 소극적이죠. 검찰 안에서 벌어지는 각종 불법·탈법 사례가 있는데도요. 참고인을 피고인인 듯이 협박하는 등의 여러 수법에 대해 당사자들이 아무리 문제를 제기해도 법원은 기소 이후의 문제만 본다는 식으로 빠져나가버리죠. 위법 수집 증거 문제도 굉장히 심각한데, 대법원이 공식적으로 위법 수집이 있다고 하더라도 나머지 가지고 판단해서 유죄가 되면 된다는 판례를 계속 유지하고 있단 말이죠. 그러면 증거를 위법으로 수집하면 큰일 난다는 생각을 안 갖게 되잖아요. 검찰이 위법 수집 증거를 기초로 해서 다음 단계에서 증거를 합법적으로 수집할 수도 있는 것인데도요. 경찰의 합법적 증거 수집은 아예 영장청구권을 빌미로 막아버리고요. 많은 국민들이 이런 세월을 오래 살다보니까 영장청구권은 애초에 경찰엔 있을 수 없는 권한이라고 생각하는데 그게 기가막힌 일이죠.

검찰 직접수사의 문제점과 경찰의 현실

황운하 사실 검사가 수사하지 않는 것이 글로벌 스탠더드(global standard)이기도 한데, 물론 예외적으로 뉴욕 검찰이나 일본 특수부처럼 일부 수사하는 데가 있지만 우리나라처럼 검찰이 모든 범죄에 대해서 전면적으로 무제한 수사하는 나라는 정말 없거든요. 그리고 수사를 본업으로 생각하는 검찰도 없습니다. 유일하게 우리나라 검찰만 반대로 생각하죠.

최강욱 실제로 검사라고 하면 국민이 수사를 떠올리는 나라는 우리나라밖에 없어요.

황운하 검사를 지망하는 사람들도 검사가 왜 되고 싶냐는 물음에 공소관으로서의 검사 역할을 잘하기 위해서가 아니라 수사를 잘하기 위해서라고 답해요. 어느새 오랜 관행이 되어버렸습니다.

최강욱 비유하자면 육사 입학시험 면접에서 지원자들이 훌륭한 군인이 돼서 나라를 지키겠다고 답하는 게 아니고 대통령이 되고 싶어서 육사에 지원했다고 얘기하는 거랑 비슷한 거예요.

황운하 지나고 나니 검찰 제도가 너무 아쉬운데, 지난 문재인정부가 대통령 공약으로 수사·기소 분리를 내세웠기 때문에 이에 대해서 조금 더 치밀하게 계획을 세웠다면 입법적으로나 행정적으로 인력이나 예산을 조정해서 계획을 집행할 수 있었거든요. 비입법적인 수단과 입법적인 수단을 모두 활용하여 이걸 마무리해서 우리나라를 정상화시켰어야 했는데, 그렇게 하지 못한 가장 큰 이유를 저는 검찰의 수사가 너무 오랜 관행으로 굳어져왔기 때문이라고 봅니다. 그렇다보니까 여러 사람들이 뿌리를 뽑아야 한다고 나무를 흔들었어도 결국 못 뽑은 거죠.

최강욱 당시 모습을 보면 대한민국의 모든 기득권 세력이 똘똘 뭉쳐 저항하는 꼴이 됐잖아요.

황운하 당시 국회의장이나 원내대표 등 민주당 지도부도 오랫동안 그런 관행이 굳어졌다보니까 확신이 없었던 거죠. 그 문제점을 깊이있게 파고 들어간 분들은 확신을 갖고 이건 어떻게든 해결해야 된다고 해서 밀어붙였을 텐데요. 그때 저도 처음에는 누구 원망을 하기도 했는데, 결국엔 검찰 수사라는 관행이 너무 오랫동안 뿌리내리고 있는 아주 견고한 구체제여서 이걸 무너뜨리는 데 단계적인 접근이 불가피한 모양이구나 생각했습니다.

최강욱 기억하실지 모르겠는데, 제가 의원 총회에서 과거 하나회 척결할 때 언제 국민 동의 구하려 홍보하고 단계적으로 절차 밟아서 했냐, 이건 고르디아스(Gordias)의 매듭 같은 거라서 한방에 끊는 게 필요하다는 말씀을 드렸잖습니까. 군사독재가 한국사회에 드리운 그늘이나 흔적도 굉장히 넓고 깊잖아요. 그것이 지금은 상당 부분 제거되었다고 국민들이 느끼시죠. 단적으로 정치군인이라는 단어가 사라졌거든요. 그런데 정치검사라는 단어는 여전히 존재하며 그런 딱지가 확실히 붙여질 수 있는 사람도 많고요. 저는 그 뿌리나 배경이나 구조가 똑같다고 느꼈거든요. 그걸 한번에 끊어내지 않으면, 너무 강하다고 보이는 수준으로 단호하게 끊어내지 않으면 이 뿌리를 뽑아버리는 건 정말 어려울 수밖에 없다고 여겼습니다.

그런데 그 과정에서 저는 뭐가 좀 슬펐냐면요. 어쨌거나 다시 한번 국민들의 기대와 신뢰의 대상이 될 수 있는 경찰 조직에서, 아까 말씀하셨지만 수사직렬은 광이 안 나고 힘들며 조금만 삐끗하면 문책을 당하기 좋은 구조잖아요. 수사에는 대립하는 당사자와 민원인이 있으니까요. 안 그래도 수사경찰들이 힘들어하던 와중에 어쨌든 조정 과정을 거치면서 경찰의 책임과 권한이 강화되는 쪽으로 가고 있었는데, 정작 일선에 있는 경찰들한테서는 자신들의 처우나 근무시간이나 승진 등의 여건 개선은 이루어지지 않고 일만 늘어나며 검찰은 더욱 협조적이지가 않게 돼서 우리 부담만 가중시킨다는 얘기가 실제로 나왔지 않습니까. 이게 검찰 개혁을 저지하는 논리로 역이용을 당했잖아요. 지금 일반 시민들이 피해를 본다, 경찰이 수사를 제대로 안 하고 미루기만 한다는 얘기가 나오지 않았습니까. 저는 근본적으론 검찰의 수사 인력을 빼내서 경찰을 보강시켜주지 않는 한 해결되지 않는 문제라는 걸 알고 있으면서도 구성원들이 보였던 태도에 안타까움을 느꼈습니다. 현실적인 한계도 인정하지만 그게 속상했거든요.

황운하 저도 너무 속상하더라고요. 수사권 조정 이후에 일선 경찰들의 자부심이 엄청 올라갈 줄 알았어요. 그런데 제가 만나본 이들도 힘들어 죽겠다고, 누구도 수사·기소 분리 지지하지 않는다고 하더라고요. 수사 경찰관들이 어쨌든 힘든 것도 있겠지만 그 업무가 가중된 것에 대해서만 생각하더라고요. 그들을 만날 때마다 인력 충원이 이뤄져야겠지만 여러분들이 자부심을 가지고 수사경찰의 자존심을 내세우면서 일할 수 있는 게 중요한 거 아니냐, 힘들더라도 조금만 견디면 되지 않겠냐, 인력이 보강되면 나아질 거다 위로도 하고 유도를 했는데도 불구하고 자신한테 좋아지는 건 하나도 없다는 생각들을 하더라고요. 그런 걸 보면 좀 안타까웠습니다.

최강욱 좋아진 사람이 있긴 했어요. 경찰 출신 변호사들. 옛날 검사 출신 변호사들이 하던 걸 생각하고 경찰 출신 변호사들을 막 영입하는 일들이 벌어지긴 했죠. 그런데 정작 일선 경찰관들은 어떻습니까. 수사를 실제로 하는 분들한테 제대로 된 처우 개선이 선행되지 않고 업무가 과중된 면은 분명히 있죠. 그건 고쳐져야 할 지점이라고 생각하는데, 혹시 수사를 담당하지 않는 다른 경찰들은 경찰의 책임과 권한이 늘어났으니까 자부심을 갖고 열심히 일해야겠다는 생각을 하나요, 안 그런가요?

황운하 제가 35년 정도 경찰에 있었는데, 과거 검찰이 유치장을 감찰하고 경찰 위에 군림하려고 할 때 거기에 분노하면서 검찰의 휘하에 있는 것 같은 현실에 너무 자존심 상해하면서 경찰이 독립적인 위상을 갖고 싶다고 생각하고, 경찰이 정권의 무슨 사냥개처럼 여겨지는 데 대해 모욕적이라고 느끼는 사람들도 있었죠. 그 목소리도 적지 않게 있었는데, 대체적으로는 경찰관들이 다른 직군에 비해서 직업에 대한 소명의식이 특별히 강하다고 볼 수는 없어요. 그렇다보니까 자기 일이 힘들면 대의명분이나 가치, 예컨대 경찰의 중립성, 공정성, 경찰에 대한 국민의 신뢰 또는 자존감에 대해서 생각하기보다는 당장 업무 여건과 처우가 개선되고 사람이 하나 더 늘어나서 업무가 좀 줄었으면 좋겠다는 생각이 우선하는 경우가 아무래도 많더라고요. 그런 부분을 사실 무시할 순 없습니다. 그래서 제가 현장에 있을 때는 현장 인원들의 처우 개선에 항상 관심을 가지면서 이를 어떻게든 수사권 조정과 연결시켜보려고 했어요. 법적·제도적으로 우리와 검찰의 관계가 바뀌어야 여러분들의 처우도 좋아진다, 제가 여러분들의 처우 개선에 관심을 가질 테니까 여러분들도 나한테 관심을 좀 가져달라고 설득했습니다. 그러면 관심있는 사람이 한 10퍼센트 정도는 있어요. 하지만 대부분은 이해도도 떨어지고 관심이 없더라고요.

최강욱 수사경찰이 아닌 다른 경찰들은 더욱 이해도가 부족하고 당장 내 일이 아니라고 생각하니까 관심도 크게 없었겠네요. 경찰이라는 국가기관에 대한 국민의 신뢰나 역할이 달라진다는 데까지는 생각들이 못 미쳤군요.

황운하 수사경찰이 아닌 쪽이 더 그렇죠. 수사경찰은 검찰에 모멸감을 느끼는 경우가 많고 수사 현장에서 검사들의 비리가 있다는 것을 많이 아니까 검사들의 권력 남용을 좀 바로잡아야겠다고 생각하죠. 누구한테 백을 썼더니 무마해주더라는 얘기가 들리고 검사들의 부패와 비리가 많다는 걸 알면서도 수를 쓰지 못하는 것이거든요. 제가 용산경찰서 형사과장을 할 때 용산 성매매 집결지에서 어떤 브로커가 활약했었는데, 그 브로커를 형사들이 다 알더라고요. 제가 왜 수사를 못 하냐니까 그 브로커 뒤에 검사가 있는데 우리가 수사해봤자 되질 않는다고 해요. 그 브로커의 별명이 '오다리'여서 일명 오다리 사건인데, 그때 오다리와 유착 관계에 있으면서 그를 비호한 검사들의 명단이 스물 몇명인가 있었어요. 그중 한명이 그로 인해 검사장 승진이 안 됐죠. 그후 박근혜눈에 들어서 청와대에 가더니 경찰대학 1기의 씨를 말리겠다는 듯이 하더라고요, 제가 미우니까. 그런 소문을 그 당시 청와대에 파견 나가 있던 경찰들이 저한테 전해주면서 큰일 났으니 조심하라고 하더라고요. 그런데 어쨌든 저쪽도 경찰이 겁이 나는 거죠.

경찰관 황운하의 경험

최강욱 말씀하신 김에 황의원님의 개인사를 좀 듣고 싶어요. 황운하 의원님에 대해 제가 처음 들었던 게 아마 경정 계급으로 성동경찰서 형사과장 하실 때인 거 같아요. 검찰에 파견돼 있던 형사들한테 파견이 근거 없이 행해진 일이니 다 돌아오라고 하신 일이 있잖아요. 그때 어떠셨어요? 그 전부터 여쭤보면 경찰대학을 지망하셔서 1981년에 대학을 가신 거잖아요. 제가 한번씩 농담처럼 놀렸지 않습니까. 전두환 혜택을 입으신 거라고요. 전두환이 경찰대학을 만든 것도 이유가 있었잖아요. 당시 사관학교 시스템처럼 국가적으로 충복을 양산해서 든든한 기반으로 삼겠다는 의도가 있지 않았습니까? 그런데 거길 지망해서 가신 분이 지금 후배 경찰관이나 국민에게 경찰 발전을 맨 앞에서 외치는 선구자로 보이게 될 때까지 어떤 인생 행로의 변천 과정이 있으실 것 같아요. 처음부터 경찰관이 되고 싶으셨는지, 경찰에 들어가보니까 수사 쪽으로 가고 싶으셨는지, 수사를 하다보니까 무슨 문제를 느끼셔서 계속 비뚤어진 삶을 사셨는지.(웃음)

황운하 타고난 거 아닌가 하는 생각이 들어요. 제가 경찰대를 간

건 사실 경찰관이 되고 싶어서는 아니고요. 제가 고3 때 나는 대학에 가면 훌륭한 운동권이 될 거야, 데모를 많이 할 거야라며 그때부터 데모를 하겠다는 생각을 했어요. 정확하게는 1979년에 이른바 10·26 사건이 난 이후부터 제가 정치의식을 좀 갖게 된 거같아요. 그때까지는 유신이 굉장히 좋은 체제인 줄 알았어요. 그런데 그게 아닌 거예요. 그래서 고3 때부터는, 지금처럼 망가지기 전이라 꽤 예리한 비판적 시각이 있었던 『월간조선』이나 『신동아』를 탐독했죠. 경찰대학을 선택한 건 어쩔 수 없어서였는데요. 제가 고3일 때 7·30 교육개혁 조치라고 해서 과외가 금지됐어요. 저는 서울로 대학을 가서 과외할 생각만 하고 있었는데 과외가 금지되니까 그럼 학비가 면제되는 곳에 가야겠는데 사관학교는 절대 못 가겠더라고요, 군부독재 때문에. 그런데 경찰대학에는 내가 경찰 민주화에 앞장서겠다 이렇게 생각하고 갈 수가 있었어요. 훌륭한 경찰관이 되는 길은 경찰대학에 가서 경찰이 정권의 주구 노릇을 하는 걸 깨고 경찰을 민주화시키는 것이고, 그것이 제 소명이라고 생각했기 때문에 입학할 때부터 삐딱했던 거죠.

최강욱 재학 중에 동기들과 그런 얘길 나눠보신 적이 있으세요?

황운하 그런 생각을 나눈 친구가 다섯명 정도 있었어요. 다 비주류들이죠. 우리가 깨어 있는 의식을 가지고 어쨌든 나중에 계급이 올라가고 나이가 들어도 지금과 같은 순수한 개혁 의지를 잃지 말아보자고 했어요. 경찰대학 때부터 경찰개혁에 앞장서기로 한 거죠.

최강욱 졸업하신 뒤에 전경 소대장도 하셨을 거 아니에요. 그때는 시위가 심했잖아요.

황운하 그때 중앙대학교 전담이었어요. 1985년에 중앙대 앞에서 기동대 소대장을 했었죠. 중앙대에 마침 고등학교 친구가 여럿 있었어요. 사실 저도 중앙대를 갈까 말까 했었어요. 그때 경희대, 중앙대, 한양대의 장학제도가 좋았거든요. 어쨌든 친구들이 많았는데, 그 친구들이 다 데모하던 친구들이었거든요. 데모 끝나고 나면 교문 앞에 있는 어떤 친구 하숙집에 다 모였어요. 저도 가고요. 친구들과 만나서 막걸리 마시면서 노래도 부르고 했어요. 마침 제가 오늘 대전의 어떤 노조 창립 행사에 갔는데 참석자들이 「임을 위한 행진곡」을 부르더라고요. 저는 당시 그런 노래 부를 때 전경 소대장인데도 가슴이 뛰었어요. 나는 저쪽에 가 있어야 하는데, 나는 저쪽에서 돌을 던져야 하는데 하며. 그래서 스스로 합리화하느라 애를 많이 먹었어요. 합리화해야 하니까요. 내면에 충돌이 많이 생기잖아요. 이것은 군인들이 들어오는 계엄령이라는 더 큰 불행을 막기 위한 경찰의 불가피한 사회질서 유지 역할이다 이렇게 생각하면서 합리화했죠.

최강욱 그렇게 전역을 하시고. 사람들이 잘 모르는데 전경 소대장 하신 경찰대 출신들이 예비역 병장이 되시더라고요, 장교가 아니고. 1987년 6·29선언 때는 일선 경찰관이셨습니까?

황운하 전경 소대장 할 때입니다. 그때 저희도 만세 부르며 다 끝났다고, 내면의 엄청난 갈등이 다 끝났다고 좋아했죠.

최강욱 그런데 7·8·9월 노동자 대투쟁이 더 크게 벌어졌잖아요.

황운하 엄청나게 벌어지더라고요. 아, 이게 단순히 민주화뿐이 아니구나. 노동자의 권리도 있고 복합적이구나 이렇게 생각했죠. 그러고서는 일선으로 나왔거든요, 1987년 8월에. 첫 직책이 종암경찰서 외근주임이었죠. 외근주임은 요즘은 생활안전계인데, 파출소가 잘하는지 돌아다니는 거예요. 파출소 감독이죠. 경찰서에서 파출소 돌아다니라고 차를 하나 줘서 그거 타고 일했어요.

최강욱 그때만 해도 군부독재의 횡포에 훨씬 민감하셨지 검찰에 대해서는 아직 모르셨죠?

황운하 전혀 몰랐죠. 1987년 대선에서 노태우가 당선됐을 때 제가 경찰대학 총동문회 부회장이었어요. 그래서 경찰대학 총동문회 명의로 경찰의 정치적 중립 선언문을 발표했어요. 제가 기획하고 성명문은 저 말고 글 잘 쓰는 다른 친구가 썼는데, 친구가 쓴 성명문을 어쨌든 제가 최초의 기획자였기 때문에 취지에 맞는지 본 뒤 언론사에 전달하는 역할을 했죠. 안기부가 제 뒤에 따라붙을

최강욱 X 황운하

때라서, 군사작전같이 언론사에 전달했어요. 어쨌든 그때부터 삐딱하게 가긴 했는데, 당시에 순환보직이라고 해서 외근주임 하고 이어서 파출소장, 형사반장을 해야 했습니다. 형사반장을 할 때 처음 수사 업무를 접했어요. 경위 때. 그때 검찰과의 관계도 알게 됐는데, 그때는 형사들도 굉장히 부패해 있었어요. 영화 「투캅스」가 상영될 때예요. 저도 부패 현장에 같이 많이 있었고 고문 현장에도 같이 있었고요. 형사들과 고문도 같이 하고요. 고문은 지금에 와서 보면 물론 크게 잘못된 것이긴 하지만, 제가 고문 현장에 직접 같이 있었던 경우는 엄마 앞에서 딸을 강간한, 가정 파괴를 한 아주 악질적인 사건이었어요. 그 범인을 잡았을 때 너무 밉고 너무 괘씸해서 그리고 여죄를 캐내야 하니까, 어떻게 여죄를 캐내냐고 물었더니 형사들이 따라오시라고 해서 그들을 따라갔는데, 형사들이 범인을 어디 지하로 데리고 가더니 어찌어찌하니까 다 불더라고요. 형사들이 받아적는데 범인이 백몇건을 부는 거예요. 사람이 그걸 어떻게 기억을 하나 싶은데, 고문을 당하면 초인간적인 기억력이 나오는 거 같아요, 생존 본능 때문에. 이거 기억하지 못하면 내가 죽는다 생각하니까요.

물론 형사들이 부패에서 벗어나 정의감을 갖고, 좀더 자부심을 갖고 일하면 어떨까 고민한 기억도 당연히 있죠. 그때 여러 과제들이 있었지만 그중 하나가 검사들과의 관계를 수평적으로 만드는 것이었어요. 경찰도 문제가 많지만, 뭐 공개하기 민망하긴 한데 당시 제 상사가 매월 형사반장들한테 월정금을 받아서 두군데 갖다췄습니다. 하나는 검사한테 갖다줘요. 저는 깜짝 놀랐죠. 또 하나는 언론 간사 기자에게 갖다주는 거예요. 이렇게 상납이 구조적으로 돼 있는데 형사들 탓만 할 수 있을까요? 상층부가 썩어 있는 구조예요.

최강욱 형사계장이 검사에게 돈 갖다줬단 얘긴 처음 듣습니다. 기자들한테 줬다는 얘긴 들었지만요.

황운하 그땐 검사들이 경찰로부터 상납받는 걸 당연하게 알았던 거 같아요.

최강욱 상납 명목은 수사비에 보태 쓰라는 것이었을 텐데, 경찰이 검사에게 돈을 갖다줘야 하는 이유는 향후에 더 승진하고 하려면 그쪽에서 평판이 좋아야 하기 때문인가요?

황운하 승진은 내부의 문제일 거고요. 형사들이 어떤 문제가 있을 수 있잖아요. 주로 그럴 때 봐달라고 하는 거죠. 그때 검사들과 문제가 있으면 형사계장이 가서 해결해야 했잖아요.

최강욱 그 시절 경찰을 지내셨던 분들 얘기를 들어보면 예산이 너무 없었다고 하더라고요? 범인 잡으러 갈 때 지역 나이트클럽 사장에게 차를 빌려서 갔다는 얘기도 들었어요. 수사비가 거의 없었다고 하던데 형사계장이 그 돈을 빼앗아서 검사에게 갖다준다는 게 참……

황운하 그런 부패가 굉장히 구조적인데, 그 부패 구조의 상부가 검사들인 거죠. 검사들이 수사지휘권을 빙자해서 엄청나게 부패한 짓을 하고 권한을 남용하는 걸 그때 제가 형사반장을 하면서 본 거죠.

최강욱 그때 검사들이 돈으로 상납받는 거 말고 업무 지시로 저 사람 봐주세요, 이 사람 빼세요, 이런 것도 있었습니까?

황운하 그런 건 정말 일상적이죠. 그땐 수사지휘가 엄청나서 완전히 하느님 말씀 같은 때였거든요. 이후에 수사지휘 가지고 경찰이 토도 달고 이의도 제기하게 됐지만 그땐 그게 없을 때였기 때문에 검사들이 수사지휘를 하면 경찰이 부패해 있던 약점을 이용해서 자신들이 봐주고 싶은 건 노골적으로 봐주는 거죠. 전화해서 그냥 아무 거리낌 없이, 아무 죄의식 없이 그랬어요.

최강욱 경찰도 너무 당연히 네, 네, 하고요.

황운하 저한테 전화 온 적은 한번도 없었지만, 형사들이 검사가 그랬다면 제가 뭐 어떻게 할 수가 없는 거예요. 그렇다고 제가 검사한테 이거 왜 풀어주라고 했냐고 할 수도 없고요. 그때 무력감도 많이 느끼고 형사사법 시스템을 바꿔야 된다고 생각했어요. 그 뒤에 제가 경감으로 승진했는데, 사실은 승진한 뒤에 사표를 냈었어요. 경찰은 비전이 없다고 여겨서 사표 내고 그때 삼성에 연락했었어요. 나 사표 냈으니까 나 쓰고 싶으면 연락하라고요. 그때 삼성이 환영을 하더라고요. 경찰대학 졸업한 이후 지금까지를 다 호봉으로 처주겠다, 스물네살 졸업했을 때 삼성에 입사한 걸로 해주겠다, 그러면 지금 직급이 뭐가 되고 호봉이 얼마큼 된다, 원하는 부서가 있으면, 예를 들어 인사부서를 원하면 거기 가게 해주겠다고 했거든요, 삼성전자에서. 그때 그렇게 구체적으로 계약을 하고 삼성으로 가려고 했었죠. 그런데 후배들과 가까이 지낼 때니까, 후배들이 너무하는 거 아닙니까, 우릴 버리고 어디 갑니까 그래서, 그래, 고생해도 같이하자, 끝까지 가자고 한 뒤 삼성으로 가려던 생각을 접고 경찰에 있으면서 내부 개혁에 의미를 두기로 했죠.

최강욱 그땐 인터넷이 있을 때도 아닌데 내부 개혁의 목소리를 어떻게 전달하셨어요?

황운하 저희끼리 하던 모임에서 어떤 걸 이슈화해보자 할 때 각자 알아서 노력하는 방식일 수밖에 없었는데, 제가 1999년 성동경찰서 형사과장 할 때 검찰에 파견된 형사들에게 내린 철수 지시로 그게 처음 밖으로 표출된 거죠. 그 전에 경감 때는 형사계장을 그렇게 해보고 싶었는데 위에서 안 시켜주더라고요. 형사계장이 그때만 해도 상납을 잘해야 하는 자리잖아요. 그걸 안 하면 형사반장들이 괴로우니까 아래에서 잘 받아서 위로 상납하는 건데, 제가 그걸 안 하려고 마음먹으면서 당시 서장들한테 그런 거 끊어 내겠다는 식으로 지원서를 썼어요. 그러니까 안 되는 거죠.

최강욱 옛날에 드라마 「수사반장」에 나온 최불암 선생은 계급이 뭐죠?

황운하 경위죠. 경위인 수사반장이 5~6명의 형사들을 데리고 반장을 합니다. 최불암 반장이 드라마에선 3~4명 데리고 함께 일하는데, 실제론 5~6명의 형사들을 하나의 수사반이라고 하죠.

수사·기소 분리의 필요성과 경찰이 나아갈 길

최강욱 이제 마무리를 해야 될 거 같은데요. 당시 경찰관 분들은 그런 분노를 어떻게 해소하셨습니까? 의원님처럼 제도를 바꾸고 시스템을 바꾸는 게 경찰을 위해서도 좋고 나라를 위해서도 좋고 검찰을 위해서도 좋다는 생각을 하신 분들이 계셨겠죠. 하지만 다른 분들도 직접 겪거나 들어서 검찰이 무슨 짓을 하고 권한을 어떻게 남용하는지는 아셨을 텐데 그것에 대해서 어떻게들 생각했나요. 나와 상관없는 일이다, 아니면 원래 우리나라가 그런데 뭐, 아니면 저들은 고시 붙은 놈들이고 우리는 그냥 경찰이니까 감수해야지, 이런 생각들 중에서 어느 쪽이 많습니까?

황운하 살아가는 방식이 다 다를 테니 다양하게 각자 살길을 모색했달까요. 아까 얘기한 친구는 검사에게 분노해 자기도 검사가 되야겠다 해서 실제로 되어버린 경우고요, 경찰 그만두고 일반 민간기업으로 간 친구도 있어요. 어쨌든 사람 사는 게 다 그렇다며 주어진 조건 속에서 주류로 잘나가자 해서 경찰에서 주류로 간 사람도 있죠. 대부분의 사람들은 조직문화에 순응하고 거기서 출세하는 길을 찾게 되죠.

최강욱 윤석열정부가 들어서서 경찰국 신설부터 문제를 일으키기 시작했고, 그 후에는 채찍과 당근을 양손에 들고서 총경 모임에 있었던 경찰들에게는 철저한 인사 불이익을 가하는 한편 지방 출신 경찰들이 총경으로 잘 승진되지 않던 부분은 총경 복수직급제를 시행하고 정원을 늘려서 그분들을 마치 우군으로 편입시키는 것 같은 모양을 취하고 있어요. 경찰의 발전을 위해 앞장섰던 분들은 하위 보직에 던져버리는 모습을 보이고요. 그다음에 일선 경찰청장이나 지방청장 권한을 빼앗아서 용산 대통령실에서 행사했죠. 말하자면 계급 조직의 특성을 최대한 활용해서 길들이고 있는 건데, 경찰은 이런 권력이 들어서면 또 굴종하는데 개혁이 이뤄져서 권한을 줘봤자 무슨 발전이 있겠나 하는 걱정을 국민들이 하실 수 있단 말이죠. 그에 대한 대안이 있을까요.

황운하 그래서 저는 지금과 같은 국가경찰 체제는 해체하는 게 맞지 않나 싶습니다. 자치경찰로 쪼개야죠. 그리고 검찰도 쪼개야 한다고 생각하고요. 검찰을 자치검찰로 쪼개되 수사·기소 분리부터 해야 하고요. 정말 윤석열 같은 황당한 사람이 권력자로 와서 수십년 전으로 경찰을 퇴행시켰죠. 저는 처음에 경찰 조직과 관련한 윤석열정부의 조치를 경찰에서 반발하고 안 받을 줄 알았어요. 지금은 너무 실망스럽고 허탈함도 많이 느껴요. 경찰에 전화하기가 싫더라고요. 그렇게 무기력하게 당하나, 나는 안 그랬을 거 같은데 하는 생각이 드는데, 제도적으로는 결국 국가경찰 체제를 해체하고 자치경찰로 쪼개는 수밖에 없는 거 아니냐는 생각입니다. 경찰이라는 덩치 큰 조직을 쪼개놓는 거죠. 정권이 경찰을 이용하는 데 한계가 있을 수밖에 없게요.

최강욱 중대범죄나 전국적인 범죄는 별도의 수사청을 통해 수사하고요.

황운하 제가 여러차례 얘기했지만 수사·기소 분리를 통해서 검찰의 수사권을 0으로 만들어야 합니다. 그리고 전문적 수사는 경찰이 절대로 할 수도 없고 기대에 부응하지 못하기 때문에, 그건 경찰도 아니고 검찰도 아닌, 중대범죄수사청이든 뭐든 전문적 수사기관이 맡고 경찰은 주로 현장 범죄를 담당해야 합니다.

최강욱 알겠습니다. 오늘 긴 시간 동안 경험에서 우러나온 소중한 말씀을 해주셨습니다. 귀한 시간 내주셔서 감사합니다.

그때, 검찰의 핵심에서는
무슨 일이 있었는가

최강욱 ✕ 이성윤

이성윤 李盛潤

1994년 검찰에 입직해 30년간 검사로 일했다. 대검찰청 형사부장과 반부패강력부장, 법무부 검찰국장,
서울중앙지방검찰청장, 서울고등검찰청장 등을 역임했다. 문재인정부 검찰개혁에 참여한 것을 이유로
윤석열정부에서 해임되었다.

* 이 서면 답변은 이성윤 검사가 2024년 2월
해직 징계를 받기 전에 작성된 것입니다.

1. 현직 검사로서, 검사들이 문재인정부나 과거 참여정부의 검찰개혁에 대하여 어떤 시각과 입장을 갖고 있었다고 생각하시나요?

검사들은 검찰을 어느 조직보다 뛰어난 최고의 조직으로 생각하는 이른바 검찰주의자가 많습니다. 나름의 선민의식도 가지고 있고요. 따라서 검찰개혁은 검찰 조직의 축소라고 보는 경향이 있어서 선뜻 이에 따라오려고 하지는 않았습니다. 하지만 대부분의 검사들은 본인의 일을 묵묵히 하고 있을 뿐입니다. 일부 정치검찰이나 특수부 등이 자신들의 권한 축소를 막고자 보이지 않게 저항을 해온 것이고, 기회가 있을 때마다 여론을 이용해 검찰 권한 축소를 막고자 노력한 것입니다. 그러나 이제는 전면적인 검찰개혁을 맞닥뜨릴 수밖에 없는, 그러한 시대적 흐름을 막을 수 없는 환경을 검찰 스스로 만들었다고 생각하고 있습니다.

2. 검사 선서에 담겨 있는, 나름의 '신성한 사명감'을 갖고 공직 생활을 시작한 검사들이 점점 오염되어가는 경우를 보고 들으신 적이 있을까요? 그 오염의 이유는 뭘까요?

'오염'이라는 말이 정확하게 무슨 의미인지 모르겠습니다만, 처음에는 대부분 정의감과 같은 초심으로 출발하지만, 근무하다보면 초심이 옅어지게 됩니다. 검사는 특히 인사 문제에 맞닥뜨리면 그렇게 된다고 봅니다. 또한 언론의 관심을 받는 수사를 하다보면 이것을 출세라 생각하는 경우도 있습니다. 말하자면 인정욕구와 출세욕구가 자극되기 때문입니다.

3. 검사에게 수사는 어떤 의미인가요? '공소관'이라는 본래의 직분이 주된 것이라고 생각하는 검사는 몇이나 될까요?

저도 기본적으로 '공소관'이 검사의 본분이라고 생각합니다. 그런데 검사 중에는 수사와 기소를 분리하는 것을 두고 권리를 뺏기는 것이라 생각하고 박탈감을 느끼는 이가 많습니다. 특히 검사의 수사권은 고유의 권한이라고 여기거나 기소와 수사를 분리할 수 없다고 생각하는 검사들이 있습니다. 수사 검사가 기소까지 맡게 되는 경우, 확증편향이라는 부작용이 생긴다는 문제를 간과한 탓이라고 생각합니다.

4. 변호사협회가 매년 복무자세가 불량한 검사의 고압적이고 무례한 태도를 지적하고 있습니다. 참고인이나 증인에게조차 군림하고 압박하는 이런 검사의 태도가 근본적으로 바뀔 수 있을까요?

최강욱 X 이성윤

변호사협회 등에서 지적한 일이 종종 보도가 되는데, 이건 제도의 문제인 동시에 기본 품성과 철학에 관한 문제라고 생각합니다. 제도를 바꾸는 것이 중요하지만, 동시에 조직문화도 바뀌어야 한다고 생각합니다. 두가지는 맞물려 있습니다. 식당이나 길가에서 담배를 피우지 못하게 강제하니까 지금은 아무데서나 담배를 피우지 않는 문화가 정착된 것처럼 말입니다.

5. 검사동일체원칙이 실제 폐지되었다고 보시나요? 그 이유는 무엇인가요?

검찰청법상 '검사동일체 원칙'이라는 표제어는 폐지되었습니다. 다만 어느 검사가 사건을 처리해도 검찰 전체가 처리한 것으로 보는 검사동일체 원칙에서 핵심은 형사소송법상 검사 권한의 이전과 승계권입니다. 이는 여전히 검찰청법 제7조 제2항에 명시돼 있습니다. 검사는 법관처럼 독임제 관청인데 검사 개인의 양심과 법률에 따르지 않고 상사의 지휘와 결재를 받아 처리하는 것이 타당하느냐는 질문이라면 저는 검사동일체원칙이 폐지된 것으로 보지 않습니다. 지휘하는 상사에게 인사권이나 해당 검사에 대한 평가 등의 권한이 있기 때문입니다. 어느 검사도 인사에서 자유로울 수 없습니다. 앞으로 인사제도 개선을 하더라도 이제는 보여주기 식이 아니라 정말 시민이 주인이 되는 제도를 고민해야 한다고 생각합니다.

6. 검사장 승진 제도가 실제 폐지되었다고 보시나요? 그 이유는 무엇

인가요?

검찰청법상 검사장 직급이 폐지되어 이제 법률상 검사는 '검사'와 '검찰총장'으로 구분됩니다. 하지만 보직 개념으로서의 검사장이 사실상의 승진제도로 여전히 남아 있습니다. 현재 검찰에서는 검사장 보직을 승진자 보직으로 보고 이를 운용하는 대검 검사급 보직규정 등 여러 규정을 두고 있으며, 실제 호칭도 검사장으로 하는 등 사실상 승진제도로 운영하고 있습니다. 권위와 권위주의는 분명 다릅니다. 권위는 남이 세워주는 것인데 검찰이 스스로 검사장 제도를 유지하는 것은 권위주의의 산물이라고 봅니다.

7. 문재인정부 출범 초기 조국 민정수석의 임명에 대한 검찰 내부의 반응은 어땠나요?

문재인정부가 들어서면서 검찰개혁을 국정과제로 삼았고, 그런 검찰개혁을 주도했던 사람이 조국 민정수석이었습니다. 따라서 조국 민정수석이 법무부장관으로 온다는 것은 누가 봐도 검찰개혁을 마무리하겠다는 의지로 비쳤습니다. 이러한 상황에 대부분의 검사들은 긴장할 수밖에 없었습니다. 다만 그것을 드러내지 못하고 추이를 보고 있었을 뿐입니다.

8. 문무일 검찰총장은 윤석열 서울중앙지검장에게 눌려 있었던 것 같습니다. 그로부터 제대로 보고도 받지 못했고 그에게 지시해도 그가 잘 따르지 않는 경우가 있었다고도 합니다. 심지어 인사청탁을 총장이 아닌 윤지검장에게

최강욱 X 이성윤

하려고 검사들이 줄을 섰다는 말도 있는데 어느 정도 사실인가요?

저도 그런 소문을 여러번 들었습니다. 직접 경험하지 않아서 확답하진 못하겠지만, 당시 안타깝고 부끄럽다는 생각을 많이 했습니다.

9. 인사철이 되면 검사들이 불안과 초조에 휩싸이는 것을 직접 목격하셨나요? 점을 보러 다닌다거나 유력자를 찾아다니고, 이른바 잘나가는 검사에 줄을 대고, 처가가 막강한 검사(소위 사위족)를 부러워하는 등의 사례를 보신 적이 있는지요?

저도 종종 목격하였으므로 인사철마다 그런 일은 있다고 말할 수 있겠습니다. 검사들이 다른 공무원 조직에 비해 인사에 너무 신경을 쓰는 것은 문제입니다. 인사권자가 전국 각지 어디든 발령을 낼 수 있으므로 인사의 예측 가능성이나 안정성이 없기에 더욱 그렇습니다. 검사가 사직을 한 이후 로펌 등에 진출할 때도 전 근무지가 어디였는지가 중요하게 작용하고, 나아가 변호사 영업을 할 때도 영향을 미칩니다. 인사제도의 혁신적 개선이 필요한 이유입니다.

10. 검찰개혁이 진행되면 대검찰청은 이에 대응하는 조직을 만듭니다. 이 조직이 어떻게 움직이고 여론을 만들며 내부단속을 하는지 아시는 바가 있는지요?

법무부장관이 검찰 출신이라면 법무부와 대검찰청이 손잡고 개혁에 맞서는 것이 정해진 패턴입니다. 장관이 검찰 출신이 아닌 경우 대검찰청에서 주무부서를 정해 대응합니다. 그야말로 조직 전체가 총체적으로 나섭니다. 언론에 보도자료를 내고, 국회의원들에게 설명하고, 학회에 설명하고, 방송 출연이나 언론 기고 등 할 수 있는 수단을 다 동원합니다. 이런 상황에서 내부에 다른 의견을 가진 사람이 있어도 분위기에 묻혀서 나서지 못합니다.

11. 참여정부 때와 문재인정부 때 검찰 조직이 개혁에 대응하는 방식에 차이가 있었나요?

참여정부와 문재인정부의 검찰개혁 내용이 달랐습니다. 그러나 검찰이 대응하는 방식은 거의 차이가 없었습니다. 참여정부 때 검사들이 대통령에게 대놓고 대학 학번을 물어보고, 문재인정부 때도 대놓고 수사로 저항했다고 생각합니다. 어떤 검사가 저에게 (검사들이 이명박정부 등에서) 인사로 꽉 틀어쥘 땐 한마디도 못 하더니 (참여정부 등에서) 인사를 풀어주니까 무슨 벼슬로 알고 정권에 덤빈다고 한 적이 있습니다. 검찰이 기회주의적이라는 뜻으로 한 말입니다.

12. 대검의 검찰개혁 대응논리와 여론 만들기에 법무부 검사들도 사실상 동조한다고 봐야 하나요?

일부 법무부 검사들은 친정인 검찰청으로 다시 돌아가야 하기 때문에 심정적으로 대검에 동조할 수 있습니다. 그렇지만 외부에 대놓고 행동으로 옮길 수는 없었을 것입니다.

최강욱 X 이성윤

"

세상에 비밀은 없습니다.
나중에 반드시 밝혀질 것입니다.

"

13. 법무부에 검사 출신 장관이 오면 법무부 소속 검사들은 어떤 태도로 대하고, 어떻게 움직이나요? 검찰국장 재임 시 경험한 바를 모두 말씀해 주신다면요.

제가 검찰국장 시절에는 장관이 박상기, 조국, 추미애 장관으로 검사 출신 장관이 없었습니다. 법무부 검사들 입장에서는 통상적으로 검사 출신 장관이 오면 한편으로 검찰을 잘 이해하기 때문에 소통이 잘되고 검찰을 보호줄 거라 생각하지만, 다른 한편으로는 검찰을 너무 잘 아는 장관이 소신있게 일하고 강하게 개혁을 추진한다면 거부하기 어렵기 때문에 장관 모시기가 훨씬 까다롭고 힘들다고 생각합니다.

14. 조국 법무부장관 지명과 그 직후 수사과정에 관한 최초 인지 내용, 수사 검사의 설명을 기억하시나요? 제 기억엔 당시 한동훈 대검 반부패부장은 전혀 모르는 것처럼 연기를 했고, 그래서 윤석열 총장과 당시 배성범 중앙지검장이 한동훈을 보호하기 위해 그를 제외하고 진행한 것 같다고 보고하셨던 것 같은데요.

처음 듣는 이야기입니다. 저도 압수수색 사실을 당일 처음 듣고 장관께 보고를 드렸습니다. 당시 한동훈은 대검에서 특수수사를 지휘하는 반부패부장이었기 때문에 수사를 모를 리가 없었을 것입니다. 어떤 이유로 그런 말이 도는지 알 수 없습니다.

15. 조국 장관 지명 전 검찰 내부에서도 이를 어느정도 예상하고 대비를 했을 텐데 아시는 바가 있나요?

최강욱 X 이성윤

장관 지명을 예상하고 대비했다는 말인가요? 저는 아는 바가 없습니다.

16. 조국 장관 지명 직후 대검이 수사를 진행했을 때 법무부 내 검사들은 어떻게 움직였나요?

상당히 곤혹스러워했지만 우선 장관 인사청문회를 준비해야 했습니다. 당시 대검은 기본적으로 조국 장관 관련 수사를 거의 보고하지 않았습니다. 장관이 윤석열에게 보고를 잘해달라고 말한 적이 있다고 했습니다. 그래서 법무부 내 검사들도 상세한 상황을 잘 몰랐습니다.

17. 조국 장관 인사청문회 준비단은 진심으로 청문회 통과를 위해 준비했다고 보시나요?

저도 검찰국장 시절에 장관 인사청문회 준비단에 자주 방문했습니다. 그들에게 밥도 사면서 잘해달라고 여러번 부탁을 했습니다. 왜 그렇게 했겠습니까?

18. 국회 쪽에선 윤석열 총장과 조국 장관 인사청문회 준비단의 태도와 대응이 극명하게 달랐다고 하던데, 그 이유는 뭘까요?

글쎄요. 정확한 내용은 모릅니다.

19. 청문회 준비 당시 기자들과 내통하는 검사를 보거나 관련 이야기를 들은 적이 있으신가요?

저도 그런 이야기를 여러번 들었습니다. 그러나 구체적인 증거를 갖고 있지는 않습니다.

20. 청문회 진행과정을 보면, 당시 야당에서 부인 기소를 언급하며 협박하고 자녀 생활기록부를 흔드는 등 검찰 내부자와 내통한 점이 역력해 보이는데 관련하여 아시거나 들으신 바가 있나요?

내통이 있다는 소문은 여러번 들었습니다. 생활기록부 등 내밀한 자료나 외부에서 알 수 없는 내용까지 새어나간 걸로 봐서 그런 일이 있었을 것이라고 짐작합니다. 세상에 비밀은 없습니다. 나중에 반드시 밝혀질 것입니다.

21. 검찰이 수사 과정에서 애초에 부각시킨 사모펀드와 사학비리 건 등이 죄를 입증하기에 여의치 않자 별건을 계속 추가했는데, 그 과정에서 듣거나 알고 계시는 부분이 있나요?

언론에 보도된 대로 알고 있습니다. 애초에 검찰이 표창장으로 직접수사에 착수하는 것은 어불성설입니다. 언론과 정치권, 검찰이 한통속이 된 것처럼 보였습니다. 언론이 열광적으로 관련 보도를 하고, 정치권이 문제제기하고, 검찰이 이를 확인하기 위해 압수수색하고, 이것이 다시 보도되는 패턴이 무한 반복됐습니다. 무엇이 먼저랄 것도 없었습니다.

22. 사냥식 수사에 대해 윤석열이 평소 과시하거나 자기 생각을 말했나요? 그에 대해 어떻게 생각하셨나요?

'표범이 사냥하듯이'라는 말을 자주 들었는데, 절제된 수사와는 거리가 멉니다. 원론적으로 보면 수사를 사냥하듯 한다는 건 어불성설입니다. 사냥은 강자가 약자를 추적해서 죽여 먹이로 삼는 것인데, 공권력을 이런 방식으로 무절제하게 사용하는 것이 말이 되겠습니까. 검사의 기본 역할은 인권보호에 있습니다. 수사권은 허가된 국가폭력인데 절제가 없으면 검사와 깡패는 구분되지 않습니다. 윤석열 본인도 같은 취지의 말을 하지 않았습니까?

23. 이른바 '특수수사 기법'은 무엇을 말하는 건가요? 언론 이용, 주변 압박, 먼지떨이, 별건 수사와 협박 등이 아닌가요?

말씀하신 것들은 특수수사에서 피해야 할 수법들입니다. 예전에 특수수사를 주도했던 심재륜 검사가 '수사10결'이라는 것을 말한 적이 있습니다. 거기엔 '칼을 찌르되 비틀지 마라' '곁가지는 치지 마라' '언론에 밑밥을 던지지 마라'고 했습니다. 그는 '칼로비트는' 사례로 불필요한 반복 소환, 가혹행위, 인격모독, 압박용 계좌추적, 신용 실추용 압수수색 등을 거론했습니다. 이게 다 해서는 안 되는 것들입니다. '곁가지는 치지 마라'는 적당한 시기에 마무리하라는 의미입니다. 그래야 당사자 고통을 생각하는 수사가 됩니다. 앞에 열거하신 수사 기법은 비판의 여지가 충분한 매우 부끄러운 수법들입니다. 당하는 사람은 생명을 끊고 싶을 정도로 모욕감과 주변으로부터의 고립감, 무력감을 느낍니다. 또한 이런 수사 기법은 인권보호수사준칙 등 법령을 위반하는 것이기도 합니다. 반드시 없어져야 합니다.

24. 조국 장관 사임 전후로 기억하시는 내부 사정이나 에피소드가 있다면요?

조국 장관은 정말 의연했습니다. 언론의 숱한 비판이나 자택 압수수색에도 의연하게 장관직을 수행했습니다. 시간을 아껴가며 일하려고 도시락으로 식사를 해결할 때가 많았습니다. 한동수 대검 감찰부장을 임명하던 날이 생각납니다. 조장관이 예상치 못하게 사임을 하게 되는 바람에 제가 난감한 상황에 빠졌습니다. 감찰부장 임명 절차를 끝내놓고도 장관 결재 서명을 미처 받아두지 못했기 때문입니다. 그래서 그날 밤 장관 댁에 가서 인사안 결재를 받아 왔습니다. 한동수 감찰부장 임명을 윤석열 총장이 매우 불편해했다고 들었습니다. 법원 출신인 한동수 감찰부장 임명은 조국 장관의 결단이었습니다.

25. 추미애 장관 임명 전후의 반응에 대해 기억하시는 에피소드가 있나요?

검찰은 이제 완전히 죽었다고 말하는 분위기였습니다. 대대적인 인사가 단행될 것이라는 소문에 가슴 졸이던 검사들이 꽤 있었습니다.

26. 윤총장 처가 관련 사건에 추장관이 수사지휘를 내렸습니다. 당시 대검 각 회의 분위기나 수사 지시 상황, 중앙지검 간부와 평검사들의 태도 등은 어땠나요?

최강욱 X 이성윤

대검의 간부들도 매우 부담스러워했다고 들었습니다. 장관이 총장을 수사선상에서 배제시켰다지만, 중앙지검 검사들은 윤석열 가족 비리 수사를 몹시 부담스러워했습니다. 중앙지검 옆 건물에 총장이 서슬 퍼렇게 내려다보고 있었으니까요. 당시 지정된 3건에 대해서는 총장을 배제하더라도, 나머지 99.9%는 총장의 지휘를 받아야 하는데 수사 검사 입장에서 부담스럽지 않을 수 있었겠습니까? 어떤 사람들은 윤석열 총장이 서울중앙지검 사건 전부에 대해 지휘를 하지 못하게 된 것으로 잘못 알고 있던데 아닙니다.

27. 서울중앙지검장 시절, 윤총장이 지검장님을 무시하는 태도를 보였다고 하는데 구체적으로 어땠나요? 특활비 지급 제한, 보고 거부, 차·과·부장을 통한 우회적 수사 지시 등이 있었는지요?

제가 한동훈이 연루된 채널A 사건 수사를 할 때 윤석열 총장이 느닷없이 전화를 걸어와서 악한의 입에서나 나올 법한 비속어와 욕설을 마구 쏟아냈습니다. 분명히 공무상 대화였고, 당시 저는 검사와 수사관 약 1500명이 소속된 국내 최대의 검찰청을 이끄는 기관장이었습니다. 그는 공사 구분을 못 하는 자였습니다. 무슨 설명이 더 필요하겠습니까? 검사장 '패싱' 문제는 언론에도 상세하게 보도가 되었습니다. 윤석열은 정당한 지시라고 주장하지만 저는 검찰청법 위반이라고 생각합니다. 검찰청법상 지방검찰청장은 고유의 본원적 권한이 인정됩니다. 만일 총장이 제주도에서 발생한 음주운전 같은 자잘한 사건 하나하나 지검장을 거치지 않고 지휘한다면 말이 되겠습니까? 총장이 사실상 전국에 있는 모든 사건을 지휘할 수 있다는 결론이 되기 때문입니다. 명백히 부당하다고 생각합니다.

28. 최강욱 기소 과정에서 송경호 등 당시 중앙지검 차장들이 보인 태도를 기억하시나요? 모여서 지검장님을 압박했다는 보도가 여럿 나왔는데요.

사실입니다. 총장의 명령이라고 주장하면서 최강욱 기소를 허가하라고 저를 압박했습니다. 저는 그들이 보인 태도가 하극상이라는 생각에 변함이 없습니다. 이런 것이 허용되면 검찰 전체의 질서가 흔들리게 됩니다.

29. 중앙지검장에 반항하는 일을 수시로 벌인 당시 검사들은 무엇을 믿고 그런 행동을 했으며, 무슨 논리를 펼쳤나요?

총장의 명령이라고 했습니다. 검찰청법상 지방검찰청 검사들은 직속상관인 검사장의 지시를 따르도록 되어 있으므로, 제 앞에서 총장의 지시를 들먹이며 압박하면 검찰청법 위반이 됩니다. 총장이 저에게 부당한 지시를 하는데 제가 들어주지 않으니까 제 하급자들에게 직접 지시한 것입니다. 공무원 조직의 지휘계통에도 맞지 않습니다. 하급자들이 직속상관을 따르지 않으면 도대체 조직이 무슨 소용이 있겠습니까? 그렇게 한다면 지검장들이 왜 필요하겠습니까?

30. 중앙지검장 등에 재직하시면서 소위 '윤석열 사단'이 수시로 연락하고 뭉치거나, 윤석열 장모 사건 등을 수사하는 검사들에게 연락해 압박하는

최강욱 X 이성윤

이런 사례를 많이 들었습니다. 윤총장의 부인과 장모 사건을 수사하는 검사에게 문자나 메신저로 연락해와 수사 검사를 매우 힘들게 만들었습니다. 그렇게 힘든 수사를 했던 검사들의 용기에 깊은 감사와 찬사를 보내고 싶습니다.

31. 채널A 사건 이후 윤석열이 한동수 감찰부장 등을 압박하거나 한동훈을 지키기 위해 행한 각종 행위들을 듣거나 아시는 바가 있나요?

윤석열 총장 징계취소소송의 내용 전체가 그와 관련돼 있습니다. 한동수 감찰부장은 국회 한동훈 장관 인사청문회에서 명확히 윤석열이 압박한 사실을 증언했고, 관련 법정 증언도 있습니다. 언론 보도도 상세히 나와 있습니다. 그래서 윤석열이 1심 징계취소소송에서 진 것입니다. 그 소송 1심 판결문을 보면 상세히 알 수 있습니다.

32. 대선 직후 검찰개혁 입법 과정에서 국회 합의가 이뤄지고 인수위 환영 성명까지 나왔을 때 검찰 내부의 움직임은 어땠나요?

인수위가 문재인정부의 마지막 검찰개혁을 환영했나요? 저는 모르는 일입니다. 다만 권성동 의원이 합의했는데 나중에 틀어지고 말았다는 것은 알고 있습니다. 그 합의안과 관련해 말하자면 당시 검찰은 낙동강 오리알이 된 분위기였습니다. 어찌되었든, 검찰 내부는 김오수 총장을 중심으로 개혁입법안에 심하게 반대하는 분위기였습니다.

33. 감찰 방해를 위해 윤석열이 직접 지시한 내용, 그리고 현재 감찰 기록 이첩 문제로 징계와 형사처벌을 시도하는 등의 태도에 대해서 어떻게 생각하시는지요?

제가 중앙지검장으로서 그와 관련해 했던 일은 한동훈에 대한 징계 절차를 진행하던 법무부에 한동훈이 피의자인 채널A 사건 기록을 제공한 것입니다. 이는 법무부 감찰규정 제18조에 명시돼 있는 서울중앙지검장의 의무입니다. 이에 따라 수사기록을 자료로 제공하지 않으면 오히려 감찰 방해가 됩니다. 이 자료 제출 행위를 수사하는 것은 윤석열정부 검찰의 보복수사라고 생각합니다.

34. 이른바 추-윤 대결에서 보인 검찰의 언론 플레이나 일반 검사들의 태도는 어땠나요?

검사들이 법무부가 아니라 윤석열 총장 편에 섰다는 것은 알려진 사실입니다. 정치인 출신과 총장이 대결을 하면 검사들은 으레 총장 편을 들게 됩니다. 또 마치 윤석열이 피해자인 것처럼 몰아가는 언론에 동화된 측면도 있습니다. 윤석열 사단이 아닌 검찰 내부의 일반 검사는 윤석열 개인을 존경해서라기보다는 윤석열이 기득권을 지켜주리라는 믿음을 가졌기 때문일 것입니다. 정의로운 검사들은 침묵했으므로 외형적으로는 모든 검사들이 윤석열의 검찰주의에 줄을 선 것으로 보였을 것입니다.

35. 특수부 검사들의 집단의식이나 윤석열 사단의 사고방식을 언급

하면서 '무서운 사람들'이라고 표현하신 적이 있는데 그 이유를 설명해주신다면요?

무섭다는 것이 아니라 '무도한 사람들'이라는 뜻이었습니다. 무도한 자들은 무서운 짓도 서슴없이 합니다. 그 집단의식이 거기 소속된 개인의 판단능력을 약화시키고, 그들이 옳고 그름을 가리지 못하게 만들곤 합니다. 대표적으로 나치 추종자들이 그랬던 것처럼요.

36. 현 정권이 '검찰독재 정권'이라는 진단에 동의하시나요? 오늘날 우리가 보고 있는 민주주의 파괴 현상에 대한 소회는 어떠신지요?

정치검찰을 넘어 검찰정권이라고까지 할 수 있다고 생각합니다. 검찰이 정치의 전면에 나서고 정치에 의한 이해관계의 조정을 추구하기보다는 수사로 정치를 대체하는 오늘날 현실은 분명 잘못된 것입니다. 스티븐 레비츠키·대니얼 지블랫의 『어떻게 민주주의는 무너지는가』(박세연 옮김, 어크로스 2018)라는 책이 지적한 대로, 상호관용의 규범이 힘이 발휘하지 못할 때 민주주의도 위기를 맞이합니다.

37. 문재인정부 초기 적폐청산 과정이 서울중앙지검 수사에 의존했고, 사법농단 수사 등을 역시 중앙지검에서 맡으면서 윤석열 지검장을 중심으로 한 중앙지검 검사들의 태도가 매우 오만했다는 지적이 많습니다. 이들이 '누구 덕에 문재인이 대통령이 됐는데' 같은 말도 서슴지 않았다고 하는데요, 이렇게 자신들이 모든 사안의 중심이라는 식의 과시나 자만을 보인 적이 있는지요?

윤석열 사단이 두명의 대통령뿐 아니라 양승태 대법원장까지 구속했을 때 검찰이 명실상부한 이 나라 최고의 기관이고 진짜 주인이라는 오만이 넘쳐났습니다. 저도 주위에서 그런 자평을 많이 들었습니다. 오만함이 하늘을 찔렀어요. 시민이 주인의식을 갖는 일은 민주주의에 도움이 되지만, 공무원이 이런 생각을 가지면 자신들이 공복이라는 사실을 망각하므로 민주주의에 해악이 된다고 생각합니다.

38. 윤석열 사단의 형성 과정과 그들이 정치적 야심을 키우는 과정에 대해서 여쭙고 싶습니다. 가령 이노공 등이 '대권을 이루게 해달라'고 아부했다는 모습이나 언론사 사주와의 회동 등 이른바 윤석열을 대통령으로 만들기 위한 '대호 프로젝트'가 존재했다고 보시나요? 실제 경험하신 바가 있을지요?

'대호 프로젝트'는 저도 검찰국장 재임 시에 들었습니다. 그러나 현실성이 너무 없었고, 또 그래서도 안 된다고 생각해 말도 안 되는 계획이라고 흘려들었습니다. 이것도 나중에 반드시 실체가 규명되리라고 생각합니다.

39. 검찰개혁의 핵심은 무엇이며, 어떻게 진행해야 한다고 보시나요?

간단합니다. 수사·기소 분리와 검찰 권한 분산, 인적 청산, 그리고 고위공직자범죄수사처 강화입니다.

40. 검찰 특수부 내지는 윤석열 사단이 벌이는 수사 방식의 문제점은 무엇이라고 보시나요?

최강욱 X 이성윤

검찰 내 특정인에게 세간의 관심을 받는 사건을 몰아주고, 그 수사를 통해 언론의 주목을 받고, 인사를 통해 서로 '꽃보직'을 밀어주고 당겨주는 이른바 사단이나 패거리 문화가 있어서는 안 된다고 생각합니다. 여기에 포함된 자가 나중에 변호사가 되면 전관예우로 돈을 많이 번다고 하는데, 이런 행태가 이어질 때 검사는 수사에 '장난질'을 하게 되고 국민은 수사를 불신하게 됩니다. 과거 추미애 장관도 "검찰 조직 내의 가장 큰 문제는 '하나회'처럼 군림하면서 주목받는 사건을 독식하고 그것을 통해 명성을 얻으면서 '꽃보직'을 계속 누려온 특수통 출신, 이른바 윤(석열 총장)사단"(『경향신문』 2021.1.25)이라고 지적한 바 있습니다. 참으로 안타까운 일입니다. 이어서 제가 '전두환의 하나회에 비견되는 윤석열 사단'이라고 비판했더니 이윽고 저에 대한 징계가 시작되었고 현재도 진행 중입니다.

41. 정치권과 검찰의 유착이나 거래에 대하여 아시는 바가 있는지요?

직접 경험한 건 없지만, 고발사주 사건 사례에서 볼 수 있듯이 유착과 거래가 많다고 들었습니다. 지금 검찰과 정치권은 한 몸이 된 것으로 보입니다. 총장이 대통령으로 직행하고, 비서실을 비롯한 정권 핵심에 검사나 검찰 출신이 들어가 있습니다. 검사 출신이 국회 진출을 준비합니다. 이전에는 쉬쉬하며 하던 일을 지금은 노골적으로 하고 있습니다.

42. 문재인정부가 딜레마 속에서 적폐청산을 검찰 수사력에 의지했

던 것이 결국 대통령을 기망한 윤석열의 출세욕을 채워주는 결과로 이어졌다는 진단에 동의하시나요? 당시 검찰에 적폐수사를 맡기지 않고 윤석열을 임명하지 않을 수 있는 대안이 있었다면 무엇이었을지 생각해보신 적이 있는지요?

진단에 동의합니다. 촛불혁명으로 충분한 준비과정을 거치지 않고 급하게 집권한 지난 정부는 검찰에 힘을 실어주어서 신속히 적폐청산을 해야 한다는 요구와 수사권과 기소권을 분리하여 검찰의 힘을 빼야 한다는 모순된 주장이 공존하는 상황이었습니다. 지난 정부 검찰개혁의 모순이 바로 여기에 있었습니다. 적폐청산 수사를 검찰에 맡긴 결과 검찰개혁이 힘을 쓸 수 없었고, 검찰개혁의 결과 정작 수사지휘가 필요한 민생사건 등 일반 형사부 사건에서는 검찰이 수사지휘를 제대로 할 수 없게 되는 모순된 상황이 되었습니다. 말하자면 반대방향으로 모순된 힘이 작용한 결과입니다. 당시에 선택했어야 하는 대안은 간단합니다. 검찰개혁의 원칙을 지키면서 적폐청산 수사 후에는 과감한 인사를 통해 인사를 정상화하고 검찰이 직접수사를 접게 했어야 했습니다. 가령 세월호 수사단이 수사 소임을 다한 뒤에는 해체해야 마땅하듯이 적폐청산이 끝났으면 과감한 인사를 단행하는 것이 역사의 순리입니다. 이를 두고 토사구팽이라고 할 수는 없습니다. 검사 역시 마땅히 국민의 명령에 따라야 할 공무원이고, 이것이 순천(順天)이기 때문입니다.

43. '김건희 특검'과 관련해 한동훈은 전 정부의 수사기관 책임자인 이지검장님의 책임론을 공식 거론했습니다. 이에 대해 어떻게 생각하십니까?

최강욱 X 이성윤

적반하장으로 특검 물타기를 하기 위해 저를 거론하는 것이라고 생각합니다. 당시 상황을 조금만 들여다보면 그들이 얼마나 황당한 주장을 하고 있는지 이해할 수 있을 것입니다. 저는 검찰국장 시절은 물론이고 서울중앙지검장 시절에도 검사에 대한 인사권이 없었습니다. 이른바 윤석열 사단에 포위된 채 직을 수행해야 했습니다. 윤석열 전 총장은 자신의 측근을 수사하는 중앙지검장에게 전화해서 '눈에 뵈는 게 없느냐'고 막말을 해대는 사람입니다. 실질적으로 검사들이 소신껏 수사를 할 수 없는 상황이었습니다. 윤석열은 검찰총장으로서 본인이나 가족 비리를 엄히 수사하라는 지침을 내리기는커녕 주가조작에 대해서 주식으로 손해를 봤다고 주장하는 식이었으니 수사하는 검사들이 엄청난 부담을 느낄 수밖에 없었습니다. 장관의 수사지휘가 있었지만 아무런 인사권도 없는 지검장과 총장이 맞서는 상황에서 총장이 서슬 퍼렇게 바로 옆 건물에서 내려다보고 있는데 검사들이 제대로 수사를 하는 것은 불가능에 가까웠습니다. 이런 상황에서 저는 윤석열에 맞서 부당한 지시를 거부하면서 검사들을 설득하는 일이 많았습니다. 저는 지시하기보다는 수사의 당위성을 주로 설명했고, 수사팀은 윤총장 가족 비리의 증거를 분석하고 관련 기관을 통해 자료를 확보해두는 역할을 했습니다. 저와 윤석열은 사법연수원 동기이고 나이 차이도 얼마 나지 않기에, 저는 그가 아무리 겁박을 해도 사리에 맞지 않는 것은 따르지 않았습니다. 그나마 수사팀이 상당부분 증거자료를 확인할 수 있었던 것도 저의 그런 역할이 있었기 때문이라고 자부합니다. 제가 고집스럽게 버텼기 때문에 후임 검사장이 공범이라도 기소할 수 있게 되었고, 재판 과정에서 자료가 일부 공개되어 특검 필요성도 대두하게 된 것입니다. 저와 수사팀이 그 정도라도 해두지 않았다면 국회에서 어떻게 특검을 추진할 수 있었겠습니까? 특히 도이치모터스 주가조작 사건의 경우 저는 초기 수사를 맡았고 그후에 인사이동을 하게 되는 바람에 더 수사를 할 수 없었던 것이지 수사를 미진하게 한 것은 결코 아닙니다.

44. 세월호사건에 대해 제대로 된 진상규명과 책임자 처벌이 이루어지지 않았다고 비판하는 목소리도 있습니다.

제가 목포지청장으로 근무할 당시 담당했던 세월호사건 수사는 한편으로 세월호의 침몰 원인 및 결과, 그리고 다른 한편으로 희생자 구조 과정에서 해경 등에 제기된 의혹, 말하자면 두 갈래의 수사였습니다. 전자는 제가 지휘하는 목포지청에서, 후자는 직속 본청인 광주지검에서 수사했습니다. 구조과정에서 해경이 한 역할에 대한 비판이 쇄도하자 침몰 원인을 수사하는 목포지청 수사팀과는 별개의 수사팀이 구성되어야 했기 때문이었습니다. 광주지검장이 직접 지휘하는 '세월호 구조과정 수사팀'(주임 윤대진 부장검사)을 광주 본청에 별도로 구성한 것입니다. 제가 지휘하는 검·해경합동수사본부에서는 청의 규모나 수사 인력 및 구성, 상황 등을 고려할 때 별도로 수사팀을 구성하기는 어려웠고, 무엇보다 차장검사급인 목포지청장 차원에서 지휘할 성질의 수사가

최강욱 X 이성윤

아니라는 점도 고려되었습니다. 새로 구성된 '세월호 구조과정 수사팀'은 광주지검 검사장에게만 수사 진척 상황을 보고했습니다. 지청장(차장검사)에 불과한 목포지청장은 상급자인 본청 검사장이 지휘하는 '세월호 구조과정 수사팀'에는 일절 관여할 수 없었습니다. 목포지청은 수사 후 세월호 선장 등 총 38명(구속 32명)을 기소했고, 이 중 대부분이 대법원까지 유죄가 확정되었습니다. 광주지검 수사팀은 진도 VTS(Vessel Traffic Service)의 부실관제, 해경의 늑장대처, 인명구조를 위한 필수조치 불이행, 해경과 구조업체 언딘의 유착, 해경의 허위 상황보고서 작성 및 전파 등 각종 의혹을 수사했습니다. 그래서 직무를 태만히 한 진도VTS 센터장을 구속기소하는 등 5월 29일부터 10월 6일까지 총 17명(구속 5명)을 기소했습니다. 여기에는 현장에서 구조활동을 했던 목포해경 123정 정장(김경일)이 포함되었습니다(징역 3년 확정). 그럼에도 불구하고 해경의 부실구조 등에 대한 비판과 의혹 제기는 계속되었습니다. 세월호사건 후 다섯해가 지난 2019년 11월 '세월호참사 특별수사단'(단장 임관혁 검사)이 검찰에 설치되었습니다. 해경의 부실대응 의혹, 법무부의 외압 의혹 등에 대하여 검찰이 다시 전면적인 수사에 나선 것입니다. 그 결과 임관혁 검사가 지휘한 '세월호참사 특별수사단'은 2020년 2월 김석균 전 해경청장 등 지휘부 11명을 기소했습니다. 또 2020년 12월 10일 국회에서 '4·16 세월호참사 증거자료의 조작·편집 의혹 사건 진상규명을 위한 특별검사 임명 국회 의결 요청안'이 의결되고, 2021년 4월 이현주 변호사가 특별검사로 임명되어 수사를 했는데, 같은

해 8월 이현주 특별검사는 '증거 없음'으로 특검 수사를 종결했습니다. 임관혁 검사가 기소한 피고인들의 재판이 지속되었지만 2023년 11월 대법원에서 모두 무죄가 확정되었습니다. 물론 제가 비판받을 수도 있다고 생각합니다. 하지만 그 당시 심신이 피폐해질 때까지 소명을 위해 모든 것을 쏟아부었다는 사실만은 말씀드리고 싶습니다.

45. 검찰개혁의 요체와 과제, 그 실현 방법, 꼭 발본색원해야 할 검찰 조직의 문제는 무엇인지, 윤석열정권 이후 검찰개혁은 어떻게 이루어질 것으로 보시는지 등 질문에 부족한 바가 있었다면 보충 답변을 부탁드립니다.

검찰개혁은 민주주의 국가로 가기 위한 필수과정입니다. 앞으로 어떤 정권이 들어서더라도 마찬가지입니다. 일각에서는 다음엔 검찰이 해체 수준의 개혁에 맞닥뜨릴 것이라고 말하기도 합니다. 무엇보다도 검찰 직접수사는 반드시 제한되어야 합니다. 좀더 진보적인 개혁론자는 검찰 수사권 폐지까지 주장합니다.

재판 과정의 예를 들어 설명해보면, 재판장이 사건을 더 알기 위해 직권으로 사건 내용을 파고들 수 있지만 그 정도가 과하면 당사자들은 이를 공정하다고 평가하지 않습니다. 판결과 수사가 분리되어야 하는 것처럼 기소와 수사도 반드시 분리되고 검사가 직접 수사하는 부분이 극도로 제한되고 축소되어야 합니다. 확증편향의 문제가 심각하다는 점도 제가 수사와 재판을 받아보니 분명히 알겠더라고요. 이제 분명하게 제도적으로 정비해야 합니다. 이해 당사자가 대립하는 사법작용에서는 공정성이 가장 중요합

최강욱 X 이성윤

니다. 지금처럼 검찰이 직접 수사하는 구조는 검찰 스스로 아무리 공정하다고 주장해도 이미 설득력을 잃었습니다. 최근 대통령의 처가가 연루된 '양평 공홍지구 개발 특혜 의혹'을 수사했던 경찰이 김건희 씨 오빠의 휴대전화 압수수색영장을 신청했는데, 검찰이 세차례나 제동을 걸어 결국 압수수색을 하지 못했다는 보도가 있었습니다. 이제는 대물적 압수수색영장은 경찰 등 1차적 수사기관에서 직접 법원에 청구하게 하는 방안도 고려해야 한다고 생각합니다.

46. 마지막으로, 검찰의 중립과 공정성은 결국 어떻게 확보할 수 있을까요?

두가지가 필요하다고 생각합니다. 첫째는 올바른 인사, 둘째는 견제와 균형이 갖춰진 시스템입니다. 인사를 통해 패거리 문화가 발붙이지 못하도록 만들어야 합니다. 수사 권한은 견제를 받으면 받을수록 공정하게 작동됩니다. 예컨대 나중에 특검 등에서 내가 수사한 기록을 보고 평가를 한다는 생각을 하면 검사들이 숨김없이 일을 처리하게 됩니다. 그러기 위해서는 검찰 견제 기관이 실질화해야 합니다. 공수처든 상설특검이든 견제 기관이 원활하게 돌아가고 기능하게 해야 합니다. 그렇게 상호 견제 시스템이 정착되면 검사들은 투명하고 공정한 수사를 할 수밖에 없습니다. 무엇보다 깨어 있는 시민들이 민주주의에 대한 확고한 신념을 지니고, 검찰 구성원들이 대의를 위해 자신의 권한을 스스로 내려놓을 수 있는 민주적 소양을 갖추는 것이 중요합니다.

도취된 권력, 타락한 정의
대한민국 검찰을 고발하다

초판 1쇄 발행 / 2024년 4월 1일

지은이 / 최강욱 조국 이연주 조성식 이광철 이탄희 황운하 이성윤
엮은이 / 최강욱
펴낸이 / 염종선
책임편집 / 박주용 신채용
조판 / 박아경
펴낸곳 / (주)창비
등록 / 1986년 8월 5일 제85호
주소 / 10881 경기도 파주시 회동길 184
전화 / 031-955-3333
팩시밀리 / 영업 031-955-3399 편집 031-955-3400
홈페이지 / www.changbi.com
전자우편 / human@changbi.com

ⓒ 최강욱 외 2024
ISBN 978-89-364-8019-6 03300